I0605885

BIBLIOTHÈQUE DU XIXe SIÈCLE
sous la direction de Pierre Glaudes et Éléonore Reverzy
120

Étienne Pivert de Senancour

Œuvres complètes

Tome VII

Étienne Pivert de Senancour

Œuvres complètes

sous la direction de Fabienne Bercegol

Tome VII

Observations critiques sur le *Génie du christianisme*

Édition critique par Sylviane Albertan-Coppola,
avec la collaboration d'Anthony Loubignac

PARIS
CLASSIQUES GARNIER
2025

Sylviane Albertan-Coppola, professeur émérite à l'université d'Amiens, est l'auteur d'une thèse sur la littérature apologétique catholique du XVIIIe siècle, d'une étude sur l'apologiste Nicolas-Sylvestre Bergier et d'une anthologie de réponses chrétiennes à la critique des Lumières. Également spécialiste de Diderot, elle collabore à l'édition numérique, collaborative et critique de l'*Encyclopédie* (ENCCRE).

Anthony Loubignac a consacré, dans le cadre de son master de lettres à l'université Paris-Sorbonne, deux mémoires préparés sous la direction de Pierre Glaudes, sur l'œuvre de Senancour : « L'inquiétude du solitaire » (Paris, 2013) et « Présentation, transcription partielle et commentaire des *Annotations encyclopédiques* » (Paris, 2014).

ISBN 978-2-406-17697-8 (livre broché)
ISBN 978-2-406-17698-5 (livre relié)
ISSN 2103-4877

INTRODUCTION

LE DIALECTICIEN ET L'ENCHANTEUR[1]

Si Chateaubriand et Senancour ne se sont jamais rencontrés, on sait grâce à l'admirable travail de Béatrice Le Gall à quel point « l'image de l'Enchanteur » obsède Étienne Pivert de Senancour, à la manière trouble à la fois d'un double et d'un obstacle[2]. Son ombre se profile dès le roman *Oberman* (1804), dans lequel l'auteur remet clairement en cause le rapport établi par l'auteur du *Génie du christianisme* entre beauté et vérité. Dès lors, les attaques continuent plus ou moins sourdement d'œuvre en œuvre, des *Rêveries* (1809) aux *Lettres d'un habitant des Vosges* (1814) jusqu'aux *Observations critiques sur le Génie du christianisme*, publiées en 1816 mais sans doute composées dès 1811, sans jamais véritablement se tarir[3].

Ces *Observations* n'eurent pas en 1816 le succès escompté et la seconde édition méticuleusement préparée par Senancour, dont le manuscrit est conservé à la Bibliothèque de Fontainebleau, ne sortit jamais des presses. Comme l'a montré B. Le Gall, ce combat est un peu celui du « logicien » contre le « prestidigitateur », ce « roi de l'imaginaire » qu'est Chateaubriand[4]. S'il est un sincère admirateur du style de Chateaubriand, Senancour ne lui épargne en revanche aucune pointe sur sa manière de raisonner. Dès la préface, il présente le *Génie du christianisme* comme étant « seulement une production

1 Le terme est employé par Sainte-Beuve à propos de Chateaubriand, *Chateaubriand et son groupe littéraire sous l'Empire*, Paris, Garnier, 1948, t. I, p. 215.

2 Béatrice Le Gall [Béatrice Didier], *L'Imaginaire chez Senancour*, Paris, José Corti, 1966, t. I, p. 455-456.

3 Voir l'historique dressé par B. Le Gall de ce long parcours de près de quarante ans, qu'elle qualifie de « long duel avec une ombre », *ibid.*, p. 456-460.

4 *Ibid*, p. 460.

littéraire[5] », « un ouvrage d'effet[6] », et Chateaubriand comme un « peintre », un « poète[7] », capable par son éloquence et son talent de « fai[re] oublier la raison[8] ».

Tout au long de l'ouvrage, Senancour s'emploie, chapitre par chapitre, phrase par phrase, à débusquer ce qui, dans la présumée démonstration de Chateaubriand, va contre la raison, l'idée de fond sous-jacente à sa critique étant : « Quand l'auteur peint, on ne peut le quitter ; quand il raisonne, on ne peut le lire[9]. » Que Chateaubriand, à la suite de Pascal, explique l'existence du mal par une chute primitive « choque [sa] raison[10] ». Et qu'il tire du *Paradis perdu* du poète Milton l'idée heureuse qu'après la chute aucun ange n'eut la force de s'offrir en sacrifice pour le salut de l'homme rend aux yeux du dialecticien cette fiction « déraisonnable[11] ». D'une manière générale, Senancour n'a de cesse de souligner que Chateaubriand, au lieu de « prouver par le raisonnement », cherche plutôt à « séduire[12] ». Ainsi, selon lui, trouve-t-on « plus d'obscurité que de raisonnement[13] » dans la suite de suppositions que ce dernier élabore pour justifier le péché originel et ne décèle-t-on dans la plupart de ses chapitres que l'apparence du raisonnement : « c'est une chose ordinaire que l'absence de tout raisonnement dans les raisonnements apparents de l'auteur[14] ». Pire, si l'on ôte du *Génie du christianisme* « ce vague de l'expression, et ces petits arrangements plus ou moins adroits, il n'y restera pas même, dans la plupart des chapitres, l'apparence du raisonnement[15] » ! Et quand il y a des raisonnements, ils sont des plus faibles (comme cette idée que, les modernes n'ayant pas atteint le niveau des anciens en matière d'éloquence, le christianisme qui a produit Massillon et Bossuet est supérieur aux institutions humaines qui ont forgé les anciens[16]) ou franchement irrecevables (comme l'idée

---

5 *Observations critiques sur l'ouvrage intitulé* Génie du christianisme, *suivies de quelques réflexions sur les écrits de M. de Bonald, etc. relatifs à la loi du Divorce*, p. 73.

6 *Ibid.*, p. 70.

7 *Ibid.*, p. 74.

8 *Ibid.*

9 *Ibid.*, p. 130.

10 *Ibid.*, p. 82.

11 *Ibid.*, p. 85.

12 *Ibid.*, p. 119.

13 *Ibid.*, p. 86.

14 *Ibid.*, p. 107.

15 *Ibid.*, p. 156.

16 *Ibid.*, p. 158.

qu'admirer Milton de son temps aurait empêché de le punir pour son rôle dans la révolution anglaise mais que ne l'admirer jamais aurait privé les Anglais d'un poème divin[17]).

De fait, les accusations de manquement à la raison sont légion dans la critique attentive de Senancour. Selon lui, Chateaubriand tombe dans la contradiction, se livre à des généralisations abusives[18], use de sophismes, d'arguments spécieux, de pétitions de principes[19], quand il ne tire pas des conclusions erronées – parce qu'exclusives et extrêmes – d'une juste considération : « tirer des conséquences fausses d'un principe raisonnable » est « un vice ordinaire de dialectique dans le *Génie du christianisme*[20] ». On ne compte plus également, juge-t-il, les exagérations[21], les formulations vagues ou équivoques[22], les suppositions bizarres[23] que le livre contient, toutes ces entorses à la raison n'étant pas dues évidemment à une défaillance de la raison mais à une extrême partialité que Senancour n'a de cesse de pointer : les marbres divins du Sinaï se distingueraient des tables humaines des autres peuples par leur universalité[24], la philosophie serait du fait des excès de la Révolution française aussi sanguinaire que le fanatisme religieux[25]. Ou encore la Bible ne serait remplie que de belles choses : « il faut avoir exprès disposé ses yeux d'une certaine manière » car on peut « y rencontrer aussi d'autres choses[26] », objecte Senancour. Pire, Chateaubriand oublie les massacres perpétrés par l'Église en vue de l'évangélisation : « La prévention aveugle singulièrement l'esprit, quand elle permet d'achever de semblables lignes, quand on n'est pas arrêté aussitôt par le souvenir que l'Asie, l'Amérique et l'Europe conservent des *charitables actes de foi*[27] ».

L'opération critique de Senancour va donc consister à traquer les mauvaises preuves de Chateaubriand car orientées. Même si Chateaubriand demande qu'on l'excuse de ne point parler à la raison, étant donné qu'il

17 *Ibid.*, p. 192-193.
18 *Ibid.*, p. 176.
19 *Ibid.*, p. 130, p. 164, p. 172, p. 100.
20 *Ibid.*, p. 80.
21 *Ibid.*, p. 149.
22 *Ibid.*, p. 149, p. 156, p. 119.
23 *Ibid.*, p. 118, p. 130.
24 *Ibid.*, p. 100.
25 *Ibid.*, p. 140-141.
26 *Ibid.*, p. 145.
27 *Ibid.*, p. 146.

prétend « en cent endroits » donner des preuves, Senancour s'arrête à tous les passages où son intention pourrait être de prouver[28]. Un des leitmotive des *Observations critiques*, perceptible au niveau même de la syntaxe, est en effet que l'auteur du *Génie du christianisme* « ne prouve rien[29] ». On note sous sa plume la récurrence du syntagme négatif « ne prouve pas/point » et de ses variantes :

> L'espèce d'universalité d'une tradition ne prouve point que Jehovah l'ait révélée à Moïse[30] [...]
>
> [l'auteur] ne prouve point que le christianisme soit d'origine divine[31] [...]
>
> Cependant ce mystère du cœur [le besoin d'espérer] ne prouve pas que nous ayons un pressentiment naturel de l'immortalité[32].

Ce mode de réfutation par négation de la preuve peut aussi prendre d'autres formes linguistiques :

> Chateaubriand n'a prouvé métaphysiquement ni l'immortalité de l'âme, ni l'existence de Dieu[33].
>
> Il faudrait pourtant d'autres preuves ; ce que vous alléguez n'en est pas une[34].
>
> Le mouvement de la matière ne fournit point, comme vous le dites, une preuve sans réplique en faveur de l'existence de Dieu[35].

À ces récusations radicales, il faut ajouter les récusations partielles de Senancour, telles que :

> Si même cette religion était dans sa morale la plus sage de la terre, cela *prouverait* seulement que les autres sont plus mauvaises[36].
>
> Les *preuves de sentiment* ne suffisent pas pour que l'on cesse de demander comment Dieu peut être donné en pâture à l'homme[37].

---

28 *Ibid.*, p. 84.
29 *Ibid.*, p. 106, p. 121.
30 *Ibid.*, p. 102.
31 *Ibid.*, p. 142.
32 *Ibid.*, p. 117.
33 *Ibid.*, p. 195.
34 *Ibid.*, p. 188.
35 *Ibid.*, p. 199.
36 *Ibid.*, p. 131.
37 *Ibid.*, p. 89.

Rarement estime-t-il, en fait, que les preuves de Chateaubriand soient valides ou que l'une de ses remarques présente quelque signe de vérité. « Au reste, c'est avec raison que l'auteur trouve simple et noble la conception du paradis chrétien[38] », concède-t-il presque à regret, ou encore : « Au reste, c'est avec raison que l'auteur entrevoit, dans le besoin d'espérer, quelque chose d'infini, quelque chose qui sort de la vie présente[39] ». Il réserve plutôt ses compliments aux qualités poétiques de l'écrivain : Chateaubriand est décidément un « très faible dialecticien[40] » mais un grand poète[41].

Globalement, dans les *Observations critiques*, le *Génie du christianisme* est donné par Senancour pour « agréable à lire[42] », notamment le livre cinquième de la première partie. Le chapitre III de ce livre comporte une « page [...] très belle[43] » sur les remords qui s'abattent sur l'homme homicide, troublant son sommeil. « Cette phrase est jolie *au possible*[44] », s'exclame-t-il plus loin à propos d'un éloge de la Providence, non sans enchaîner sur une objection. La louange parfois fuse sans réserve : certains passages de Chateaubriand « seront toujours au nombre des plus remarquables[45] ». Son œuvre constitue, aux yeux de Senancour, un sommet d'éloquence, comme en témoignent les hyperboles dont il use à son sujet : « je ne sais si l'on pouvait exprimer avec plus d'énergie l'aversion » que la face sombre du peuple romain inspire[46]. Telles sont les marques d'admiration pour le style de Chateaubriand qui émaillent la critique de Senancour à l'égard de ses démonstrations, au point quelquefois de lui faire « oublier tout » à la faveur d'un « passage admirable[47] ».

Un autre motif récurrent traverse les *Observations critiques*, qui avait été peu développé dans les débats du siècle précédent[48], à savoir que les preuves avancées par Chateaubriand pourraient être tout aussi valables pour d'autres

38 *Ibid.*, p. 131.
39 *Ibid.*, p. 116.
40 *Ibid.*, p. 160.
41 *Ibid.*, p. 74.
42 *Ibid.*, p. 113.
43 *Ibid.*, p. 119.
44 *Ibid.*, p. 124.
45 *Ibid.*, p. 175.
46 *Ibid.*, p. 185.
47 *Ibid.*, p. 161.
48 À l'exception de celle de l'établissement rapide et des prodiges accomplis qui caractérisent aussi bien le mahométisme que le christianisme (voir *ibid.*, p. 94).

religions que le christianisme. Le mystère, qui pour Chateaubriand fait le charme de la religion chrétienne, peut se retrouver dans d'autres religions qui ont comme elle l'avantage de ne pas être démontrées géométriquement[49]. De même, les infidèles ont eux aussi des pères et des mères qui garantissent la moralité de leurs rites[50] et celui qui se conformera à la loi de sa religion sera aussi vertueux que le chrétien recevant une fois par mois le sacrement de l'eucharistie[51]. L'influence bénéfique des idées religieuses sur le cœur de l'homme se remarque partout dans le monde, même dans les superstitions[52]. La religion chrétienne, du reste, n'est pas la seule à avoir prêché la paix[53]. Bref, ce n'est pas la religion à laquelle on appartient qui pousse au bien ou au mal. Ne sont-ce pas des chrétiens qui, en Amérique du Sud, ont chassé les Indiens des réductions jésuites que Chateaubriand admire tant ? Chez les chrétiens comme chez les infidèles, il y a quelques hommes qui font le bien et beaucoup qui font le mal[54]. D'autre part, de fausses religions comme celles d'Athènes et de Rome ou celles des Orientaux ont pu autant favoriser les talents que le christianisme[55].

Ce comparatif permanent fait qu'on peut relever dans l'ouvrage de Senancour une amusante floraison de « génies », substitutifs à celui du christianisme, qui opère un renversement total du principe sur lequel le *Génie du christianisme* est fondé. Ne pourrait-on pas composer un chapitre du *Génie de l'islamisme* dans lequel serait déclarée sublime l'idée de Mahomet considérant que seule la voix humaine est digne d'annoncer la prière à Dieu[56], ou encore concevoir un *Génie du mahométisme* dont l'auteur se croirait autorisé à qualifier de « bêtes féroces » les croisés à l'instar de ce que fait Chateaubriand avec les disciples du Coran[57] ? Il est permis d'y ajouter, avec B. Le Gall, un *Génie du bouddhisme*[58] – même si la formule ne figure pas dans le texte – quand Senancour évoque la « triade mystérieuse[59] » du Thibet (*sic*). On trouve en revanche explicitement sous la

49 *Ibid.*, p. 79.
50 *Ibid.*, p. 88.
51 *Ibid.*, p. 89.
52 *Ibid.*, p. 177.
53 *Ibid.*, p. 147.
54 *Ibid.*, p. 176.
55 *Ibid.*, p. 159.
56 *Ibid.*, p. 163.
57 *Ibid.*, p. 178.
58 Béatrice Le Gall, *op. cit.*, t. I, p. 464.
59 *Observations critiques*, p. 112.

plume de Senancour un éloge du *Génie oriental*, dont le *Génie du christianisme* serait à bien des égards une suite : on doit aux Orientaux le goût de la solitude et la vie monastique (sans vœux irrévocables toutefois[60]). De même, Senancour affirme haut et fort la dette des nations envers l'Égypte, y compris la morale élevée professée par Jésus lui-même :

> Celui qui voudrait écrire d'une semblable manière le *Génie de l'Égypte*, par exemple, ne manquerait pas d'observer que l'Europe doit *tout* à l'Égypte qui a civilisé la Grèce, et que Moïse, le plus ancien législateur sacré que l'Europe entière reconnaisse, a été instruit dans la science des Égyptiens[61].

D'une manière générale, le christianisme n'est d'après lui qu'une copie d'institutions antérieures dues à des Orientaux. Bref, Senancour se plaît à mêler les diverses civilisations du monde, en relativisant l'importance du christianisme. Ce décentrement est peut-être l'apport le plus neuf et le plus subversif de son analyse du *Génie du christianisme.*

UNE LEÇON DE VÉRITÉ

Au fil de ses critiques ou plus précisément en-deçà, Senancour dispense de manière sous-jacente, plus ou moins directement, une leçon de vérité. Qu'est-ce que la vérité ? qu'est-ce qui la fonde ? et quel enjeu recouvre-t-elle ? Telles sont les questions de fond qui parcourent sa démonstration. Il est possible ainsi de dégager de la suite continue de ses remarques quelques règles heuristiques de base, relevant certes de la logique la plus élémentaire mais fortement apparentées dans le détail aux principes des Lumières. La première règle, selon lui, est de ne pas confondre le vrai avec ce qui n'en a que l'apparence. C'est ce que ne fait pas Chateaubriand, par exemple, quand il affirme que « celui qui a pu faire adorer une *croix* [...], celui-là, nous le jurons, ne saurait être qu'un Dieu[62] » :

60 *Ibid.*, p. 141.
61 *Ibid.*, p. 96.
62 Chateaubriand, *Génie du christianisme*, éd. Maurice Regard, Paris, Gallimard, Bibliothèque de la Pléiade, 1978, part. IV, liv. 3, chap. 1, p. 942. Édition utilisée désormais.

> Quand une assertion dépend d'une manière de voir particulière, on peut jurer qu'on la croit fondée ; mais on ne peut pas jurer qu'elle est telle. On affirme par le serment un fait, mais non pas une conséquence arbitraire des faits ; ce qu'on sait être vrai, mais non pas ce qui paraît l'être[63].

Une autre règle essentielle, à laquelle – on l'a vu – Chateaubriand déroge souvent, est de ne pas se contenter de suppositions mais d'apporter de véritables preuves. Au cours d'une intéressante réflexion sur religion et philosophie, située dans l'analyse du chapitre XI de la première partie du *Génie du christianisme*, il précise qu'« il est très différent de chercher à s'approcher du vrai par des hypothèses, ou de recevoir ces hypothèses comme des vérités sur lesquelles le plus léger doute serait criminel[64] ». Dans une « Récapitulation », à propos du chapitre suivant, Senancour réaffirme fortement ce principe :

> Un seul coup d'œil jeté sur ce chapitre fait voir que l'auteur n'a pas moins prétendu établir la vérité que les beautés du christianisme. Je n'ai donc pas dû me borner à dire qu'il *imaginait* en grande partie les beautés du christianisme ; mais j'ai dû montrer aussi qu'il en *supposait* la vérité, lors même qu'il paraissait croire en donner des preuves[65].

Ces fondamentaux étant posés, un certain nombre de corollaires méthodologiques en découlent. Ce n'est pas à son grand effet, tel que les miracles et les martyrs, qu'on peut reconnaître la vérité[66] ; elle ne saurait, en raison de ses attributs spécifiques, se confondre avec le mensonge : « Il n'y a de grandeur que dans la vérité, parce que la vérité seule est inépuisable[67] » ; et il est obligatoire, pour la trouver, de « prendre l'engagement de ne sacrifier à aucun autre intérêt, celui de ce qui paraît être la vérité[68] ».

Une dernière règle, capitale, semble émerger du discours de Senancour : la vérité doit être complète ou elle n'est pas. Ainsi pose-t-il la nécessité « que tout soit juste dans la preuve » de l'existence de Dieu, si l'on ne veut pas que les conclusions soient « fausses ou hasardées » : « Si quelques endroits seulement sont faibles, l'édifice s'écroule[69] ». Le vrai, même le

63 *Observations critiques*, p. 169.
64 *Ibid.*, p. 184.
65 *Ibid.*
66 *Ibid.*, p. 94.
67 *Ibid.*, p. 145.
68 *Ibid.*, p. 193.
69 *Ibid.*, p. 195.

plus pur, ne saurait, comme le prétend Chateaubriand en jetant la suspicion sur la vérité scientifique elle-même, « renferm[er] un mélange de faux[70] ». Autrement dit, si toutes les parties d'une doctrine sont sujettes à caution, cette doctrine, eût-elle sa source dans la vérité même (l'Écriture) comme l'histoire de Noé et du déluge, deviendrait problématique : « il semble que les choses révélées devraient être incontestables[71]. »

Senancour touche là à une question cruciale, qui est celle de la Révélation. Une remarque de la troisième partie (liv. 2, chap. I) du *Génie du christianisme* lui inspire une éclairante mise au point à ce sujet. À Chateaubriand qui soutenait que « les sciences amènent nécessairement les âges irréligieux[72] », il rétorque :

> Il est malheureux que ce soit précisément ce qu'il y a de moins vague, de moins voisin de l'arbitraire dans les notions humaines, qui paraisse si fatal, non pas aux idées religieuses, mais à une révélation, et spécialement à la révélation chrétienne[73].

S'il admet qu'il se peut que les savants ne cherchent pas correctement la vérité, il estime que leur interdire la recherche de la vérité est un moyen douteux de les conduire au vrai. Et puis qu'est-ce qui distingue des imposteurs « ceux qui, en prêchant la vérité, anathématisent la science[74] » ?

Chateaubriand aurait ainsi deux conceptions de la vérité. La première, qui se sent mais ne se prouve pas, a sa préférence mais elle présente l'inconvénient d'être tout autant valable pour les infidèles que pour les chrétiens, pour les mauvais fidèles que pour les bons. Quant à la seconde, elle apparaît bien flottante et trop personnelle aux yeux de Senancour : « c'est une vérité qui est trop vraie, ou bien qui n'est pas vraie ; vérité si originale dans le *Génie du christianisme*, que l'auteur a seul le talent nécessaire pour la définir[75]. » On en trouve, fait-il remarquer, trois définitions différentes dans son livre[76] !

---

70 *Ibid.*, p. 156.
71 *Ibid.*, p. 105.
72 Chateaubriand, *Génie du christianisme*, p. 813.
73 *Observations critiques*, p. 152.
74 *Ibid.*
75 *Ibid.*
76 Senancour renvoie au *Génie du christianisme*, liv. IV, chap. 5, p. 871 : « [...] je ne sais quelle vérité, qui n'est point la véritable vérité » ; liv. II, chap. 1, p. 809 : « vérités absolues qui

Pour Senancour, imprégné des idées des Lumières, il est indispensable pour les tenants de la révélation chrétienne de rendre des comptes à la raison. Sa position ressemble à celle des apologistes éclairés du XVIIIe siècle qui ont accepté, pour sauver la foi chrétienne, de la soumettre au tribunal de la raison[77]. Il l'exprime clairement à propos de la vieille objection des incrédules selon laquelle matière et pensée peuvent « n'être pas plus une même chose, que la lyre et l'harmonie ne sont une même matière » : « C'est à ceux qui défendent des vérités révélées à renverser toute objection raisonnable ; or, celle-ci paraît l'être, puisqu'elle reste sans réponse raisonnable depuis dix-huit siècles de lumières révélées[78]. » Il n'appartient pas aux incroyants de prouver que la pensée n'est pas distincte de la matière mais aux croyants de prouver que l'homme qui pense est distinct de l'homme que l'on voit. Senancour en effet ne transige pas sur les prérogatives de la raison par rapport à la foi. On le voit s'offusquer quand Chateaubriand[79] « se sert d'un article de foi [l'homme a été créé parfait] pour établir la vérité de ce que la foi enseigne[80] », à savoir la fin à laquelle l'homme est appelé. Il récuse tout aussi fermement l'argument séculaire selon lequel le zèle des martyrs chrétiens serait une preuve de la vérité de leur croyance : « personne ne conteste les effets de la foi ; mais on veut que la foi ait la vérité pour objet[81]. » Il concède néanmoins que, si la vérité ne saurait procéder de la foi, elle provient certainement de Dieu, « source de toute vérité, lequel a pris soin d'instruire les hommes[82] ».

C'est donc une position originale qu'adopte l'auteur des *Observations critiques* face au *Génie du christianisme.* Sans rien rejeter des exigences intellectuelles des Lumières, il passe au crible les arguments apologétiques de l'auteur sans renier pour autant les croyances du christianisme. Il est ainsi paradoxalement l'héritier de la frange la plus éclairée du clergé français d'Ancien Régime, qui avait accepté – avec un succès mitigé – de combattre les adversaires de la religion sur leur propre terrain, celui de la raison. Mais il va plus loin qu'eux en n'hésitant pas à détruire les

---

bouleversent la société » et p. 810 « Hé, grand Dieu ! qu'y a-t-il de moins positif que les sciences ? »

77 Voir Sylviane Albertan-Coppola, « L'apologétique catholique française à l'âge des Lumières », *Revue de l'Histoire des Religions*, avril-juin 1988, p. 151-180.

78 *Observations critiques*, p. 124-125.

79 Voir *Génie du christianisme*, part. I, liv. I, chap. 4, p. 482.

80 *Observations critiques*, p. 84.

81 *Ibid.*, p. 174, n. 85.

82 *Ibid.*, p. 87.

preuves non ou mal raisonnées avancées par Chateaubriand, privant ainsi l'Église des exaltantes preuves par le sentiment admirablement mises en scène – en tableau pourrait-on dire – par le grand écrivain. Autres temps, autres preuves. L'immense succès du *Génie du christianisme* auprès du public donne à penser que les preuves sentimentales de Chateaubriand étaient plus adaptées à leur temps que celles rationnelles de Senancour.

LA MÉTHODE DE SENANCOUR

Cette priorité donnée à la vérité sur toute autre considération nous permet de saisir les motivations profondes de Senancour quand il aborde la critique du célèbre *Génie du christianisme.* Celle-ci n'est pas en effet le fruit d'une pure exigence intellectuelle. Pareil accent mis sur le vrai est lié aussi chez lui à une question politique qui est de savoir s'il faut donner une religion au peuple, comme le révèle une longue note des *Observations critiques* s'étendant sur près de sept pages. À l'issue d'une démonstration serrée en quatre points (il est impossible d'imposer une religion au peuple, il est inutile qu'il en ait une, il ne serait pas à propos de lui en prescrire une actuellement, on n'a pas encore expérimenté les effets de l'incrédulité dans la Révolution française), il explique que cette note est destinée à sa propre justification en concluant :

> Êtes-vous convaincus ? restez chrétiens. Mais si vous ne l'êtes pas, cessez d'être hypocrites. Soyez sincères : la soumission à la vérité est le premier culte ; c'est la vérité qui est certainement divine. Chez les hommes une chose est certainement louable, la bonne foi. C'est dans la droiture et non dans l'Eucharistie qu'il y a *une législation toute entière.* (V. chap. 7 du liv. I.)
>
> Il est également injuste, également impolitique, ou de prescrire l'exercice de la religion à ceux qui ne voient dans les religions que des fantaisies humaines, ou de l'interdire à ceux qui, jouissant de la foi, seraient obligés en conscience, d'*obéir à Dieu* plutôt qu'aux hommes[83].

Aussi son but n'est-il pas d'« établir [ses] opinions mais de combattre de faux raisonnements dans des matières graves » comme celles de la

83 *Ibid.*, p. 96, fin de la note 21.

foi : très éloigné de l'athéisme, déclare-t-il, il juge pourtant nécessaire de réfuter les preuves infondées de l'existence de Dieu[84]. De telles preuves sont davantage susceptibles de détourner du christianisme un lecteur qui s'interroge que de l'en convaincre, de l'y amener : « Je ne soutiens aucune cause ; mais je combats des preuves imaginaires, et des assertions gratuites[85]. »

Sa tactique consiste à relever un maximum de sophismes chez Chateaubriand, d'où un certain pointillisme dans la démonstration – dont il est lui-même conscient (« Le lecteur doit être fatigué du peu d'importance de mes observations[86] ») – qui le conduit à s'arrêter à des détails et à se répéter, ainsi qu'il le note à plusieurs reprises[87]. C'est à regret, il l'avoue, qu'il renonce à l'exhaustivité : « Je ne puis entreprendre de détruire tous les sophismes, ou de montrer toutes les erreurs de ce livre brillant ; je cherche seulement à en indiquer une partie[88]. » On note chez lui le souci constant d'éviter les longueurs, d'abréger son discours[89], quitte à placer en annexe des examens critiques plus conséquents. C'est le cas pour les recherches métaphysiques sur l'existence de Dieu contenues dans la première partie du *Génie du christianisme* (liv. 5, chap. 1) dont l'analyse est reportée à la fin de la critique de la quatrième partie.

Se dessine ainsi, au fil des pages, tout un métadiscours dans lequel l'auteur des *Observations critiques* définit sa méthode. Deux passages, à cet égard, méritent d'être soulignés. Le premier, relatif à une note de Chateaubriand[90], porte sur la relation, ou plutôt le va et vient, entre les remarques particulières et la conclusion générale. Il révèle une certaine gêne – au plan méthodologique – de Senancour, arrêté dans son zèle critique par ce qu'il ressent comme une pirouette de la part de Chateaubriand qui « semble dire à chaque endroit : Ne me répondez pas sérieusement, je me borne à établir que le christianisme est aimable[91] ». Aussi, via un syllogisme, s'efforce-t-il de le prendre en défaut :

84 *Ibid.*, p. 188, n. 96.
85 *Ibid.*, p. 100.
86 *Ibid.*, p. 149.
87 Voir par exemple, *ibid.*, p. 117 n. 39 et p. 176.
88 *Ibid.*, p. 167. Voir aussi p. 105 : « je laisserai sans réponse plusieurs choses qui ne me paraissent point justes, mais dont la rectification exigerait ou beaucoup d'espace, ou des connaissances positives que je n'ai point ».
89 Voir p. 103, p. 80, p. 83 n. 9, p. 152.
90 *Génie du christianisme*, part. I, liv. 2, chap. 2.
91 *Observations critiques*, p. 93 n. 20.

> Cependant on a répété d'après lui-même : Enfin, le *Génie du Christianisme* a rétabli la croyance de nos pères. Or, pour rétablir une croyance, il faut convaincre : on prétend donc avoir convaincu ; et malgré les précautions prises par l'auteur pour éluder une réponse sérieuse, je dois montrer que son ouvrage ne peut convaincre ceux qui, au milieu du luxe des mots, veulent du bon sens[92].

Il explique par là la nécessité où il se trouve de substituer parfois à la conclusion d'un passage particulier la conclusion générale que Chateaubriand ne perd pas de vue.

Le second passage concerne le choix entre critique partielle et critique totale. C'est une constante sous la plume de Senancour que de se limiter à une partie des remarques de Chateaubriand. Il assume ce choix, par exemple, à propos de celles qui touchent à la matière : il déclare les critiques qu'il vient de faire suffisantes pour discréditer le travail de son adversaire (« l'on voit déjà que le travail de cette fameuse note est moins solide qu'imposant »), tout en s'engageant à « entrer dans plus de détails, si jamais on l'exige[93] ».

On voit là, à travers ces deux mises au point quelque peu embarrassées, un homme à la peine, bien décidé à faire triompher la raison mais se heurtant à des difficultés de méthode. B. Le Gall a bien montré l'ambiguïté de la situation de Senancour par rapport au grand Chateaubriand qu'il admire mais qui l'inhibe, ombre qui plane sur la plupart de ses œuvres, d'autant plus infériorisante que le grand écrivain est comme « un sosie heureux, le Double vainqueur », ayant atteint la gloire que lui n'a jamais eue[94], d'où cette révérence mêlée d'ironie qui traverse les *Observations critiques.*

S'il prend soin de demander pardon à Chateaubriand de transcrire telle « phrase risible », Senancour, si rationnelle que soit son argumentation, ne néglige pas en effet l'arme de l'ironie. Quand le premier évoque les croyances populaires, telles que les fantômes de la nuit, pour affirmer leur valeur poétique[95], le second s'amuse : « Les *revenants* eussent été surpris de ne pas trouver, dans un tel ouvrage, quelques lignes d'un obligeant accueil[96]. » Il se rit également de lui quand, pour valoriser la

92 *Ibid.*

93 *Ibid.*, p. 199.

94 Béatrice Le Gall, *op. cit.*, t. I, p. 455-459 et 468.

95 *Génie du christianisme*, part. III, liv. V, chap. 6, p. 888.

96 *Observations critiques*, p. 162.

croix, il signale qu'une famille entière de fleurs en a la forme et qu'on observe aussi cette forme parmi les soleils :

> Rien de surprenant, qu'une forme aussi simple se retrouve dans les dispositions apparentes des astres : si la *croix du Sud* se montrait au Zénith de Galgata, M. de Chateaubriand ferait, sur cette miraculeuse rencontre, une page ou deux ; mais, comme la croix du Sud est précisément dans l'autre hémisphère, il n'a pas jugé à-propos d'insister[97].

Le passage le plus savoureux est peut-être celui où Senancour ironise sur la tendance de Chateaubriand à étendre à toute la nature le repos biblique du septième jour : « Qui ne croirait, d'après ce repos général, que les plantes ne croissent pas le dimanche, que le renard ne chasse point, que le ver ne file point, que les volcans, le tonnerre et les flots s'arrêtent[98] ? » On peut relever, pour finir, cette pointe digne d'un Voltaire, à propos d'une exécution par le feu : « Ces iconoclastes, qui firent brûler vifs des professeurs, étaient, il est vrai, des hérétiques (le temps des orthodoxes n'était pas venu) ; mais n'oublions point que l'auteur enrôle des hérétiques toutes les fois qu'ils peuvent le servir, comme les impies *enrôlent la peste*[99]. »

L'HÉRITAGE DES LUMIÈRES

Les *Observations critiques* ne sont pas qu'un ouvrage ciblant la défense du christianisme, viciée, selon Senancour, dans le *Génie du christianisme*. Sa fréquentation de la philosophie des Lumières et les événements révolutionnaires qui ont ébranlé sa foi[100] ont laissé des traces dans son esprit, palpables dans sa réfutation de l'apologie du christianisme de Chateaubriand. Elles sont perceptibles essentiellement dans sa critique des première et quatrième parties de l'ouvrage de Chateaubriand qui, seules, de l'aveu même de Senancour, l'ont poussé à examiner l'ouvrage,

97 *Ibid.*, p. 164.
98 *Ibid.*, p. 166.
99 *Ibid.*, p. 149.
100 Voir la « Chronologie », p. 37.

la question sur laquelle portent la deuxième partie (« Poétique du christianisme ») et la troisième partie (« Beaux-arts et littérature ») étant à ses yeux « une chose assez indifférente[101] ».

On le voit ainsi à plusieurs reprises, dans son examen de la quatrième partie de Chateaubriand, intitulée « Culte », prendre parti, à l'occasion d'un développement sur les missions chrétiennes, pour les Noirs, contre l'esclavage. La généralisation effectuée par l'auteur des actes violents des esclaves d'Haïti pour se libérer à l'ensemble du peuple noir le choque[102] et il ne manque pas de les mettre en parallèle avec les exactions commises par les chrétiens d'Espagne : celles-ci ne sauraient pas plus empêcher de plaider la cause du christianisme que ceux-là de plaider celle des Noirs[103]. Ailleurs, à Chateaubriand qui affirme que Dieu a aboli l'esclavage sur terre[104], Senancour rétorque, acerbe : « le noir prosterné en Amérique sous le fouet du chrétien sera difficile à convaincre[105]. » S'il concède que le christianisme a pu chez les Anciens diminuer l'esclavage, il précise bien qu'il ne l'a pas détruit[106]. Enfin, il pointe une note du *Génie du christianisme* dans laquelle l'auteur soutenait : « Des hommes indignes du nom de chrétiens égorgeaient les peuples du Nouveau Monde, et la cour de Rome fulminait des bulles pour prévenir ces atrocités. L'esclavage était reconnu légitime, et l'Église ne reconnaissait point d'esclaves parmi ses enfants[107]. » Chateaubriand érigeait ainsi les papes en défenseurs des droits des peuples et en bienfaiteurs de l'humanité, en renvoyant en note à un décret de Constantin qui déclarait libre tout esclave se convertissant au christianisme[108], ce qui dire à Senancour à propos de l'esclavage – non sans une pointe de sarcasme – que le christianisme « le tolère, ou quand les esclaves ne sont pas chrétiens, ou quand les esclaves ont la peau noire[109] ».

Un autre cheval de bataille des révolutionnaires fait l'objet d'une attention particulière de Senancour : la loi sur le divorce. Il occupe

101 *Observations critiques*, p. 133.

102 Voir *Génie du christianisme*, part. IV, liv. IV, chap. 7, p. 1000 : « qui oserait encore plaider la cause des noirs, après les crimes qu'ils ont commis ? »

103 *Observations critiques*, p. 177.

104 *Génie du christianisme*, part. IV, liv. VI, chap. 13, p. 1087.

105 *Observations critiques*, p. 186.

106 *Ibid.*, p. 179.

107 *Génie du christianisme*, part. IV, liv. VI, chap. 11, p. 1069.

108 *Ibid.*

109 *Observations critiques*, p. 179.

même une place à part puisque Senancour lui consacre en annexe, sur une dizaine de pages, un « Second Supplément ou Note relative à la loi du divorce », sur lequel se clôt l'ensemble de son ouvrage. Pourquoi accorder à ce sujet tant d'importance ? C'est que Chateaubriand, estime-t-il, « n'a écrit qu'une page contre le divorce, mais cette page a beaucoup de force[110] ». Il importe par conséquent de lui opposer des arguments plus puissants encore. Senancour a déjà annoncé la couleur au début des *Observations critiques*, en renvoyant en note dans sa première partie à ce second Supplément[111]. La question lui paraît suffisamment importante pour qu'il lui dédie cette longue annexe, même si ses principales idées sont affirmées dès la critique du chapitre X du livre premier[112] : le « tableau du mariage parfait » peint par Chateaubriand montre certes, y écrit-il, que dans ce cas le divorce est inutile mais il n'en est pas moins nécessaire « quand l'union est altérée pour jamais ». Faut-il condamner deux êtres à un malheur sans fin ? Il convient donc, selon lui, de restreindre la faculté de divorcer, en privilégiant la durée d'un grand nombre de mariages, « mais enfin quand on persiste dans l'intention de divorcer, et surtout quand on y persiste mutuellement, l'objet moral du mariage ne peut plus être rempli, le mariage n'est plus convenable[113] ». Argument ultime, qui sort du domaine moral pour se situer dans la sphère politique : le divorce a cours dans une partie de l'Europe et cela n'entraîne ni désordre ni corruption dans la société[114].

Le format du supplément, que Senancour adopte pour poursuivre sa défense du divorce à la fin de l'ouvrage, lui permet de construire une démonstration synthétique échappant à la fragmentation induite par l'analyse suivie du *Génie du christianisme*. Le texte reprend en partie le contenu d'une note de son livre *De l'Amour*[115]. Il vise à « ramener la question à sa simplicité naturelle » en écartant peu à peu les arguments tendant à discréditer le divorce : « la vaine peinture des perfections du mariage », seulement valable pour les conjoints heureux en ménage ; « les beautés surnaturelles du mariage », qui n'ont rien à voir avec

110 *Ibid.*, p. 91.

111 *Ibid.*, p. 92, n. 1.

112 *Génie du christianisme*, part. I, liv. I, chap. 10, p. 505-510.

113 *Observations critiques*, p. 91.

114 *Ibid.*, p. 92.

115 Senancour, *De l'amour*, Paris, Capelle et Renand, 2e éd. 1808, n. 44 de la p. 208. Voir p. 422-449.

l'esprit de la loi civile « attachée aux intérêts présents et positifs », tout comme « l'essai d'un lien plus durable » dans la perspective d'un autre monde ; la nécessité d'une religion dans « l'administration civile des états[116] » car il n'est point question de priver la religion de la sanction du mariage, à condition de ne pas admettre implicitement comme Chateaubriand et ses pareils n'importe quelle religion, fût-elle des plus païennes et corrompues ; l'accord primordial entre les lois civiles et les lois religieuses, qui risque d'entraîner des distinctions entre les citoyens et mettre le catholicisme en danger ; les mérites de la constance comme vertu morale, qui n'est pas sans conséquence néfaste sur les mœurs ; la simple séparation sans divorce, qui favorise le relâchement des mœurs et peut aussi porter préjudice aux enfants. Suit, en guise de conclusion, une attaque des plus vives et sarcastiques dirigée contre les opposants au divorce, plus soucieux des apparences que d'honnêteté et insensibles aux chagrins des époux mal assortis. On peut voir dans cette dernière considération une marque de ce « sentimentalisme » de Senancour, disciple de Rousseau, « contre le strict sensualisme » des émules français de Locke que Senancour développe et qui en fait, selon Yvon Le Scanff, à la fois un membre incontesté du clan philosophique et le représentant d'« une forme de pensée réactionnaire[117] ».

Pour le reste, l'argumentaire de Senancour révèle, dans le sillage des Lumières, un souci marqué pour l'intérêt public, la conciliation de la religion et de l'État et, de manière plus actuelle, pour la sauvegarde du catholicisme en accord avec la société et les autres religions. Il s'agit d'un réquisitoire fortement ancré dans son temps et marqué au coin de l'Histoire :

> Craignez même de trop exiger dans nos temps de faiblesse : évitez de n'accorder le divorce qu'à ceux qui déclareraient appartenir aux religions réformées. Lorsque autrefois l'Église perdit un si grand nombre de ses enfants, combien succombèrent à des tentations de cette nature[118] !
>
> [...] aussitôt que le mariage sera indissoluble, la fidélité sera inviolable, et cette rectitude dans le code civil suffira pour nous ramener aux heureuses mœurs qui honorèrent nos ancêtres avant le divorce, au temps de la Régence[119].

116 *Observations critiques*, p. 203-204.
117 Yvon Le Scanff, *Senancour. Penser nature*, Paris, Classiques Garnier, 2022, p. 8-9.
118 *Observations critiques*, p. 204-205.
119 *Ibid.*, p. 205.

Le reste de ce « second Supplément » est consacré à la critique de Louis de Bonald. Chateaubriand renvoyait, à la fin de son chapitre, à son livre sur le divorce[120], qu'il considérait comme « un des meilleurs ouvrages qui aient paru depuis longtemps[121] ». Il ne pouvait qu'acquiescer à sa position sur l'indissolubilité du mariage. Celle-ci est en effet pour Bonald la « pierre angulaire de la société » et ce lien conjugal est dans son esprit étroitement lié à la situation de la famille, de la religion et de l'État, d'où l'importance qu'il accorde à ces trois institutions dans ses écrits en 1801, au moment où est mis en projet le Code civil. À la régénération révolutionnaire il oppose un programme contre-révolutionnaire de restructuration de la société. La création de l'homme engendre la société religieuse naturelle qui instaure des rapports entre un Dieu-Providence qui conserve l'homme et des créatures qui le lui rendent bien par leur adoration intérieure et leur culte extérieur. À son tour, l'homme devient procréateur et conservateur de ses enfants, fondant ainsi la société domestique. Ces deux sociétés, religieuse et domestique, s'unissent pour former alors la société primitive. Une société constituée est donc pour Bonald une société conforme au dessein providentiel : la constitution est un processus historique qui s'acquiert avec le temps. Il la conçoit, sur le mode biologique, comme l'âme de l'organisme social. Une volonté générale procède de cet être collectif, qui s'incarne dans un pouvoir unique comme Dieu : la constitution ne peut donc être que monarchique. Et c'est la famille qui apparaît comme le lieu par excellence de cette constitution. Contre l'interprétation révolutionnaire de la constitution qui fait de l'individu le fondateur de sa propre liberté, il défend une conception organiciste, métaphysique et historique de la constitution. Le divorce, qui est en 1801 au centre de ses préoccupations, est ainsi présenté comme un schisme, qui non seulement détruit la société domestique mais s'attaque au principe même de toute société : comme la Révolution, il consacre la rupture de tous les liens. En privant le père, la mère, l'enfant de la dignité conférée par le mariage, il les ramène au stade primitif, qui est celui du mâle, de la femelle et de leur progéniture. L'abolition du divorce devient, dans ce contexte, un combat fondamental qui se joue de manière véhémente sous la Restauration

120 *Du Divorce considéré au* XIXe *siècle relativement à l'état domestique et à l'état public de société*, Paris, Le Clère, 1801. 2e éd. revue, corrigée et augmentée en 1805.

121 *Génie du christianisme*, part. I, liv. I, chap. 10, p. 510, note A.

dans les articles de presse et les discours à la tribune de Bonald, mais de manière plus contrôlée dans ses ouvrages de doctrine[122].

C'est justement d'un journal, le *Moniteur universel*[123], que Senancour tire une note de Bonald sur le divorce[124]. Les arguments qui mettent en avant les torts faits aux femmes (sacrifice de leur jeunesse, perte de leur fécondité...) par rapport à l'homme qui repart « avec toute son indépendance[125] » étonnent Senancour qui estime que la désunion n'attend pas douze ou quinze ans d'intimité pour se déclarer. Il s'indigne même que Bonald, dans le même discours, réserve le droit de répudiation au seul mari, ce qui lui inspire une envolée imprégnée de l'esprit des Lumières (il importe de sortir les femmes de leur minorité, revendication qui rappelle la définition donnée par Kant[126]) :

> Souffrez qu'elles jugent elles-mêmes de ce qui leur est avantageux. C'est un principe qui n'a rien de révolutionnaire, de laisser à tout individu majeur et jouissant de sa raison, le soin de ce qui le concerne, quand les droits d'autrui ne s'y opposent point[127].

La seule objection valable que Senancour peut admettre contre le divorce concerne le sort fait aux enfants. Mais est-ce une raison pour rejeter l'institution elle-même ? « Conviendrait-il d'interdire tout ce qu'il est difficile de régulariser[128] ? » Il n'est pas certain, du reste, que le maintien d'un mariage où règne la discorde ou même seulement la froideur soit d'un grand avantage pour les enfants.

---

122 Voir Louis de Bonald, *Œuvres choisies*, t. II : *Écrits sur le divorce*, éd. de F. Bertran de Balanda et G. Gengembre, Paris, Classiques Garnier, 2022. La première édition du *Divorce considéré au* XIXe *siècle relativement à l'état domestique et à l'état public de société* date de 1801. Un *Résumé sur la question du divorce* est paru la même année, puis a été réédité en 1802.

123 *Gazette nationale ou le Moniteur universel*, 29 décembre 1815, p. 1455-1456.

124 Il s'agit d'une « Proposition faite à la Chambre des députés » lors de la séance du 26 décembre 1815.

125 *Observations critiques*, p. 205.

126 « Les lumières sont ce qui fait sortir l'homme de la minorité qu'il doit s'imputer à lui-même. La minorité consiste dans l'incapacité où il est de se servir de son intelligence sans être dirigé par autrui. Il doit s'imputer à lui-même cette minorité, quand elle n'a pas pour cause le manque d'intelligence, mais l'absence de la résolution et du courage nécessaires pour user de son esprit sans être guidé par un autre. *Sapere aude*, aie le courage de te servir de ta propre intelligence ! voilà donc la devise des lumières. » (Emmanuel Kant, *Qu'est-ce que les Lumières ?*, 1784).

127 *Observations critiques*, p. 206.

128 *Ibid.*, p. 207.

Ici s'intercale la brève réfutation en trois paragraphes d'un ouvrage de Maleville, *Examen du divorce*[129]. On y retrouve le Senancour dialecticien qui reproche à son adversaire ses suppositions et généralisations abusives (sur le risque des divorcées de tomber dans les griffes d'un séducteur, par exemple). On y découvre aussi un Senancour sensible à la cause des femmes, qui dénonce le « secret des attentats domestiques », ces « *cas réservés* » bien connus des grands pénitenciers. On y voit enfin la réaction d'un homme engagé qu'autorise sa position de député, relativisant la « fureur du divorce[130] » qui aurait suivi la promulgation de la loi en sa faveur en réduisant son essor aux dix ans de Révolution et distinguant Paris de la province, bien plus épargnée. L'expérience vécue depuis longtemps par d'autres nations européennes confirme à ses yeux qu'une telle fureur ne fut qu'accidentelle et que la pureté des mœurs n'est pas proportionnelle à la rigueur de la règlementation sur le mariage. Nous bénéficions ainsi, grâce à la confrontation des points de vue mise en place dans le « Second Supplément » de Senancour, d'un intéressant écho des débats qui eurent lieu dans les livres, à travers la presse et à la tribune sur la question brûlante du divorce de 1791 à 1816.

Après ce détour par Maleville, l'auteur des *Observations critiques* revient à Bonald pour épingler une série de remarques, suivant la méthode utilisée précédemment dans le cours de l'ouvrage contre Chateaubriand. Contre lui aussi, il enfourche son arme habituelle de la vérité fondée sur les preuves, sur laquelle se conclura de manière significative le volume :

> Il semble vouloir insinuer que du moins de nos jours, tout le monde est de son sentiment : mais ce n'est qu'une forme oratoire empruntée de ceux qui ne s'attachent pas à parler avec exactitude. Dans toute discussion morale, politique ou autre, quand les avis sont le plus partagés, on n'en répète pas avec moins d'assurance des deux parts : Tout le monde pense.... Tout le monde veut. Dites-nous moins que tout le monde désire ce que vous approuvez ; mais montrez-nous, en raisonnant avec justesse et avec bonne foi, que vous le préférez, parce que la raison l'approuve[131].

Bonald constitue donc une cible privilégiée pour Senancour, qui vient s'agréger et même se substituer au final à celle que représente

129 Jacques de Maleville, *Examen du divorce, par M. le Comte de Maleville*, Paris, Cérioux jeune, 1816.

130 *Observations critiques*, p. 208.

131 *Ibid.*, p. 211.

Chateaubriand en tant qu'ennemi du divorce. Leurs façons d'aborder le sujet néanmoins se rejoignent sur un point : leur angle d'attaque est essentiellement civil : quels risques le divorce fait-il courir à la société ? telle est la question. Quand Chateaubriand, pour récuser le divorce, vante son contraire, le mariage uni, et s'appuie sur des considérations morales et religieuses, Senancour et Bonald bataillent sur l'utilité sociale du divorce et, s'ils y mêlent quelque remarque sur les mœurs, c'est en rapport avec la morale publique, le droit des individus (homme ou femme) au bonheur, cette idée chère aux Lumières[132]. Leurs discours, opposés sur le fond, s'inscrivent tous deux dans la continuité de celui des philosophes des Lumières ou plus exactement dans la lignée du combat qui opposait au siècle précédent Lumières et Anti-Lumières[133], non sans accointances ni influence réciproque. Ils restent, pour le meilleur et pour le pire, des enfants des Lumières…

Sylviane ALBERTAN-COPPOLA

132 Voir Robert Mauzi, *L'Idée du bonheur au XVIII*e *siècle*, Paris, Armand Colin, 1960. Sur Senancour, voir rééd. 1969, p. 652-655.

133 Sur les liens entre christianisme et Lumières, voir le volume 34 de *Dix-huitième siècle* (2002), dir. Sylviane Albertan-Coppola et Antony McKenna.

NOTE SUR LA PRÉSENTE ÉDITION

Nous avons pris le parti de moderniser l'orthographe, en remplaçant notamment, s'agissant du pluriel des mots en -ent ou en -ant, les désinences en -ens (ex. : précédens) ou -ans (ex. : enfans) en -ents (précédents) ou -ants (enfants). De même, nous avons supprimé le trait d'union dans des emplois archaïques tels que : à-la-fois, long-temps, très-vertueux… Et nous avons généralement adopté l'orthographe actuelle pour les noms propres, en particulier géographiques (Guyane avec un seul n au lieu de deux, Saint-Domingue au lieu de St.-Domingue). Enfin, nous avons systématiquement corrigé les coquilles quand elles étaient patentes. Mais nous avons tâché, dans la mesure du possible, de respecter la ponctuation du texte original, sauf lorsqu'elle induisait une confusion sur le sens de la phrase.

Selon l'usage académique, nous avons mis en italique les titres d'ouvrages et de journaux quand ils étaient en romain dans le texte original.

Il n'y a pas d'alinéas dans les notes de bas de page. Le passage d'un paragraphe à un autre est signalé par un tiret long.

Les notes en bas de page de Senancour sont précédées de la mention [N. D. A.]. Nos propres notes d'élucidation sont précédées de la mention [N. D. E.] lorsqu'elles sont insérées dans une note de Senancour.

CHRONOLOGIE

AVANT-PROPOS

La vie de Senancour – « ennuyeuse à force d'être ennuyée », écrivait Sainte-Beuve à propos d'*Obermann* – demeure, encore aujourd'hui, nimbée de mystère. D'aucuns s'accordent à en retenir le doute et le désespoir comme composantes essentielles, mais elle ne peut raisonnablement se réduire à ces motifs, si prégnants soient-ils. En proie à l'irrésolution et à un désir d'extension sans bornes, Senancour souffrait, peut-on lire chez divers commentateurs, d'un « mal de vivre » proche du *taedium vitae.* Mais le constat fait par l'écrivain de l'écart entre la vie réelle et la vie rêvée, entre l'homme tel qu'il est et l'homme tel qu'il devrait être, nous invite à la nuance : plus que le spleen ou le dégoût existentiel, il fut davantage hanté par un « mal d'espérer ». En effet, si le sort semble s'être acharné sur cet homme grêle et délicat, taciturne mais curieux de toutes choses, ce dernier ne cessa cependant jamais de nourrir un grand appétit de savoir et d'être mû par un secret mouvement d'espérance – souvent camouflé par sa mélancolie –. C'est ainsi qu'Oberman écrit : « Je ne veux point jouir ; je veux espérer ; je voudrais savoir ! » (Lettre XVIII). L'espérance et le savoir : deux motifs que l'écrivain essaya sans cesse d'approcher à travers l'anthropologie, la religion et la morale. En vain... ?

La vie se chargea souvent de ruiner les aspirations de Senancour, dont l'existence paraît n'avoir été faite que d'espoirs déçus et de rêves désenchantés. On sera certes sensible à la tension entre l'inquiétude et l'espérance, mais aussi au conflit entre les limites humaines de la connaissance et la soif d'Absolu, entre la paralysie (du corps comme de la volonté) et l'envie de s'évader, entre la solitude extrême et la quête de l'amour, ou encore à l'alternance signifiante entre les reliefs et la plaine. Mêlant monotonie et intensité, Senancour mena, au total, une vie « en dents de scie » à l'image de son parcours alpestre, une vie « en demi-teinte » où l'obscurité semble chaque fois retomber à la moindre éclaircie, une vie somme toute tragique.

À ces oppositions qui sont au fondement même de l'existence et de l'œuvre écrit de Senancour, il faut ajouter un autre paradoxe. À y regarder de plus près, on s'aperçoit que la vie de cet écrivain relativement méconnu (pour ne pas dire oublié !) a tout de même fait couler beaucoup d'encre depuis l'intéressé lui-même (lorsqu'il se fait autobiographe) jusqu'aux critiques d'aujourd'hui. Plusieurs générations se sont donc succédé, qui ont apporté de précieuses contributions à la connaissance biographique de notre écrivain. La première fut naturellement celle des témoins directs, des proches et des contemporains de Senancour : sa fille, ses amis Boisjolin et Sainte-Beuve, *etc.* La seconde fut – entre autres – celle des J. Levallois, des J. Merlant, des G. Michaut, des L. Maury, des E. Pilon, des A. Törnudd, *etc.*, « senancouriens » du tournant des XIXe-XXe siècles qui ont pu côtoyer des descendants de l'écrivain et recueillir maints souvenirs et témoignages inédits. La troisième, enfin, fut constituée de quelques chercheurs passionnés s'étant employés à dépouiller les archives des quatre coins de l'Europe pour « faire parler » les documents et en distiller le contenu dans de remarquables travaux, fruits d'investigations patientes et stimulantes. À cet égard, citons quelques-uns des travaux d'A. Monglond dans les années 1920-1940 : *Vies préromantiques* (1925), *Le Préromantisme français* (1929), *Le Mariage et la Vieillesse de Senancour* (1931), *Jeunesses* (1933) et surtout *Le Journal intime d'Oberman* (1947). Mentionnons aussi l'ouvrage de M. Raymond : *Senancour. Sensations et révélations* (1965). Retenons enfin la thèse très complète de Béatrice Didier (Le Gall) intitulée *L'Imaginaire chez Senancour* (1966), qui a contribué à exhumer une fois encore l'écrivain de l'oubli et à promouvoir l'ensemble de son œuvre.

Si cette vogue de Senancour apparaît comme un phénomène vicennal ou tricennal, elle ne touche cependant que quelques « adeptes » – comme l'auteur des « Observations » préliminaires à *Oberman* aimait à les appeler –. Qu'ils aient fait partie de ces initiés ou qu'ils aient « rencontré » l'écrivain par le plus grand des hasards, nous tenions à rendre un respectueux hommage à nos devanciers qui ont su, chacun à leur manière, apporter leur pierre à l'édifice biographique. Notre présentation leur doit beaucoup, c'est pourquoi, nous nous sommes permis de prolonger la chronologie ci-dessous par les références de monographies, d'extraits d'ouvrages et d'articles qui permettront au lecteur soucieux du détail d'aller plus loin dans la connaissance de Senancour.

Toutefois, toute biographie factuelle – si rigoureuse soit-elle – finit par heurter à quelques pans nébuleux de la vie de notre écrivain, à commencer par sa jeunesse qui est fort mal connue. Pour relater certains événements, des documents de la main de Senancour eussent été précieux, qui sont aujourd'hui lacunaires voire manquants. Par-delà les recoupements de sources et l'investigation personnelle, un autre problème se posait pour tenter de faire la lumière sur ces zones d'ombre : l'œuvre comme source possible de la biographie. Ainsi, *Oberman* pourrait-il contenir une part suffisamment fiable et exploitable de la vie de son auteur[1] ? Certes, le héros solitaire accompagna Senancour tout au long de son activité scripturale (1801-1804, 1833, 1840), mais gardons-nous bien de rapprocher trop systématiquement l'écrivain et sa créature de papier. En effet, si le premier s'est marié et s'accommoder d'une existence modeste, le second est, quant à lui, resté célibataire mais est parvenu à une vie confortable à Imenstròm. De là, il serait difficile d'établir une table de concordance entre la vérité et la fiction, Senancour faisant par ailleurs preuve d'une grande liberté dans la topographie et plus encore dans la chronologie : « J'ai retrouvé les lieux ; je ne puis ramener les temps. » (Lettre LX). Et pourtant, on ne peut raisonnablement pas exclure les passerelles reliant la vie intime et la vie littéraire de l'écrivain ; car, si Oberman aime s'écarter de la situation réelle de son créateur, tous deux recherchèrent activement le « vrai immuable » et connurent la même élévation suivie du même accablement devant le « sentiment de [la] destinée » (lettre LXXXIX).

À défaut de pouvoir conclure à une méthode infaillible pour établir la biographie d'une personnalité aussi complexe que celle de Senancour, méditons plutôt le propos d'un de ses critiques reconnus. Ce dernier résume bien la difficulté à cerner la vie de celui qui fut tant un peintre de la nature qu'un détracteur de la société des hommes, tant un prosateur héritier des Lumières qu'un philosophe (pré)romantique, tant un

1 Sur la question des affinités et des dissemblances entre Senancour et Oberman, nous recommandons la lecture des articles de David Bryant (« Senancour's "*Obermann*" and the autobiographical tradition ») et d'Arnaldo Pizzorusso (« L'allusion biographique dans une lettre d'"*Oberman*" »), ainsi que de la remarquable étude d'André Monglond : *Le Journal intime d'Oberman*. Pour les références, voir *infra* en bibliographie.

historien qu'un journaliste, tant un homme ayant vécu soixante-seize ans qu'une « âme qui [ne prit jamais] le temps de vivre » (George Sand).

> Telle est cette vie, malheureuse à tout prendre et noble. Elle se justifie par elle-même ; elle éclaire [son] œuvre ; elle explique la double réputation d'orgueil ennuyé ou de dignité, qu'il a laissée parmi ceux qui l'ont jugé sur une lecture hâtive d'*Oberman*, ou parmi ses amis. C'est seulement après une étude attentive de sa pensée que nous pourrons essayer de porter sur lui un jugement d'ensemble[2].

CHRONOLOGIE

31 MARS 1734

Naissance de Claude-Laurent Pivert (le père de Senancour), dans une famille de chapeliers. Bien que n'étant d'aucune noblesse attestée[3], il se fait appeler « de Sénancourt » (avec un « t »), du nom d'un toponyme de l'Eure[4], où la famille Pivert, bien enracinée à Paris (rue de

2 Joachim Merlant, *Sénancour (1770-1846), Poète, penseur religieux et publiciste. Sa vie, son œuvre, son influence*, Paris, Fischbacher, 1907, p. 52.

3 Sur la question de la particule (faussement) nobiliaire de la famille Pivert, voir Béatrice Didier (Le Gall), *L'Imaginaire chez Senancour*, Paris, Corti, 1966, 2 vol., t. 1, p. 19 *sq.* – Cet engouement pour l'aristocratie relèverait moins d'un sentiment d'emphase ou de fatuité que d'une volonté de se distinguer des autres membres de la famille et de cultiver le raffinement d'ordinaire associé à la classe noble.

4 Lieu-dit dépendant de la commune de Cahaignes (N. E. de l'Eure), « Sénancourt » (dont le nom est attesté dès 1239 sous la forme « de Saisnencourt » [*sic*]) compte une vingtaine d'habitants et abrite un manoir du XVIIIe siècle. (*Cf.* Louis-Étienne Charpillon et Anatole Caresme, *Dictionnaire historique de toutes les communes du département de l'Eure*, Les Andelys, Chez Delcroix, 1868-1879, 2 vol., t. 1, p. 635-636). – À noter, par ailleurs, l'existence d'un village « Senancour » (en réalité : « Senoncourt[-les-Maujouy]) dans la Meuse, où, selon un critique, la famille de l'écrivain aurait ses origines (*Cf.* Gustave Michaut, *Senancour, ses amis et ses ennemis*, Paris, Sansot et Cie, 1909, p. 109, note n° 2). – Longtemps, l'écrivain s'interrogea sur les motifs ayant conduit son père à s'être accolé le nom de « Senancour » plutôt qu'un autre. En vain. Faute de mieux, il se borna à recopier littéralement le passage idoine des *Rues de Paris* dans ses notes de lecture : « Hameau à dix-huit lieues de Paris, près de Requiecourt, route de Rouen par Pontoise et Magny. » (*Cf. Annotations encyclopédiques*, art. « Sénancourt », p. 320 [ms.]). – Du point de vue de l'onomastique, le toponyme « Sénancour(t) » semble dériver du radical celte « **(S)enan* » ou « **(S)nant* » caractérisant un espace vallonné baigné par un cours d'eau (une sagne par exemple), associé au suffixe « **court* » signifiant l'habitation. Étymologiquement parlant, le nom « Sénancour(t) » désignerait donc un vallon marécageux habité, au bord

Tournon, rue Jacob, rue Saint-Denis, *etc.*), n'avait – semble-t-il – aucune attache. De là, l'écrivain signera indifféremment avec ou sans « t » final, avec ou sans accent sur le « e » – avec néanmoins une préférence pour l'orthographe : « Senancour ».

1758

Rompant avec la tradition mercantile de la famille Pivert, Claude-Laurent se destine à la prêtrise et reçoit les ordres mineurs. Les actes officiels lui donnent le titre d'« acolyte du diocèse de Paris ». Cette vocation religieuse (avortée) du père ne sera pas sans incidence sur la jeunesse de son fils, qu'il eût volontiers voué à une existence ecclésiastique.

1768

Mariage de Claude-Laurent Pivert (âgé de 34 ans) avec sa cousine germaine, Marie-Catherine Pivert (âgée de 38 ans), elle aussi fille de marchands et nourrissant un goût prononcé pour la vie conventuelle. De ce couple austère, dévot, venu tardivement et par erreur au mariage (consanguin de surcroît), leur petite-fille, Eulalie-Virginie, trop jeune pour les connaître, écrira : « Bien qu'ils fussent strictement soumis l'un et l'autre à leurs devoirs, il ne régnait entre eux ni cet abandon, ni cette harmonie sur lesquels ils auraient dû si bien compter. » Mariage malheureux donc, qui annonce étrangement celui d'Étienne, leur fils, en 1790.

16 NOVEMBRE 1770

Naissance à Paris (quartier de Saint-Paul) d'Étienne Jean-Baptiste Pierre Ignace Pivert de Senancour, unique enfant du couple Pivert, alors établi rue de Beaurepaire, face à l'Hôtel d'Angleterre. L'accoucheur de sa mère – qui était aussi celui de la dauphine Marie-Josèphe – l'aurait dit « robuste et bien conformé » (*cf.* Mlle de Senancour). Enfance morose et solitaire à Paris, marquée par un climat familial de mésentente et d'extrême piété à coloration janséniste. L'enfant, qui se révèle d'une faible constitution physique et d'un tempérament maladif et vagotonique, est tenu à distance par son père et est étouffé par la religiosité rigoriste

---

d'une rivière. (*Cf.* sur ce point : Jean-Baptiste Bullet, *Mémoires sur la langue celtique [...]*, Besançon, Chez C.-J. Daclin, 1754-1760, 3 t. en 2 vol., t. 3, p. 185).

et excessive de sa mère qu'il accompagne durant de longues heures de prière à l'église Saint-Paul-Saint-Louis.

1774

Poussé par un désir d'ascension sociale, le père de Senancour rachète la charge de « Contrôleur général des rentes de l'hôtel de ville de Paris[5] », qui lui confère une fonction stable (sous la Monarchie du moins), le titre de conseiller du roi ainsi que la particule. Sa fonction lui vaut gages de 4500 livres par an et 2700 livres de droits d'exercice, ce qui lui permet d'assurer l'aisance financière de la maisonnée. Ainsi, Senancour, enfant, mène une existence facile (*cf.* la « Notice biographique » de sa fille).

1784

L'adolescent Senancour est mis en pension chez Marc Lecule-Dupuis, curé « progressiste » et acquis aux idées des Lumières, à Fontaine-Chaalis, dans l'Oise, près de la forêt d'Ermenonville – celle-là même qui avait déjà attiré Rousseau et qui, par la suite, marquera Nerval et Proust. Premières sensations de liberté et de plénitude dans la promenade au contact de la nature. En proie au doute et solitaire, le jeune Senancour tente de trouver un dérivatif dans la lecture des récits de voyages (l'*Histoire du Japon* de Kaempfer et le *Robinson Crusoé* de Defoe sont parmi ses ouvrages favoris) et l'apprentissage de la géographie, pour laquelle il démontre tôt un engouement et des prédispositions qui lui valent l'admiration du savant Mentelle.

1785

À l'occasion d'un séjour estival avec ses parents chez des amis vivant aux Basses-Loges, il accompagne sa mère à Valvins, dans la forêt de Fontainebleau. L'arrière-saison venue *(automne)*, il y retourne, rêveur, et s'évade en des courses dont Oberman puis – dans une moindre mesure – le Solitaire inconnu des *Libres Méditations* allaient perpétuer le souvenir

5 Sur cette profession, voir Pierre Le Roy, *Mémoires concernan[t]s le Contrôle des rentes [...]*, Paris, Lemercier, 1717, p. 40 : « Officiers présents au paiement dont ils tiennent registres [...], les contrôleurs sont tierces personnes préposées pour la Sûreté publique, entre les receveurs payeurs et les rentiers ». – Le Minutier central précise leurs activités : dépôts de pièces, de procurations, de quittances à l'État, de mainlevées, *etc.*

mélancolique (*cf.* la « Seconde année » d'*Oberman* et notamment les lettres XI à XXV qui contiennent d'authentiques indices autobiographiques)[6].

1785-1789

Pensionnaire au collège de la Marche (sur la montagne Sainte-Geneviève), Senancour fait en quatre années les six classes d'humanités – un « supplice » (le mot est de sa fille) pour ce timide de la première heure. Cependant, en raison de ses bons résultats, il est pressenti pour le concours général de l'Université. Pendant ses loisirs, rue Beauregard, il lit Buffon, Malebranche, Helvétius, Bernardin de Saint-Pierre et surtout celui qui fut son maître à penser : Rousseau. Bien que peu causeur et peu familier, il se lie d'amitié avec un condisciple, François Marcotte, futur Contrôleur général des eaux et forêts et amateur de peinture, qui lui inspirera certainement le personnage de Fonsalbe, frère de Mme Del*** et seul ami d'Oberman dans le roman à venir.

1789

Sa lecture de la philosophie des Lumières et les événements houleux de la Révolution ébranlent la foi du jeune Senancour qui refuse de rentrer au séminaire de Saint-Sulpice, s'attirant ainsi le courroux paternel. À la suite de ce triple bouleversement politique, idéologique et familial, il quitte Paris sans projet précis *(14 août).* Vraisemblablement accompagné d'un domestique, il se réfugie en Suisse valaisanne, dont les lacs (ceux de Genève et de Neuchâtel) ainsi que les paysages variés le fascinent, et où il s'adonne intensément à la lecture d'écrivains alpinistes tels que Bourrit, Saussure, Besson ou Coxe – dont Ramond de Carbonnières avait

6 Senancour se rendra encore aux Basses-Loges en 1786 et 1788, à une époque où les bois de Fontainebleau commencent à être aménagés et davantage fréquentés. En 1786, alors que de nombreux pins sont plantés sur les étendues sablonneuses de la forêt, il assiste, impuissant et désenchanté, à la transformation de la nature vierge en une nature cultivée et domestiquée par l'Homme (*cf.* lettre XXV d'*Oberman*). – À noter également qu'en hommage à l'écrivain, l'association des « Amis de la Forêt » et l'administration forestière ont scellé, en mai 1931, une médaille à l'effigie de Senancour dans la pierre du rocher d'Avon, au beau milieu des bois de Fontainebleau (secteur ouest, parcelle n° 34, sentier n° 10). Sauvage et mélancolique, cette grotte imposante (baptisée par Denecourt « Manoir d'Obermann », en référence à la lettre XII du roman) aurait constitué le repaire méditatif de l'écrivain solitaire dans ses errances de jeunesse (*cf.* son article « Sur Fontainebleau » dans *Le Mercure de France* de janvier 1812).

traduit les lettres en 1781. Mais les lectures et la topographie cèdent rapidement le pas à la dimension existentielle de la montagne. À cet égard, il fait l'expérience d'un hiver rude et solitaire à Saint-Maurice, où il est, semble-t-il, touché par une affection nerveuse – qu'il impute à sa consommation d'un vin blanc soufré local. Par ailleurs, dans sa course vagabonde à la recherche d'un site parfait où s'établir, il découvre Massongex et le hameau de Fontany qui préfigure Charrières dans *Oberman* (*cf.* lettres V, VII, VIII), compromis entre la beauté des hauteurs et le climat de la plaine où il ne se fixera pourtant jamais. Par la suite, il est victime d'un tragique accident dans le Grand-Saint-Bernard, dont on lui avait déconseillé l'accès sans guide *(fin de l'été).* Or, n'écoutant que son orgueil et son goût des reliefs, il part à pied de Martigny par un ciel dégagé, parcourt les vallées jusqu'à l'hôtellerie de Liddes où il se restaure et, arrivant à Bourg Saint-Pierre, le hardi marcheur s'endort de fatigue sans voir que le temps se gâtait. Prisonnier d'une tourmente de neige, isolé, se croyant perdu, il défie les éléments et – « ivre de danger », écrira sa fille – se jette dans la Dranse avec l'espoir de regagner le village de Saint-Pierre en contrebas (*cf.* lettre XCI de l'*Obermann* de 1840). Moralement affecté et physiquement affaibli, il développe un début de paralysie qui, dès lors, ne le quittera plus. Après deux jours de repos, il rejoint l'Hospice du Grand-Saint-Bernard tenu par des moines, et décide de pousser jusqu'à Étroubles dans le Val d'Aoste.

1790

Senancour se rend à Fribourg, ville très catholique, où il espère voir sa mère le rejoindre *(janvier).* Il trouve à se loger dans la famille De Jouffroy, établie sur un promontoire sauvage, dont le nom – le « Bout du Monde » – ne pouvait que séduire l'écrivain en quête de solitudes escarpées. S'ensuivent plusieurs périples en terre helvétique qu'Oberman rapportera dans ses lettres (*cf.* la « Première année » du roman). Désirant se fixer, il sollicite de la municipalité le droit d'habiter le village d'Agy (commune de Givisiez), non loin de Fribourg *(1er mars).* Là, il rencontre l'officier Joseph-Georges-Florian Daguet, capitaine à la « Porte des Étangs » et chef d'une famille patricienne qui logeait des émigrés. Senancour connaît alors ses premiers émois amoureux au contact d'une des filles, Marie-Françoise, sensible et romanesque, attirée elle aussi par la solitude, l'œuvre de Rousseau, l'imagination mélancolique et le chant – notamment celui du ranz des vaches, « air vraiment alpestre » et « analogu[e] à l'être profond », évoqué dans le 3e fragment d'*Oberman* sur « l'expression romantique ». Pour elle, il cueille des violettes dans les prés, fleurs qu'il associera, dans ses derniers écrits, à la dualité du sentiment amoureux, à savoir : l'amour-passion et l'amertume d'un amour déçu. Entrevoyant le bonheur, il semble toutefois repris par son goût de l'indépendance et son besoin de mouvement : tantôt il descend du côté de Granges-Paccot, dans le ravin où bruit le ruisseau de Lava-Péchon ; tantôt il parcourt la hêtraie jusqu'à l'Ermitage de la Madeleine ceint par de hauts rochers dominant la Sarine. Cette même année *(juillet)*, il cultive une correspondance avec Saussure et Bernardin de Saint-Pierre, auprès desquels il cherche conseil pour s'établir en solitaire dans quelque lieu reculé (vallée, montagne, voire sur une île). Malgré ses velléités de vie érémitique et sa peur de l'engagement, il épouse Marie Daguet sans conviction et avec le seul consentement de sa mère *(11 ou 13 septembre)*. L'union fut « un malheur pour tous deux », au dire de Mlle de Senancour, voire « le jour le plus triste de [sa] vie », confiera *a posteriori* l'écrivain à son ami Vieilh de Boisjolin. Senancour est, en effet, victime des calculs sordides d'une belle-famille peu scrupuleuse et voyant en lui un parti avantageux amené à toucher tôt ou tard un bel héritage. Pire encore, ni son épouse ni lui ne s'accorderont réellement sur le mode de vie à adopter. Marie Daguet, certes « sauvage », se trouve néanmoins saisie de terreur à la vue des reliefs escarpés et brumeux : elle refuse catégoriquement de traverser les Alpes battues par les pluies et de demeurer coupée du monde en haute montagne, à Étroubles, où Senancour, lui, comptait pourtant se fixer *(19 septembre)*.

1791

Le couple rentre à Fribourg chez les Daguet, où ils cohabitent difficilement. La voix mélodieuse de la jeune épouse cède le pas à un ton brusque et impérieux, et la désillusion s'est totalement substituée à l'apparente conformité des goûts qui avait motivé le mariage. Ainsi Oberman s'épanche-t-il : « C'était en mars [...]. Le soir, la lune éclairait : des cors se répondaient dans l'éloignement ; et la voix que je n'entendrai plus ... ! Tout cela m'a trompé » (*cf.* lettre XI). Voyage probable du couple à Paris (avec de faux passeports) pour obtenir le pardon du vieux père de Senancour – désormais installé près des Halles, au cloître Saint-Sépulcre – qui n'avait point donné sa bénédiction pour le mariage. Malgré sa rigidité, il se montre accueillant et oublieux du passé. De retour en Suisse, l'écrivain devient père : sa fille, Agathe-Eulalie-Ursule dite « Virginie » naît à Givisiez[7] *(8 septembre)*. Devenue écrivaine, elle veillera son père jusqu'à la fin et rédigera en 1850 une « Notice biographique sur E. de Senancour » (*cf. infra*), qui se veut un témoignage sincère et de première main de ce que fut vraiment la vie de l'auteur d'*Oberman*. Enfin, la famille choisit de demeurer à Fribourg, malgré l'injonction de l'Assemblée Législative qui donne deux mois aux émigrés (dans le canton de Fribourg, ils étaient 3700 Français en 1793) pour rentrer dans leur pays d'origine, sous peine de confiscation de leurs biens *(9 novembre)*.

1792

Publication – peut-être à Neuchâtel – des *Premiers Âges. Incertitudes humaines*, sous le pseudonyme « Rêveur des Alpes ». Concurremment, naît Jacques-Balthazar *(9 octobre)*. Pour célébrer la naissance de son premier héritier mâle, Senancour plante un platane (arbre qui sera associé au « génie » dans *Isabelle*) sur le domaine d'Agy, en bordure de la route de Morat. Mais l'enfant meurt quelques jours plus tard *(16 octobre)*. Quant à l'arbre, unique vestige du passage de Senancour à Agy, il sera abattu par des bûcherons en mai 1907.

1793

Résidant à Thiel près du lac de Neuchâtel et de Bienne *(été)*, Senancour fait l'expérience d'une nuit d'illumination mystique *(cf.* lettre IV d'*Oberman*). Il fait également la connaissance d'un vieux receveur des péages du roi de Prusse au pont de Thiel, Josué Favargez, qui, avec bonhomie, le prend sous sa protection *(septembre)*. Senancour part ensuite en excursion en Suisse romande, peut-être jusqu'au Grimsel, ou dans l'Unterwalden et le Hasli, à travers l'Oberland, probablement en quête d'une solitude plus pure (*cf.* lettre III d'*Oberman* et la 17e *Rêverie*

---

7 Béatrice Didier (Le Gall), *L'Imaginaire chez Senancour*, *op. cit.*, t. 1, p. 110. – Les trois enfants du couple furent baptisés à l'église de Givisiez, soit parce que Marie Daguet préférait accoucher à la campagne, soit en raison du statut d'émigré de Senancour qui ne lui permettait peut-être pas de vivre à Fribourg sans autorisation officielle.

de l'éd. de l'an VIII[8]). La même année, il publie, à Neuchâtel, l'essai *Sur les Générations Actuelles. Absurdités humaines*, de nouveau sous la signature de « Rêveur des Alpes ». Il est aussi victime de l'incident du « ragoût empoisonné », dont s'est rendu responsable son beau-frère Favre de Longry. Émigré et ruiné comme Senancour, il tente, en effet, d'entraîner l'écrivain dans la mort. Ce dernier y échappe de justesse grâce à sa prudence ainsi qu'à une évacuation rapide[9]. À la fin de l'année *(9 décembre)*, naît un troisième et dernier enfant, Florian-Julien, qui embrassera une carrière d'officier dans l'infanterie. Sa sœur et lui sont tôt placés en nourrice à La Valsainte, à proximité de Chevrilles et de Saint-Sylvestre, auprès d'une paysanne de langue allemande qui leur tint vraisemblablement lieu de mère.

1794-1795 [AN III]

Ruiné en raison de la dévaluation des assignats, Senancour revient seul à Paris, laissant son ménage aux bons soins de sa belle-famille fribourgeoise *(hiver 1794-1795)*. Face à l'adversité et pour fuir la turbulence de la capitale remuée par les émeutes et la faim *(printemps 1795)*, l'écrivain désœuvré, ne retrouvant plus la ville de son enfance, s'adonne à la lecture de Voltaire, de Rousseau, des Encyclopédistes ainsi que des auteurs grecs, latins et orientaux à la Bibliothèque nationale, « antique et froid dépôt des efforts de toutes les vanités humaines » (*cf.* lettre XI d'*Oberman*). À Paris, où il réside au n° 195 de la rue de la Justice, il revoit aussi son ami François Marcotte et la sœur de ce dernier, Marie-Jeanne-Antoinette-Joséphine « Finotte » (qui lui inspirera Mme Del*** dans *Oberman*), dont il s'éprend du fait de leur tempérament commun. Face à ces espérances illicites, les violettes du premier amour laissent place, dans l'imaginaire de l'écrivain, aux jonquilles des désirs mystiques pour la femme-ange inaccessible *(mars)*. C'est encore à Paris qu'il fait publier, chez Leprieur, son petit roman *Aldomen ou le Bonheur dans l'obscurité* – ce « premier *Obermann* inconnu » (A. Monglond) –, reflet immédiat de

8 On note aussi des allusions au pays de Grindelwald, aux vallées de Schwitz et de Glaris, au Righi, au Titlis, au Sargans, à l'Appenzell, *etc.*, qui laissent supposer une connaissance de certaines contrées suisses davantage livresque que vécue.

9 André Monglond, « Le mariage de Senancour », dans *Jeunesses*, Paris, Grasset, 1933, p. 246-247. – D'après le critique, il faudrait distinguer deux tentatives d'empoisonnement de Senancour par Favre : la première, vraisemblablement en 1793, à Berne ; et la seconde, peut-être en 1794, en présence de la belle-sœur de l'écrivain.

son histoire intérieure entre vingt et vingt-cinq ans, qu'il signe de son nom *sans-culottisé* : « Citoyen Pivert ». Après avoir aidé en vain son père à acquérir un bien de campagne du côté de Montlignon, dans la vallée de Montmorency, il achète un petit pavillon dépendant de l'abbaye de Chaalis – déguisée en « Chessel » dans *Oberman* – *(29 mars)*, là même où il avait été pensionnaire dix ans plus tôt. Mais à cause d'un locataire rétif refusant de quitter la propriété et auquel il n'ose pas s'opposer, Senancour, temporairement installé à Ermenonville, ne pourra jamais prendre possession de son bien, qu'il est, en définitive, contraint de revendre à perte. De là, il retourne à ses errances à travers le Valois. En ces deux années funestes et désenchantées, Senancour, très éprouvé tant physiquement que moralement, connaît des crises de profond désespoir.

1795-1796 [AN IV]

Ses pérégrinations conduisent Senancour chez l'un de ses amis nommé De Sautray (ancien garde du corps du futur Charles X), à quelques kilomètres de Chaalis, dans la région de Senlis, plus précisément entre Villemétrie et Mont-l'Évêque. Là, l'esprit rêveur et « le crayon à la main » – selon un mot de Mlle de Senancour –, l'écrivain se serait essayé à la peinture de paysage *(été-automne 1795)*. C'est aussi lors de ce séjour isarien de quelques semaines (ou mois ?) qu'il aurait projeté de rédiger le « Livre des livres » (intitulé *La Raison des choses humaines*, jamais paru) et qu'il entame la synthèse de ses nombreuses lectures condensées dans l'épais manuscrit des *Annotations encyclopédiques (novembre)*. Pour Senancour, la quête de l'érudition et de l'œuvre totale s'impose désormais comme un viatique au dégoût existentiel : la bibliothèque de Senlis devient son refuge et l'espoir de la permanence retrouvée. Mais l'ouverture au(x) savoir(s) va aussi de pair avec le rejet de la société et le repli sur soi, qu'accentue encore la perte de son père *(7 décembre)* et de sa mère à quelques mois d'écart *(26 septembre 1796)*.

1796 (?)

Dans un climat de violence et de suspicion, plusieurs tentatives infructueuses d'émigrer illégalement vers la Suisse mettent la vie de Senancour en danger. Bien que les Français ayant épousé des Suissesses aient bénéficié d'un régime de faveur, cela ne dura qu'un temps et l'écrivain, sans être un émigré politique, finit pourtant par être considéré comme tel. Une fois, il est arrêté, alors qu'il se faisait passer pour un prêtre non assermenté, et, sous la clameur d'une population curieuse de « voir bientôt fonctionner l'instrument meurtrier » (Mlle de Senancour), il est conduit à Besançon pour subir un interrogatoire, au cours duquel il conserve un silence absolu. Le spectacle de cette foule en délire « venue se repaître les yeux de la vue d'une infortune » le marquera durablement (*cf.* la « Notice biographique » de sa fille). À une autre occasion, il est malmené par les gendarmes et menacé d'être fusillé. Il ne se tire d'affaire qu'en feignant d'être un simple d'esprit, mais court le risque de voir son nom inscrit sur la liste « fatale » des émigrés avec tous les désagréments personnels et pécuniaires qui pouvaient en résulter.

1797 – DÉBUT 1798

Le nom de « Pivert Sénancourt » [*sic*] apparaît dans la liste des citoyens inscrits sur le « Rôle de la Garde Nationale sédentaire de la commune de Senlis pour servir à l'organisation ordonnée par la loi du 23 thermidor an V » *(10 août 1797)*. On peut supposer que l'écrivain, « habitant du faubourg de Villemétrie », a été marqué par le coup d'État du 18 fructidor, qui a revigoré l'institution républicaine *(4 septembre)*. Cette même année, loin des troubles politiques, il assiste certainement au spectacle des vendanges que narrera Oberman dans une missive datée de Méterville (*cf.* lettre IX du roman) – scène contrastant avec le souvenir angoissé du Valois. Enfin, dans une lettre très solennelle qu'il adresse à François de Neufchâteau, membre du Directoire, Senancour renie son appartenance de classe et, avec l'espoir de pouvoir jouir d'un exil officiel en Suisse auprès de son épouse, il exprime son souhait de « servir l'humanité, partout égarée et souffrante [...], fût-ce dans les contrées les plus éloignées [...] » *(24 septembre)*. Par-delà la Suisse, il va jusqu'à s'imaginer être « le Lycurgue d'un peuple encore neuf » sur une île du Pacifique, où il pourrait créer « une institution vraiment heureuse, premier exemple pour l'univers social ». Par trois fois renouvelée *(14 octobre, 4 novembre, 25 novembre)*, sa requête n'obtient cependant que des fins de non-recevoir *(12 février 1798)*.

1798

Peut-être une tentative de gagner la Suisse, mais qui se solde par une arrestation et un rapatriement forcé à Paris, où il vit d'abord dénué de ressources *(automne)*. Senancour est tiré d'affaire grâce à l'éditeur Laveaux qui le protège et le recommande pour le poste de précepteur auprès des deux fils du fermier général La Live. Il loge alors à l'Hôtel Marigny (place du Vieux-Louvre). En parallèle, l'écrivain publie chez les éditeurs La Tynna et Cérioux une version partielle de ses premières *Rêveries sur la nature primitive de l'homme* (commencées l'an passé à Villemétrie). En outre, il se met à fréquenter l'hôtel Beauvau où, reçu en ami, il jouit des nombreux privilèges (domestiques, voiture, accès à la bibliothèque, *etc.*) et rencontre, entre autres, la famille d'Houdetot, Elzéar de Sabran, le poète Saint-Lambert, le jeune Molé, le chevalier de Boufflers ou encore Mme de Staël, *etc.*

1799

Publication en un volume de la première version des *Rêveries sur la nature primitive de l'homme [...]*, chez Laveaux, La Tynna, Moutardier et Cérioux, dont l'imprimerie attenait à l'hôtel Beauvau. Dans ce livre (désormais complet), où se mêlent les influences des épicuriens, de Rousseau, de Condillac et d'Helvétius, il faut voir ce qu'un journaliste appellera plus tard « le péristyle du grand ouvrage philosophique que [Senancour] méditait sur l'infécondité et la fausseté des institutions sociales » (*cf. L'Illustration* du 31 janv. 1846). Pour composer son œuvre, l'écrivain, déjà attiré par l'Orient et les théories illuministes, aurait consommé – parfois à l'excès – des drogues exotiques (opium, coca, *etc.*) et des boissons excitantes (café, thé), préfigurant par là même les « paradis artificiels » de Baudelaire.

1800 (?)

Promenade avec Frédéric d'Houdetot aux alentours de Paris (*cf.* lettre LII d'*Oberman*). Senancour, établi à l'Hôtel Beauvau, séjourne probablement quelque temps à Fontainebleau. Lors d'une marche sur les Champs-Élysées, il aurait également aperçu la sœur de son ami Marcotte – devenue Mme de Walckenaer depuis la fin de mai 1798 – (*cf.* lettre XL d'*Oberman*). La trentaine s'annonce pour lui comme l'âge des illusions perdues, mais aussi comme le ferment de sa création littéraire.

1801

Interception d'une lettre adressée par l'écrivain à Mme de Walckenaer, qu'il aime toujours secrètement *(9 et 11 juin)*. Provoqué en duel par le mari de cette dernière, Senancour se désiste, récusant « avec force l'intention qu'on lui supposait de chercher à séduire une femme mariée », explique Mlle de Senancour. Une demi-réconciliation s'ensuivit probablement. 1801 est aussi un tournant majeur dans sa vie littéraire : « dans un appartement donnant sur la place Beauvau » (J. Levallois), il entame la rédaction d'*Oberman*, qui allait devenir son œuvre majeure.

1802

Retour en Suisse, d'abord à Lausanne *(février)*, puis à Fribourg *(février-mars)*, dans le pays valaisan et vaudois qui, treize ans plus tôt, lui avait révélé la grandiose montagne suisse. Mais le contexte est désormais bien différent : les retrouvailles avec sa fille et son fils, devenus presque étrangers à leur père, sont glaciales. Senancour découvre, en outre, l'infidélité de son épouse qui, en son absence, s'est rendue à Lausanne pour mettre au monde un fils illégitime, Jacques-Hippolyte *(7 janvier)*. Par la ruse et la menace, les Daguet intimeront plus tard à Senancour de reconnaître l'adultérin comme son propre fils. Frappé par ce surcroît de mésaventures, l'écrivain décide sans doute de fuir les commérages de Fribourg et de retisser un semblant de liens familiaux avec ses deux enfants trop souvent négligés (*cf.* la parabole de la lettre LX d'*Oberman*). Fort du pécule recueilli auprès des d'Houdetot – et peut-être de l'héritage d'un parent (*cf.* lettre LIII du roman de 1804) –, il songe à prendre son indépendance vis-à-vis de sa belle-famille *(fin mai-début juin)*. À cet égard, le château de (Ts)chupru, grosse maison de maître rustique du XVe siècle, sise à Saint-Sylvestre, à une dizaine de kilomètres de Fribourg, lui offre un nouveau refuge (*cf.* lettre LIV). Sur cette terre « patriarcale », ce « pré universel » bordé par la Gruyère, la Berra, le Cousimberg et le Jura, Senancour partage – probablement avec sa famille et/ou quelques amis – un goûter champêtre de fraises sauvages, de crème et de café. Mais même dans ce rare moment de bien-être (*cf.* lettre LIX), le solitaire inquiet pressent qu'il n'est pas « parmi [les convives] deux cœurs semblables » et que l'« intimité » ne sera que « momentanée » *(ibid.)*. À (Ts)chupru, enfin, Senancour aurait poursuivi l'écriture d'*Oberman* (qui n'aurait donc pas été rédigé en totalité à Agy). Pour l'avenir, l'écrivain semble nourrir quelques timides espoirs de succès.

1803

Poursuite du séjour au château de Chupru (*cf.* lettre LIX d'*Oberman*). Signe qu'il rêve toujours d'une vie pastorale dans les hauts plateaux alpins, Senancour consigne dans son roman majeur : « Je viens de parcourir presque toutes les vallées habitables qui sont entre Charmey, Thun, Sion, Saint-Maurice et Vevey. » (*Cf.* lettre LX). De fait, l'écrivain solitaire, longeant la route menant à Villeneuve, traverse le col du Sanetsch et effectue plusieurs courses dans le Jorat, la Gruyère, la Singine, poussant parfois jusqu'au lac Noir, aux bains du Schwarzsee et dans le Val-de-Travers (*cf.* lettres LVII *sqq.* d'*Oberman*). L'échec de son mariage le conduit, au reste, à se séparer de son épouse et à regagner la France *(octobre)*. Avant de quitter la Suisse, il fait paraître (à Lausanne ?) un *Énoncé rapide et simple sur quelques considérations relatives à l'acte constitutionnel qui doit être proposé à la République helvétique* (rédigé l'an X) – la Confédération, devenue République, venait effectivement d'être rattachée à la France –.

FIN 1803-1804

Senancour quitte définitivement la Suisse[10] et rentre en France, où il fait venir ses deux enfants légitimes *(octobre 1803)*. Alors qu'il séjourne quelque temps à Fontainebleau, il arpente la forêt en compagnie de sa fille *(printemps 1804)*. *Oberman*, commencé en 1801 et rédigé en grande partie en Suisse pendant l'année 1802, paraît enfin chez Cérioux, précédé de l'épigraphe pythagoricienne : « Étudie l'homme, et non les hommes » *(juin-juillet 1804)*. Mais le rêve de gloire littéraire ne tarde pas à s'étioler : l'ouvrage, dénué de « mouvement dramatique » et empreint de longues séquences mélancoliques, ne connaît aucun succès, confortant son auteur dans l'amertume et la misanthropie (*cf.* lettre LI du roman). Sa situation pécuniaire se dégrade.

---

10 De fait, il n'accompagnera pas sa fille à Fribourg en 1828 ni en 1834. La page suisse est bel et bien tournée.

1805

À peine publié, Senancour prend son roman *Oberman* en une aversion que rien ne pourra désarmer. Il songe même à le supprimer.

1806

Décès de l'épouse de Senancour, Marie Daguet, qui, restée en Suisse, est emportée, dans sa trente-septième année, par une maladie du foie *(janvier)*. Par ailleurs, la première version de *De l'Amour, considéré dans les lois réelles et dans les formes sociales de l'union des sexes*, paraît chez Cérioux et Bertrand *(février-mars)*. L'ouvrage choque et vaut à son auteur un certain « succès de scandale ».

1807

Déménagement de Senancour du n° 272 de la rue Sainte-Croix à la rue Jean-Jacques Rousseau. Publication chez Cérioux, Barba, Masson, Capelle et Renand de *Valombré*, comédie en cinq actes et en prose d'un misanthrope « qui n'est pas tout à fait de ce monde » (I, 1) et est entouré d'hommes légers cherchant à lui tendre des pièges. Dans l'épisode où le sage Valombré, apprenant sa nomination de sous-préfet, est saisi de scrupules devant l'exercice de l'autorité, on peut voir une transposition d'un événement de la vie de Senancour, auquel un poste similaire aurait été proposé sous l'Empire – probablement par l'entremise de Boufflers et de Lucien Bonaparte. L'intéressé, à l'image de son personnage, décline l'offre par pusillanimité et crainte des responsabilités. Toujours est-il que l'écrivain « attachait une médiocre importance » à sa pièce et « en rougissait même un peu », selon le critique J. Levallois. Il se garda donc bien de la répandre. Mlle de Senancour la passe d'ailleurs totalement sous silence.

1808

Parution de la deuxième version du *De l'Amour* (au sous-titre identique à la première) chez les éditeurs parisiens Capelle et Renand (16 mai). L'ouvrage donne lieu à un article violent et plein de mauvaise foi de la part de *La Gazette de France*, accusant l'auteur « de justifier des crimes et d'autoriser l'abandon le plus cynique à toute la dépravation que les sens peuvent conseiller » *(10 juillet)*. L'écrivain, irrité, s'empresse d'exercer un droit de réponse *(6 août)*, mais sa lettre, partiellement amputée avant d'être publiée, a été de surcroît remaniée par les rédacteurs du journal *(8 août)*. Par la suite, Senancour désavouera cette seconde mouture de son livre.

1809

Parution des secondes *Rêveries sur la nature primitive de l'homme* chez Cérioux et Bertrand. Les « changements et additions considérables » évoqués par l'auteur viennent notamment du fait qu'une bonne moitié d'*Oberman* y est insérée et que l'accent religieux s'y révèle très pénétrant.

1810

Voyant son état de santé s'aggraver et sa gêne matérielle s'amplifier, Senancour, à mesure qu'il considère – amèrement – ses jeunes années irrévocablement perdues, est de nouveau en proie à une crise existentielle. S'interrogeant sur le sens de sa vie, l'écrivain, vieilli prématurément, fait sien le mot d'Oberman : « Vous le savez, j'ai le malheur de ne pouvoir être jeune. » (*Cf.* lettres I, XV, XXXVII et *passim* dans le roman de 1804). C'est aussi vers 1810 qu'il aurait entamé la rédaction de *Notes intimes* (récit de sa jeunesse, essai d'analyse morale, observations, souvenirs, bibliographie, *etc.*) destinées à devenir des « mémoires en quelque sorte intellectuels » (J. Levallois) et malheureusement demeurées très fragmentaires.

1811-1814

Dans cette période, deux manuscrits (respectivement publiés en 1816 et 1819) semblent être achevés ; il s'agit des *Observations critiques sur l'ouvrage intitulé « Génie du Christianisme »* (terminées en *1811*) et des premières *Libres Méditations* (prêtes dès *1813*). Toutefois, aucun n'est publié, à tel point qu'on ignore la source des revenus de l'écrivain entre 1810 et 1812. Devant la dureté du quotidien, Senancour comprend qu'il ne pourra pas « vivre de sa plume » sans revoir ses exigences à la baisse et sans diversifier ses formes d'écriture. Entre autres « insipides incidents de sa carrière littéraire », il est contraint d'accepter des travaux « alimentaires » en participant par exemple à un *Almanach de commerce* chez La Tynna ou en rédigeant des plaidoyers pour une revue de jurisprudence, malgré son aversion pour les affaires et les débats juridiques. Au dire de sa fille, « ce fut un des supplices de sa vie » de troquer sa vision sacerdotale de l'écriture contre celle du livre comme objet de profit. Par ailleurs, grâce à Mercier, Jay, Nodier, Ballanche, Boisjolin ou Mme Dufresnoy, il découvre le journalisme, corollaire du « métier » d'écrivain qu'il a longtemps méprisé. Devenu un publiciste assidu, il donne régulièrement des contributions, des articles et des comptes-rendus (parfois assez engagés) à plusieurs journaux, notamment au mensuel *Mercure de France (septembre 1811-décembre 1814)*. Parmi ses apports au *Mercure* – dont Senancour indique qu'il choisissait lui-même les sujets ou les livres sur lesquels il voulait travailler –, on mentionnera : « Du style dans les descriptions » *(septembre 1811)*, « Sur Fontainebleau » et « Extrait d'une dissertation sur le roman » *(janvier 1812)*, ou encore « Des succès en littérature » *(juillet 1813)*, article paradoxal où Senancour fait mention d'auteurs méconnus comme pour signifier son regret d'être resté dans l'oubli.

1814

Publication chez les marchands de nouveauté des premiers textes polémiques et brochures politiques de Senancour qui, quoique n'appartenant à aucun parti, prend une part active aux luttes politiques de son temps, s'appuyant sur une pensée essentiellement libérale. Paraît tout d'abord *(4 juin)* la *Lettre d'un habitant des Vosges, sur MM. Buonaparte, de Chateaubriand, Grégoire Barruel*, réponse virulente au *De Buonaparte* de Chateaubriand – dont il blâme l'opportunisme – conjuguée à une réflexion sur le génie de la nation française. Rédigée dans le même esprit, la *Seconde et dernière lettre d'un habitant des Vosges* lui fait suite *(11 juin)*. Puis c'est au tour de *Juin et Juillet 1814* de voir le jour *(fin juin)* : l'écrivain y fait part de son scepticisme envers la Restauration et de sa crainte d'assister au retour de l'absolutisme. Enfin, à travers les *Simples observations soumises au Congrès de Vienne et au Gouvernement français par un habitant des Vosges* (parues chez Delaunay), c'est un Senancour ardemment patriote et plein de mépris pour la vieille diplomatie qui se révèle. Dans son propos, il somme les pays vainqueurs de Napoléon Ier de ne pas rendre la France plus petite en 1814 qu'en 1791, de renoncer à la « balance européenne » et d'affirmer un juste équilibre de paix que garantirait une alliance entre la Russie, l'Angleterre et la France *(12 novembre)*.

1815

Parution de deux autres plaquettes politiques. D'une part, le *De Napoléon*, édité chez Beaupré *(1er avril)*, où Senancour, pendant les Cent-Jours, écrit de l'Empereur déchu – et néanmoins désigné comme le « le prince du siècle » – : « Il lui reste encore à manifester une pensée secrète, et à se montrer l'homme exactement juste, comme il s'est montré l'homme fort. [...] Qu'il le soit donc ! qu'il achève par une heureuse conception, ou, si l'on veut, par une fantaisie sublime, le bel ouvrage de son audace et de sa fortune ! » D'autre part, *Quatorze Juillet 1815*, édité chez Lanoë *(22 juillet)*, s'inscrit dans la continuité des *Simples observations* de 1814, consistant en « quelques lignes sur la situation de la France » et son « indépendance politique » vis-à-vis de l'Angleterre. Par l'entremise de son ami Jay, Senancour s'engage également dans une importante collaboration au journal libéral, bonapartiste et anticlérical *Le Constitutionnel (fin octobre-début novembre)*, dans lequel il publie des comptes rendus de lecture comme celui sur *La Monarchie sous la Maison de Bourbon* de Montigny *(1er novembre)*, ainsi que des articles sur les questions religieuses et de politique intérieure *(19 novembre-19 décembre, etc.)*.

MARS 1816

Parution chez Delaunay des *Observations critiques sur l'ouvrage intitulé « Génie du christianisme », suivies de quelques réflexions sur les écrits de M. de B[onald], etc., relatifs à la loi du Divorce*, pamphlet ayant Chateaubriand pour cible. Probablement prêt dès 1811, Senancour retarda la publication de son manuscrit par égard pour son adversaire alors en disgrâce.

1816-1817

Pour fuir la misère de sa vie parisienne ainsi que les pressions de sa belle-famille déterminée à lui faire reconnaître l'enfant adultérin de son épouse (début 1816), notre écrivain part pour Marseille, où il ne reste que trois jours, sans pouvoir assister, du reste, au spectacle de la mer déchaînée (avril). Par la suite, il fait halte quelques mois dans le Gard, à Nîmes, puis se fixe au mas de la Figuière, à un kilomètre d'Anduze, pendant un an et demi, au cours duquel il jouit des agréments du pays méridional. C'est là, dans les Cévennes protestantes, qu'il aurait connu, lors d'une méditation en compagnie d'une société réformée, un moment d'apaisement suivi d'une crise religieuse décisive. Celle-ci l'aurait amené sinon à retrouver le chemin de la spiritualité dont il s'était si longtemps détourné, du moins à être attentif aux influences chrétiennes. Immergé dans la végétation cévenole et la dureté de ses paysages, son imagination s'en trouve définitivement marquée.

1818

Abandon du rêve de vie provinciale et retour à Paris *(fin mars)*, que Senancour – habitant désormais 13 rue des Postes – ne devait plus quitter et qui allait sonner le glas de ses espoirs de prospérité. De surcroît, un parent éloigné, disposant de dix mille livres de rente, décide de déshériter l'écrivain (son héritier naturel) dans la gêne au profit de parents de sa femme déjà aisés (*cf.* lettres IV et XXV d'*Oberman*). Cette frustration et le désargentement qui s'ensuit sont à l'origine de « vingt années d'inquiétudes et de travaux souvent très contraires à ses goûts et qu'il supporta longtemps avec un grand courage », souligne Mlle de Senancour (*cf. Simples documents*). Cette précarité peut expliquer, pour partie, son intense collaboration au *Constitutionnel*, pour le compte duquel Senancour rédige près de 900 articles (généralement non signés) entre 1815 et 1829. En 1818 – année particulièrement riche en contributions journalistiques –, on retiendra par exemple les articles : « Des passions politiques et de l'ouvrage de Mme de Staël » *(17 et 20 juin)*, ou « De l'ordre » *(1er juillet)*, mais aussi les comptes rendus sur les « *Œuvres complètes d'Helvétius* » *(8 juillet)* et sur les « *Œuvres complètes de J.-H. Bernardin de Saint-Pierre (…)*, par M. L. Aimé-Martin » *(30 septembre)*.

AVRIL 1819

Publication chez Mongie et Cérioux de la première version des *Libres Méditations d'un solitaire inconnu sur le détachement du monde et sur d'autres objets de la morale religieuse*, sorte de « cours de morale » qui marque un tournant dans la pensée et la spiritualité de Senancour. Ce dernier, inspiré par Ballanche, est de plus en plus versé dans la mystique, à la recherche d'une religion universelle non dogmatique.

1820

Participation ponctuelle de Senancour au semi-périodique royaliste *L'Observateur des colonies*, où il publie, sous forme de feuilleton, un « *Dialogue écrit en ancien grec par un correspondant de l'Académie Ionienne, et traduit par un Français à Argostoli où l'auteur s'est réfugié depuis le désastre de Parga* ».

1820-1822

Collaboration éphémère – sous forme de comptes rendus d'ouvrages en tous genres – à *L'Abeille* (1821-1822), journal remplaçant *La Minerve littéraire* (1820-1821), où il avait donné « De la justesse en littérature » *(1820)*, « Du génie » et deux études « Sur J.-J. Rousseau » *(1821)*. Dans son ouvrage *La Presse littéraire sous la Restauration*, Ch.-M. Des Granges évoque les contributions de Senancour à ces journaux comme « fort peu romantique[s] dans [leur] critique » et empreintes d'un « style terne et lourd » (p. 80).

1823

Senancour sollicite du ministre de l'Intérieur, l'ultra Jacques-Joseph Corbière, une pension en qualité d'homme de lettres. Bien que le baron de Walckenaer intervienne en sa faveur, sa requête paraît n'avoir pas abouti.

1823-1827

Collaboration active au *Mercure du* XIXe *siècle*, quotidien utilisant la littérature pour contourner la censure et aborder des sujets plus politiques. Senancour se distingue alors par un « esprit critique fort étroit [...], terne, incolore, indécis, imprécis » (*cf.* Des Granges, *op. cit.*, p. 130) dans nombre d'articles, dont on retiendra : « Considérations sur la littérature romantique », « Sur la tolérance » ou « Songe romantique » *(1823)*, et « De la prose au XIXe siècle » ou « Des fleurs » *(1824)*. Cependant, cette activité journalistique ne suffisant pas à le nourrir, il accepte, parallèlement, d'insérer plusieurs portraits, vies et contributions dans la *Biographie nouvelle des contemporains* d'Arnault, Jay, Jouy (une centaine d'articles) et dans celle de Rabbe et de Boisjolin (environ 300 entrées de sa main), ainsi que de rédiger trois ouvrages de librairie à coloration historique chez Lecointe & Durey. Il s'agit successivement du *Résumé de l'histoire de la Chine* (1re éd. : *9 oct. 1824* ; 2e éd. : *19 fév. 1825*), du *Résumé de l'histoire des traditions morales et religieuses* (1re éd. : *1er oct. 1825* ; 2e éd. : *31 mars 1827*) et du *Résumé de l'histoire romaine* (*14 juil. 1827*, 2 vol.). Loin de la prose littéraire et philosophique d'*Oberman*, ces travaux sur l'histoire de l'humanité, la sagesse antique et les cultes orientaux, ont certes pu « détourn[er] [Senancour] de sa voie naturelle » (*cf.* la « Notice biographique » de sa fille). Toutefois, par l'érudition qui y est déployée, ils ont aussi contribué à alimenter la quête mystique et théosophique de leur auteur.

AOÛT 1827-JANVIER 1828

Procès dit « des Traditions morales et religieuses ». Attaqué sous le ministère Villèle en raison du syncrétisme de la figure du Christ (qualifié de « jeune sage ») et de l'irréligion contenue dans la seconde édition de son *Résumé*, Senancour est condamné à une forte amende[11] et à neuf mois de prison (*14 août 1827*). Assisté par Me Berville qui assure sa défense avec zèle et éloquence, Senancour tient toutefois à prendre lui-même la parole pour plaider sa cause[12]. Il se voit finalement acquitté en cour d'appel sous le ministère Martignac *(22 janvier 1828)*.

FIN 1828-ÉTÉ 1829

Collaboration à la *Revue encyclopédique (octobre 1828-juillet 1829)*, journal mensuel ayant succédé au *Magasin encyclopédique* (1795-1816) puis aux *Annales encyclopédiques* (1817-1818) et abordant la connaissance humaine dans la diversité de ses objets et de ses progrès – ce qui dut assurément séduire un penseur polymathe comme Senancour. De plus, ce dernier renouvèle sa demande de pension *(été 1829)*, qu'il adresse au baron de Walckenaer, devenu préfet de l'Aisne. Elle ne lui sera cependant accordée que quatre ans plus tard, après la « résurrection d'*Obermann* », en 1833.

---

11 Une incertitude subsiste quant au montant exact de l'amende : elle se serait élevée à 300 francs selon *Le Constitutionnel* et *Le Courrier français*, et à 500 francs selon le *Journal des débats* (22-23 janv. 1828) et la *Gazette des tribunaux* (23 janv. 1828).

12 Voir les deux discours (respectivement datés du 8 août 1827 et du 22 janvier 1828) prononcés par Senancour pour assurer sa défense, dans Béatrice Didier (Le Gall), *L'Imaginaire chez Senancour*, *op. cit.*, t. 2, p. 471-481.

1829

Parution de la troisième version du *De l'Amour* – sous-titré cette fois : « *selon les lois primordiales et selon les convenances des sociétés modernes* » – chez Vieilh de Boisjolin. Senancour prend parti dans la querelle du divorce, allant jusqu'à défendre l'union libre et certaines pratiques sexuelles jugées indécentes jusque lors. De nouveau, l'ouvrage rencontre un certain succès, mais sera désavoué par son auteur. Au reste, 1829 marque la fin probable de son travail de publiciste au *Constitutionnel*, avec d'ultimes articles préparés à la fin de l'été *(septembre)*.

SEPTEMBRE 1830

Parution des secondes *Libres Méditations d'un solitaire inconnu sur divers objets de la morale religieuse*, chez Vieilh de Boisjolin également (rééd. en 1834 chez Trinquart).

1831

Retour à Paris du fils de Senancour, Florian-Julien, intégré aux rangs de la Garde municipale de la ville *(30 avril)*. Il se tient certainement à distance de son père, dans la vie duquel il semble ne pas avoir occupé une grande place ni trouvé beaucoup de tendresse.

1832

Parution dans *La Revue de Paris* de l'article de Sainte-Beuve *(22 janvier)*, qui contribue à faire sortir *Obermann* (désormais écrit avec deux « n ») de l'oubli et à le consacrer comme modèle de la génération romantique. Une amitié sincère et profonde se noue entre les deux hommes. Par ailleurs, Senancour entame une collaboration de courte durée (1832-1834) au journal de Charles Malo, *La France littéraire*, où il publie des articles à teneur littéraire et philosophique *(novembre)*.

FIN 1832 – DÉBUT 1833

Ambition de Senancour d'intégrer l'Académie des Sciences morales et politiques, organe de réflexion interdisciplinaire hérité de la Convention (rétabli par ordonnance royale du 20 octobre 1832) et avec lequel la ligne philosophique et religieuse de l'écrivain entretenait un réel « rapport d'objet » (*cf.* lettre de 1833 à M. Dupin). Ses différentes tentatives furent malheureusement toutes vaines. La première *(4 décembre 1832)* essuie un refus à la toute fin de l'année 1832 *(29 décembre)*, nonobstant une candidature minutieusement préparée (rédaction d'une « Profession de foi » accompagnée d'« observations » et d'un descriptif de ses ouvrages) et les soutiens du président de l'Académie, M. Dupin, du frère de celui-ci, ainsi que de MM. de Gérando et de Schoenen. Quant à la deuxième *(23 février 1833)*, elle reçoit la même sanction *(6 avril)*. À noter également qu'en 1833, poussé par ses admirateurs et ses amis, Senancour envisage de présenter sa candidature à l'Académie Française. Mais en dépit d'appuis tels que Cousin et Boufflers qui lui eussent été favorables, il renonce à ce projet, en raison des visites d'écrivains qu'il aurait dû assumer, de son manque d'aisance à l'oral et surtout de sa crainte de l'équivoque eu égard à ses dispositions religieuses (*cf.* le procès des *Traditions morales et religieuses* en 1827).

1833

Réédition d'*Obermann* chez Abel Ledoux *(fin mai-début juin)*, avec une préface de son bienfaiteur et ami Sainte-Beuve, qu'il invite à manger chez Foyot, avec Boisjolin, en témoignage de sa gratitude *(18 juin)*. Cette deuxième édition, augmentée, suscite davantage d'engouement et même une petite flambée de gloire grâce à l'article de Nodier donné au *Temps (21 juin)* et surtout celui de George Sand, paru dans *La Revue des Deux-Mondes* (*29 septembre)*. En outre, Thiers alloue à l'écrivain 1200 francs de pension – argent depuis longtemps escompté et donc le bienvenu –. Senancour, qui s'est retiré depuis quelques années dans son « ermitage » de la rue de la Cerisaie (près de l'Arsenal), reçoit sporadiquement la visite d'admirateurs et d'amis tels que David d'Angers, Ballanche, Sainte-Beuve ou George Sand. Cette bonne fortune, toutefois, ne parvient pas à le contenter : il est résolu à déconsidérer un succès survenant *malgré lui* et *pour de mauvaises raisons*. La même année sont édités le dernier roman de l'écrivain, *Isabelle* (chez Ledoux), pendant féminin d'*Oberman(n)* qui n'emporte guère l'adhésion du lectorat *(27 juillet)* ; le *Petit Vocabulaire de simple vérité* (rééd. en 1834 dans la « Bibliothèque populaire »), sorte de manuel de sagesse d'inspiration chinoise *(28 septembre)* ; ainsi qu'une ultime version des *Rêveries* (encore chez Ledoux) très différente des deux premières *(19 octobre)*.

1834

Parution en deux volumes, chez Abel Ledoux, de la quatrième et dernière version du *De l'Amour* – sous-titré finalement « *selon les lois premières et selon les convenances des sociétés modernes* » *(février-mars)*. Cette année 1834 consacre, de plus, l'entrée de Senancour à l'Institut historique *(20 avril)*, en tant que membre titulaire de deuxième classe (histoire des sciences sociales et politiques). Sans doute introduit par Ballanche et Jouy, l'écrivain, auteur de résumés (*cf. supra*) et de nombreux articles à coloration historique, rejoint ladite société présidée par l'auteur de l'*Histoire des croisades*, Joseph-François Michaud, et où il retrouve d'illustres contemporains tels qu'Ampère, Geoffroy-Saint-Hilaire, Burnouf, Lacordaire, Lamennais, Michelet, *etc.* Pendant six ans, il assiste cependant à des assemblées « sans vitalité », où il ne fait vraisemblablement aucune communication (J. Levallois).

DÉBUT 1836

Ultime tentative (encore frappée d'insuccès) d'entrer à l'Académie des sciences morales et religieuses *(janvier)*. Senancour s'adonne aussi à de petits travaux rédactionnels pour des ouvrages collectifs comme *Fleurs sur une tombe (fin janvier-début février)*. Il compose aussi l'article « Clémence Robert » *(mars)* de la *Biographie des femmes auteurs contemporains françaises* coordonnée par Alfred de Montferrand.

1836-1838

Progression inquiétante de l'infirmité de Senancour – atteint d'une « goutte héréditaire », de paralysie ainsi que d'une affection nerveuse depuis son escapade malencontreuse dans les Alpes en 1789. Il voit son corps se déformer, perd l'usage de ses mains, peine à entendre et ne marche que difficilement[13]. Ne soutenant sa vie qu'à force de soins répétés, l'écrivain conservera toutefois jusqu'au bout son air de jeunesse et la finesse de ses traits.

---

13 Sur la souffrance physique et morale, et l'avancée de la maladie de Senancour, voir Dr. André Finot, *Senancour ou le myopathique. Essais de clinique romantique*, Paris, Laboratoires Houdé, 1947 ; et Béatrice Didier (Le Gall), *L'Imaginaire chez Senancour*, *op. cit.*, t. 1, p. 481-493.

1840

Troisième édition d'*Obermann (février-avril)* chez Charpentier avec une préface de George Sand (version rééditée par la suite en 1844, 1847, 1852, 1863, 1874). Pour fêter cette réédition, Senancour réunit quelques amis (George Sand, Sainte-Beuve, Philarète Chasles, *etc.*) au restaurant Joseph II, tenu par Foyot, à l'angle des rues de Tournon et de Vaugirard : il se montre toutefois si compassé et silencieux qu'aucun des convives n'ose parler. Par ailleurs, devant le risque de mésaise de l'écrivain – ce dernier ayant cessé d'écrire dans les journaux –, le ministre de l'Instruction publique et secrétaire perpétuel de l'Académie Française, Abel-François Villemain, ajoute à sa pension une « indemnité littéraire annuelle » de 1200 francs, portant alors la rente de Senancour à 2400 francs *(26 février)*. C'est aussi vers 1840 qu'on situe, d'une part, son retrait de l'Institut historique (imputable à son âge avancé, son goût pour la solitude et le coût de la cotisation incompatible avec ses modestes moyens) et, d'autre part, l'interruption des *Annotations encyclopédiques* (certainement du fait de sa santé déclinante).

1841

Annonce de la nomination de Senancour au grade de Chevalier de la Légion d'Honneur *(1er mai)* – décoration dont son fils, Florian-Julien, avait été récipiendaire neuf ans auparavant –, mais qui ne fut cependant pas confirmée par l'obtention de la croix. La même année, il voit aussi sa pension diminuée à 2000 francs sur ordre du ministre Duchâtel agissant « par suite d'embarras dans les finances », signale Mlle de Senancour. L'écrivain quitte le 33 de la rue de la Cerisaie pour s'installer au 26 de la place Royale (actuelle place des Vosges). Comble de malchance : au cours du déménagement, il voit brûler, par inadvertance, son manuscrit *De la religion éternelle*, auquel il était fort attaché. Sa fille notera que cette perte fut « pour [son père] un grand pas de fait vers la tombe, l'accomplissement de sa vie perdue ».

1843-1844

Notre écrivain fait publier au moins deux articles dans le journal fribourgeois *L'Émulation* – auquel collaboreront aussi Mlle de Senancour et son cousin, l'historien Alexandre Daguet –. La première contribution, intitulée « Souvenir des Alpes fribourgeoises », correspond, en fait, à un extrait de la lettre LIX d'*Obermann* précédé d'une notice bienveillante d'A. Daguet (*juillet 1843*). La seconde porte, quant à elle, « sur la demeure du Solitaire des *Libres Méditations* » *(août 1844)*.

1844

Senancour, continûment assisté par sa fille devenue sa secrétaire zélée, s'occupe activement de remanier sa troisième version des *Libres Méditations* et de leur trouver un éditeur. Il mourra sans avoir revu son manuscrit, confié à un jeune professeur allemand en partance pour Berlin, et dont Béatrice Didier retrouva une partie en Finlande (éd. chez Droz-Minard en 1970). L'obsession de l'écrivain aspirant à survivre à travers son œuvre est ruinée, de même que son existence rongée par la mélancolie et la maladie.

10 JANVIER 1846

Décès de Senancour – alors pensionnaire d'un hospice de vieillards à Saint-Cloud – à l'âge de 76 ans, dans l'indifférence générale. En effet, peu de journaux daignent consacrer ne serait-ce que quelques lignes à l'événement – supplanté par la disparition de l'artiste J.-G. Deburau, qui faisait alors la une. De surcroît, rares sont les témoins à être présents à l'enterrement, excepté son ami intime Ferdinand Denis. Ainsi, dans la « Notice biographique » qu'elle dédie à son père, Mlle de Senancour note avec amertume : « Son enterrement se fit dans les conditions les plus obscures. [...] Sur le marbre dressé à la tête d'une tombe, qui, par son isolement, au milieu des morts sans renom, rappelle la vie de celui qu'elle renferme, se trouvent gravés ces mots pris des *Libres Méditations* : "Éternité, deviens mon asile[14]" ».

14 Sur la description, l'état d'abandon et le devenir menacé de la sépulture clodoaldienne de l'écrivain, voir Georges Saintville, « La tombe de Senancour », *Journal des débats politiques et littéraires*, 23 juillet 1938, p. 2.

SOURCES ET PROLONGEMENTS BIBLIOGRAPHIQUES

Nous indiquons ci-après quelques ouvrages et articles proprement biographiques que nous avons utilisés pour rédiger la présente chronologie et qui permettront au lecteur désireux de se familiariser avec la vie de Senancour d'en approfondir la connaissance. Par ailleurs, quelque développée qu'elle soit, la liste à venir n'est, pour autant, pas exhaustive et méritera d'être augmentée au fil des années et des publications.

OUVRAGES MONOGRAPHIQUES

BOUYER, Raymond, *Un contemporain de Beethoven : Obermann précurseur et musicien*, Paris, Fischbacher, 1907.
[Il s'agit de la compilation d'une étude publiée en feuilleton dans *Le Ménestrel*, du 28 janvier au 18 mars 1906, puis dans son « supplément », du 12 août au 7 octobre de la même année.]

DIDIER (LE GALL), Béatrice, *L'Imaginaire chez Senancour*, Paris, Corti, 1966, 2 vol. Rééd. : Genève, Slatkine Reprints, 2011, 2 vol.

FINOT, (Dr.) André, *Essais de clinique romantique. Senancour ou le myopathique*, Paris, Laboratoires Houdé, 1947.

GRENIER, Jean, *Les Plus Belles Pages de Senancour*, Paris, Mercure de France, 1968.

LEVALLOIS, Jules, *Une évolution philosophique au commencement du XIXe siècle : Senancour*, Paris, Picard, 1888.

LEVALLOIS, Jules, *Un précurseur : Senancour* – avec des documents inédits et un portrait, Paris, Champion, 1897.

LÉVY, Zvi, *Senancour, dernier disciple de Rousseau*, Paris, Nizet, 1979.
[*N.-B.* : voir notamment les chap. 2 et 3 de la Ire partie, respectivement p. 41-60 et 61-69.]

MERLANT, Joachim, *Bibliographie des œuvres de Sénancour* – avec des documents inédits, Paris, Hachette, 1905.

MERLANT, Joachim, *Sénancour (1770-1846) : poète, penseur religieux et publiciste. Sa vie, son œuvre et son influence* – documents inconnus ou inédits, Paris, Fischbacher, 1907. Rééd. : Genève, Slatkine Reprints, 1970.

MICHAUT, Gustave, *Senancour, ses amis et ses ennemis. Études et documents*, Paris, E. Sansot et Cie, 1909.

MONGLOND, André, *Le Journal intime d'Oberman*, Grenoble et Paris, Arthaud, 1947.

MONGLOND, André, *Le Mariage et la Vieillesse de Senancour. Senancour en Suisse (1789-1803) & lettres de Senancour à Ferdinand Denis (1832-1846)*, Château de Chupru (Fribourg), *[s.n.]* [Imprimerie Daupeley-Gouverneur], 1931.

PIZZORUSSO, Arnaldo, *Senancour, formazione intima, situazione letteraria di un preromantico*, Florence, G. d'Anna, 1950.

RAYMOND, Marcel, *Senancour. Sensations et révélations*, Paris, Corti, 1965.

SENANCOUR, Eulalie-Virginie de, *Réplique à un mal avisé*, Fontainebleau, E. Jacquin, 1858.

TÖRNUDD, Alvar Saladin, *Étienne Pivert de Senancour* – en literaturhistorisk studie, Helsinki, Centraltryckeri, 1898.

ARTICLES, NOTICES ET SECTIONS D'OUVRAGES
À CARACTÈRE BIOGRAPHIQUE

ANONYME [non signé], « Appendice à la notice biographique de *L'Émulation* sur M. de Sénancour », *L'Émulation [de Fribourg]*, vol. 5, n° 8, 1846, p. 127-128.

ANONYME [non signé], « Notice biographique sur M. de Sénancour, l'auteur d'*Obermann* et des *Libres Méditations d'un Solitaire inconnu* », *L'Émulation [de Fribourg]*, vol. 5, n° 3, 1846, p. 44-48.

ANONYME [non signé], « Senancour (E. P. de) », dans Antoine-Vincent Arnault, Antoine Jay, Étienne de Jouy, Jacques Marquet de Montbreton baron de Norvins et *al.* (dir.), *Biographie nouvelle des contemporains, ou Dictionnaire historique et raisonné de tous les hommes qui, depuis la Révolution française, ont acquis de la célébrité par leurs actions, leurs écrits, leurs erreurs ou leurs crimes [...]*, Paris, Librairie historique, 1820-1825, 20 vol., t. 19 (1825), p. 138-139.

ANONYME [non signé], « Sénancourt (Étienne Pivert de) », dans François-Xavier Feller, puis Charles Weiss et Claude-Ignace Busson (dir.), *Biographie universelle, ou Dictionnaire historique des hommes qui se sont fait un nom par leur génie, leurs talents, leurs vertus, leurs erreurs ou leurs crimes* [1781], nouvelle éd. revue et continuée, Paris, Leroux, Jouby et Cie, Gaume et Cie, 1847-1850, 8 vol., t. 7 (1849), p. 532.

ANONYME [non signé], « Senancour (P. T.) », dans Une société de gens et de lettres et de savants [Louis-Gabriel Michaud ?] (dir.), *Biographie des hommes vivants, ou Histoire par ordre alphabétique de la vie publique de tous les hommes qui se sont fait remarquer par leurs actions ou leurs écrits*, Paris, L.-G. Michaud, 1816-1819, 5 vol., t. 5 (1819), p. 355.

BAUDE, Michel, « Timidité et création littéraire : Étienne Pivert de Senancour », *Travaux de linguistique et de littérature*, Strasbourg, Centre de philologie et de littérature romanes de l'Université de Strasbourg, 1967, vol. 5, 2, p. 49-67. Repris dans Jeanne-Marie Baude (dir.), *Le Moi à venir*, avec une préface de Jean Gaulmier, Paris, Klincksieck, 1993, p. 119-142.

BERCEGOL, Fabienne, « Dossier/Chronologie », dans *Oberman* [1804], éd. critique par F. Bercegol, Paris, GF-Flammarion, 2003, p. 553-559.

B[OUG]Y, A[lfred] de, « Senancour (Étienne Pivert de) », dans Dr. Ferdinand Hoefer (dir.), *Nouvelle biographie générale depuis les temps les plus reculés jusqu'à nos jours [...]*, puis *Nouvelle biographie universelle*, Paris, Firmin-Didot Frères, Fils et Cie, 1852-1866, 46 vol., t. 43 (1864), p. 744-746.

BRAUNSCHWEIG, Roger, « Deux amis et disciples : Senancour et Nodier », dans Hermann Hofer (dir.), *Louis-Sébastien Mercier précurseur et sa fortune* – avec des documents inédits, recueil d'études sur l'influence de Mercier, Munich, Fink, 1977, p. 155-196.

BRYANT, David, « Senancour's "*Obermann*" and the autobiographical tradition », *Neophilologus*, vol. 61, n° 1, janv. 1977, p. 34-42.

CHARPINE, Albert, « Le platane de Sénancour », *La Liberté [de Fribourg]*, n° 119, 25 mai 1907, p. 3.

[CUISIN, J.-P.-R. et BRISMONTIER, G.-L.], « E. P. de Sénancour », dans le *Dictionnaire des gens de lettres vivants* – par un descendant de Rivarol, Paris, Chez les marchands de nouveautés, 1826, p. 249-254.

D[EPPIN]G, [Georges-Bernard], « Sénancour (Étienne Pivert de) », dans Louis-Gabriel Michaud et *al.* (dir.), *Biographie universelle ancienne et moderne, ou Histoire par ordre alphabétique de la vie publique et privée de tous les hommes qui se sont fait remarquer par leurs écrits, leurs actions, leurs talents, leurs vertus ou leurs crimes* [1811-1862], nouvelle éd. corrigée et considérablement augmentée, Paris et Leipzig, Mme C. Desplaces & M. Michaud – F.-A. Brockhaus, 1854-1865, 45 vol., t. 39, p. 50-52.

DIDIER, Béatrice, « Senancour, Étienne Pivert de – (1770-1846) », dans l'*Encyclopædia Universalis [en ligne], URL :* http://www.universalis.fr/encyclopedie/senancour-etienne-pivert-de/.

DUPIN, Antoinette, « Études littéraires – M. de Senancour », *Journal des femmes*, 15 fév. 1835. Repris dans Gustave Michaut, *Senancour, ses amis et ses ennemis. Études et documents*, *op. cit.*, p. 326-352.

EGGIS, Adolphe-Prosper (comte) d', « Un manoir historique – Étienne de Senancour au château de Tschupru », *Nouvelles Étrennes fribourgeoises*, Fribourg, Imprimerie de Fragnière Frères, 1924, p. 63-69.

FAGUET, Émile, « Sénancour », *La Revue*, vol. 73, 1908, p. 76-82.

FAMIN, César, « *Obermann*, par M. de Sénancour », *La France littéraire*, vol. 7, juin 1833, p. 361-394.

FROTHINGHAM, Jessie Peabody, « The author of *Obermann* », *The Atlantic Monthly*, Boston, New-York et Cambridge, Houghton, Mifflin & Cie et The Riverside Press, vol. 88, n° 528, oct. 1901, p. 539-550.

GIOVACCHINI, Dominique, « Senancour, Étienne Jean-Baptiste Pierre Ignace Pivert de – (1770-1846) », dans Jean-Pierre de Beaumarchais, Daniel Couty et Alain Rey (dir.), *Dictionnaire des littératures de langue française*, Paris, Bordas, 3 vol., 1984, t. 3, p. 2165-2167.

GOS, Charles, « Obermann alpinisant », *Journal de Genève*, n° 170, 24-25 juil. 1948, p. 3.

GUYOT, Charly, « D'un bout du lac à l'autre : Sénancour et Charles Nodier », *Voyageurs romantiques en pays neuchâtelois*, Neuchâtel, Delachaux & Niestlé, 1933, p. 34-44.

LAROUSSE, Pierre, « Senancour, Étienne Pivert de », *Grand Dictionnaire universel du XIXe siècle français, historique, géographique, mythologique, bibliographique, littéraire, artistique, scientifique, etc., etc. [...]*, Administration du Grand Dictionnaire universel, 1866-1877, 17 vol., t. 25 (1875), p. 530.

LATHION, Lucien, « Sénancour dans l'Entremont », *Annales valaisannes*, vol. 3, 1939, p. 563-572.

MARCLAY, Robert, « Senancour et Théophile Gautier au pied des Dents du Midi », *Annales valaisannes*, vol. 8, n° 1-2, 1952, p. 223-230.

MAURY, Lucien, « Sénancour et les Sénancouriens », *Vies et Œuvres d'autrefois. Classiques et Romantiques*, Paris, Perrin et Cie, 1912, p. 231-242.

MERLANT, Joachim, « Étienne de Senancour », *Revue d'histoire littéraire de la France*, vol. 17, 1910, p. 830-838.

MERLANT, Joachim, « Étienne de Senancour et la réforme sociale », *La Revue française*, vol. 52, 1907, p. 65-82.

MERLANT, Joachim, « L'évolution religieuse de Sénancour », *Revue d'histoire littéraire de la France*, vol. 13, 1906, p. 381-426.

MERLANT, Joachim, « Sénancour et Sainte-Beuve », suite d'articles parus dans *La Revue latine*, n° 2, janv.-fév. 1906, successivement p. 47-64, 243-256, 373-384, 441-448 et 508-512.

MIRECOURT, Charles Jean-Baptiste Jacquot dit Eugène de, *Les Contemporains. Madame Clémence Robert*, Paris, G. Havard, 1856, p. 36-43.
[*N.-B.* : ces pages – critiquées par Mlle de Senancour dans sa *Réplique à un mal avisé* – offrent quelques détails intéressants sur la vie du vieux Senancour établi rue de la Cerisaie, ainsi que sur les rares visiteurs qu'il y reçut.]

MONGLOND, André, « La jeunesse de Senancour », *Vies préromantiques*, Paris, Éditions des Presses Françaises – Les Belles Lettres, collection « Études romantiques », n° 5, 1925, p. 123-188.

MONGLOND, André, « Le mariage de Senancour », *Jeunesses*, Paris, Grasset, 1933, p. 217-285.

MONGLOND, André, « Senancour en Suisse (1789-1803) », *Revue de littérature comparée*, Paris, vol. 10, 1930, p. 634-678.

MONNOYER, Jean-Maurice, « Dossier/Chronologie », dans *Obermann* [3e éd.–1840], éd. critique par J.-M. Monnoyer, Paris, Gallimard, collection « Folio classique », 1984, p. 477-482.

Notices nécrologiques [anonymes – non signées] sur Senancour :
dans *La Quotidienne*, 14 janv. 1846 ;
dans *Le Moniteur Universel*, 15 janv. 1846 ;
dans *Le Narrateur Fribourgeois*, 27 janv. 1846 ;
dans *L'Illustration*, vol. 6, n° 153, 31 janv. 1846.

PAYNE, William Morton, « A famous recluse. [Étienne de Senancour] », *The Dial*, Chicago, Jansen, McClurg et Cie, vol. 5, mai 1884-avril 1885, p. 8-9.

PILON, Edmond, « Pyvert de Sénancour », *L'Ermitage*, juil. 1904, p. 215-234. Rééd. : *Portraits français (XVIIe, XVIIIe et XIXe siècles)*, Paris, E. Sansot et Cie, 1906, p. 123-149.

PIZZORUSSO, Arnaldo, « L'allusion biographique dans une lettre d'"Oberman" », *Cahiers de l'Association internationale des études françaises*, n° 19, mars 1967, p. 129-142.

RAEMY, Tobie de, *L'Émigration française dans le canton de Fribourg (1789-1798)*, Fribourg, Imprimerie de Fragnière Frères, 1935, p. 24, 27, 45, 59-62, 165-166 et 205-207.

RAYMOND, Marcel, « Adieu à Senancour », *La Nouvelle Revue française*, n° 158, fév. 1966, p. 283-290.

RAYMOND, Marcel, « Naissance d'un homme nommé Senancour », *Journal de Genève* (supplément littéraire), n° 66, 19-20 mars 1966, p. 15.

S. [GUAIRARD ?], « Variétés – *Oberman*. Lettres publiées par M. Senancour [...] », *Journal des débats*, 26 et 27 août 1804, p. 1-4.

S[ABATier], A[uguste], « Variétés – L'évolution religieuse d'un épicurien [Senancour] », c. r. en deux parties de l'ouvrage de Jules Levallois [*Un précurseur : Senancour*], *Journal de Genève*, n° 263 et 269, 7 et 14 nov. 1897, p. 2.

SAINTE-BEUVE, Charles-Augustin, « M. de Sénancour – 1832 », *La Revue de Paris* du 21 janv. 1832.

Repris dans les *Portraits contemporains* [1846], nouvelle édition revue, corrigée et très augmentée, Paris, Michel-Lévy, 1870-1871, 5 vol., t. 1 (1870), p. 143-172.

SAINTE-BEUVE, Charles-Augustin, « M. de Sénancour – *Obermann* (1833) », *Le National* du 14 mai 1833. Repris dans les *Portraits contemporains*, *op. cit.*, p. 173-197.

[*N.-B.* : Le texte deviendra la préface de la seconde édition d'*Obermann* en 1833.]

SAINTE-BEUVE, Charles-Augustin, « Quatorzième leçon », *Chateaubriand et son groupe littéraire sous l'Empire. Cours professé à Liège en 1848-1849* [1860], 2e éd., Paris, Garnier frères, 1861, 2 vol., t. 1, p. 343-356 et 359-364.

[*N.-B.* : selon le critique J. Levallois, les écrits de Sainte-Beuve susmentionnés se fondent partiellement sur les *Notes intimes* que Senancour avait commencées vers 1810 en vue de rédiger des « mémoires intellectuels ». Ces derniers ne virent jamais le jour. De surcroît, les dossiers constitutifs de ces *Notes intimes* (« Notes isolées, explication de certains faits et réflexions sous des rapports personnels », « Dates, *etc.* », « Notes pour les années 14 août 1789–31 décembre 1809 », « Observations personnelles », « Essai d'analyse morale personnelle », ...), ont malheureusement subi de nombreuses suppressions – certaines imputables à Senancour lui-même – et demeurent à jamais lacunaires.]

SAND, George, « *Obermann* », *La Revue des deux mondes*, vol. 2, 15 juin 1833, p. 677-690.
[*N.-B.* : le texte deviendra la préface de la troisième édition d'*Obermann* en 1840 chez Charpentier.]

SENANCOUR, Eulalie-Virginie de, « Notice biographique sur É. de Senancour écrite en 1850 », reproduite sous le titre « Vie inédite de Senancour » dans la *Revue Bleue*, 5e série, n° 6, 11 août 1906, respectivement p. 97-100, 129-132, 165-169, 209-213, 243-247. Reprise dans Gustave Michaut, *Senancour, ses amis et ses ennemis. Études et documents*, *op. cit.*, p. 51-167.
[*N.-B.* : composée de mémoire et parfois imprécise voire inexacte, la notice de Mlle de Senancour a été, grâce aux bons soins du critique G. Michaut, enrichie de variantes et d'éléments exhumés des dossiers littéraires de Sainte-Beuve et intitulés « Simples documents pour des articles biographiques sur M. de Senancour » et « Supplément à ces notes biographiques trop insuffisantes ». Ces manuscrits, aujourd'hui détenus par la Bibliothèque cantonale et universitaire de Fribourg, sont recensés sous les cotes D. 1998, L. 590 et L 591.]

TEXTE, Joseph, « La jeunesse de Sénancour, d'après des documents inédits », *Modern Language Quarterly*, nov. 1898, p. 202-206.

THARAUD, Jérôme et Jean, « Senancour », *La Revue de Paris*, n° 9, sept. 1947, p. 3-10.

VASSEUR, Jean-Marc, « Étienne Pivert de Senancour dans le Valois », *Revue d'histoire littéraire de la France*, vol. 115, 2015, p. 169-189.

VERDEAU, Abel et Louat, Félix, « Un poète philosophe : Étienne de Senancourt (1770-1846) [art. en deux parties] » et « L'esprit et l'œuvre de Senancour », cycle de conférences des 9 avril, 12 mai et 13 oct. 1938, *Comptes rendus et mémoires de la société d'histoire et d'archéologie de Senlis*, vol. 5 (1934-1939), 1940, respectivement p. 133-136, 140-142 et 153-156.

VIEILH DE BOISJOLIN, Claude-Augustin, « Senancour (É. P. de) », notice biographique parue dans Alphonse Rabbe, Pierre-Martin-Rémi Aucher-Éloy, Claude-Augustin Vieilh de Boisjolin, Charles-Claude Binet de Sainte-Preuve (dir.), *Biographie universelle et portative des contemporains, ou Dictionnaire historique des hommes vivants et des hommes morts depuis 1788 jusqu'à nos jours [...]* [1826-1830], Paris, F. G. Levrault, 1834, 5 vol., t. 4, p. 1311-1313. Reproduite dans

Gustave Michaut, *Senancour, ses amis et ses ennemis. Études et documents*, *op. cit.*, p. 167-179.

Vieilh de Boisjolin, Claude-Augustin, « Vie de Senancour », notice biographique non datée et re- trouvée dans les dossiers de Sainte-Beuve, publiée successivement dans André Monglond, *Le Mariage et la Vieillesse de Senancour*, *op. cit.* ; dans *Id.*, *Jeunesses*, *op. cit.*, p. 286-294 ; et reprise dans *Oberman*, éd. critique par F. Bercegol, *op. cit.*, p. 495-506.
[*N.-B.* : certes rédigée par Vieilh de Boisjolin, mais vraisemblablement dictée à ce dernier par Senancour lui-même – dont on sait qu'il était désireux de fixer son image et de remédier aux interprétations erronées de son œuvre –, cette notice, gage de sincérité et de précision, vise à éclairer de l'intérieur les années d'errance du jeune écrivain entre la France et la Suisse jusqu'en 1804 et partant, la genèse de son roman *Oberman*.]

Anthony Loubignac

OBSERVATIONS CRITIQUES SUR L'OUVRAGE INTITULÉ *GÉNIE DU CHRISTIANISME*[1]

1 Observations critiques sur l'ouvrage intitulé *Génie du christianisme* | *suivies* de Quelques réflexions sur les écrits de M. de B., etc. relatifs à la loi du *Divorce* | Par M. de Senancour. || Mundum tradidit | disputationi eorum. | ECCLESIASTE, | [« Il a livré le monde à leur discussion. » (*Ecclésiaste*, III, 11)] || Paris, | Chez Delaunay, Libraire, au Palais-Royal, | galerie de bois. | 1816.

[INTRODUCTION]

L'objet de cet écrit n'est point littéraire. Je suis très éloigné d'ailleurs du projet de critiquer en général les ouvrages de M. de Chateaubriand, et certainement je n'examinerai aucun épisode des *Martyrs*, ou d'*Atala*.

Voici tout ce que je me propose de montrer : Le *Génie du Christianisme*, qui mérite, comme ouvrage d'agrément, les éloges qu'on en a faits, et dont le style est souvent si remarquable, ne contient du reste, excepté deux ou trois chapitres, que des sophismes plus ou moins ingénieusement exprimés, et ne peut être lu sans impatience par quiconque veut écouter la raison, et désire connaître le vrai.

Ces remarques seront donc très simples, et il suffira de quelque justesse d'esprit pour les entendre ; elles ont été écrites avec précipitation, comme on en fait à la marge d'un livre en le parcourant. Il y a beaucoup de mérite à écrire comme M. de Chateaubriand : mais il y en a très peu à le réfuter ; y mettre de l'amour-propre ce serait pousser trop loin la modestie. Des écoliers pourraient combattre un auteur qui, neuf fois sur dix, s'avance inconsidérément, et qui semble ne plus trouver de guides lorsqu'il cesse d'invoquer les muses. Ces notes-ci seraient donc sans importance, si le livre où se trouvent les passages qu'elles concernent n'était pas un livre brillant à d'autres égards, s'il n'était pas célèbre, et dès lors très propre à égarer ceux qui n'examinent point, et à faire prévaloir sur la valeur réelle des choses, l'art assez vain de flatter l'imagination.

Cette réfutation est tardive, et elle ne paraît pas au moment favorable : mais les belles pages de M. de Chateaubriand ne périront qu'avec la littérature française ; le temps n'est donc point passé de faire remarquer toute la faiblesse de sa dialectique.

Après avoir lu *René* en 1811, j'ouvris un autre volume du *Génie du Christianisme*, et quelques passages que je rencontrai me rappelèrent combien, en parcourant cet ouvrage deux ou trois ans auparavant, j'avais été frappé de la confiance avec laquelle on y abuse de la légèreté du commun des lecteurs. C'est alors que plus curieux de voir le reste du livre, j'écrivis ces remarques. Je n'ai pas eu le dessein de composer à l'occasion du *Génie du Christianisme* un petit écrit bien régulier : on l'approuverait dans les feuilles publiques ; mais il serait inutile. Je déclare, au contraire, que les hommes de goût ne trouveront rien ici qui les satisfasse, et que je désire seulement, *du faux avec le vrai faire la différence.* On se tromperait si jamais on me supposait d'autres intentions. Il s'agit ici de parler vrai, et non de parler *délicieusement.* À la vérité, j'ai revu l'année dernière ces notes qui avaient été abandonnées, j'y ai même ajouté quelque chose ; mais je n'ai pas effacé les traces d'une première négligence.

Le *Génie du Christianisme* est un ouvrage d'*effet.* Une raison trop complaisante laisse à l'illusion tous ses moyens. Le succès de l'auteur y est beaucoup mieux préparé que le triomphe de sa cause. Si j'accorde pour un moment que le seul but de l'auteur ait été de faire sentir toutes les beautés du christianisme, il sera encore vrai de dire que ces beautés mêmes ne sont pas développées dans son livre comme les résultats pleins de grandeur d'une œuvre surnaturelle, mais comme un heureux cadre de fictions convenables aux beaux-arts, et dans lesquelles on trouvera d'aimables passe-temps[1]. Il y a dans cet ouvrage quelque chose d'essentiellement frivole : une institution solennelle y est présentée comme plus appropriée à nos mondaines fantaisies qu'à notre existence

1 [N. D. A.] On a publié en 1803 des *Notes critiques... sur le Génie du Christianisme.* L'auteur anonyme de cette brochure est un homme qui a tout l'esprit qu'il veut, mais chez qui l'esprit, proprement dit, ne paraît qu'un accessoire. Malheureusement il a mis peu d'importance à ce travail. S'il se fût arrêté davantage à la partie sérieuse du *Génie du Christianisme*, il eût rendu inutile ce que j'ai à dire aujourd'hui. « Jamais, selon lui, on ne s'était avisé de vouloir donner à la vérité le charme des fictions pour égide, comme ces enchantements plus forts que toutes les armes : ces moyens sont bons dans l'Arioste, etc. » Tout peut se soutenir, mais se prouver ! c'est différent. « En effet, comme dit Corinne, il y a deux côtés à toutes choses. On peut ; plaider pour la vie, et il y a cependant assez de bien à dire de la mort ». L'anonyme dont je viens de parler ajoute que « M. de Chateaubriand regarde des rêveries comme des arguments, et que dans son livre, le sujet n'a l'air que d'un motif de belles phrases, comme ces vieux airs que prennent les musiciens pour y faire mille variations nouvelles ». Enfin, M. de Chateaubriand, dit-il encore, raisonne comme une lyre... On lui a répondu : c'est méconnaître le but de l'ouvrage. Cependant, j'aurai plusieurs fois l'occasion de faire voir que dans le *Génie du Christianisme* ou a prétendu prouver, et que c'est pour éluder les réfutations, qu'on a dit ensuite n'avoir eu d'autre objet que de montrer le christianisme sous un point de vue favorable aux beaux arts et à la civilisation. – [N. D. E.] *Notes critiques... sur le Génie du Christianisme* par E. L. Z. de Sabran. Senancour cite ensuite Corinne, l'héroïne éponyme du roman de Germaine de Staël publié en 1807.

morale ; elle s'y montre antique, mais non pas éternelle, et bien plus intéressante que divine et nécessaire. Cette apologie d'un genre réellement nouveau peut flatter, au milieu de leurs cérémonies, de leurs rites, de leurs pratiques, les ingénieux enfants du Midi ; mais elle ne satisfait pas l'exactitude des autres européens. Indifférents à tous ces jeux de l'art, les hommes raisonnables disent : Une religion que Dieu même a établie est adorable, et n'a pas besoin d'être poétique ; mais une religion que les hommes auraient faite, auraient corrigée, auraient embellie, quelque agréable qu'elle fût devenue, resterait puérile et méprisable. Une religion qui ne serait pas divine, serait par cela seul une institution monstrueuse, et rappellerait au milieu de ses pompes, cet animal voilé par prudence ou élégamment déguisé, que Buffon introduisit dans une société nombreuse, et qu'on salua avec des égards dont bientôt on ne put s'empêcher de rire.

L'auteur ne veut pas seulement faire voir que le christianisme est gracieux ou amusant, il veut en prouver la grandeur, l'utilité ; il veut prouver que le christianisme vient de Dieu, parce qu'il est excellent (chap. Ier). Il faut donc que la perfection du christianisme soit telle qu'on ne puisse l'attribuer aux hommes. D'ailleurs, toute fausse religion, de quelque génie qu'elle fût l'ouvrage, serait pernicieuse ; elle éloignerait les hommes, ou du culte que Dieu pourrait avoir prescrit, ou du moins de la vérité sans laquelle on ne saurait se conformer à la justice. Pour prouver que le christianisme est excellent il faut donc prouver qu'il a été révélé.

M. de Chateaubriand fait voir que la doctrine chrétienne a des parties respectables ; il parle du bien dont le christianisme a été la cause[2], l'occasion, ou le témoin ; il fait voir par des développements heureux, qu'au besoin, ce culte se trouvera pittoresque tout comme un autre ; mais que Dieu l'ait institué, c'est ce qu'il n'a pas établi, que je sache.

Dans une réplique en faveur du *Génie du Christianisme*, signée Chênedollé, on oppose aux critiques la quatrième partie de l'ouvrage ; on dit qu'elle est *désagréable* aux esprits philosophiques ; on leur objecte aussi qu'ils ne parlent ni de la *partie sérieuse* du *Génie du Christianisme*, ni des preuves métaphysiques (de Clarke). Peut-être eût-il fallu, au contraire,

2 [N. D. A.] C'est la partie philosophique du christianisme qui a fait ce bien ; c'est la philosophie antérieure au christianisme et adoptée par lui. Et s'il se trouvait que la philosophie seule n'eût pas été aussi utile, il serait juste d'observer que jamais elle n'eut une grande autorité reconnue, des ministres nombreux, etc.

leur savoir gré de tout cela. M. de Chateaubriand lui-même observe que les censeurs ont un singulier dégoût pour les derniers volumes de son livre. Quant à moi, j'examinerai cette quatrième partie comme les trois autres, et même plus particulièrement que la seconde ou la troisième. J'examinerai la note métaphysique tirée des *lectures* de Clarke. J'examinerai uniquement la partie sérieuse du *Génie du Christianisme*, si toutefois il y a quelque chose de vraiment sérieux dans le *Génie du Christianisme*, à l'exception de cette note métaphysique, et de quelques vérités que les gens sincères n'ont jamais contestées. On voit que mes observations ne *rouleront pas toutes sur une trentaine de phrases*. Je n'ai jamais été du nombre de ceux qui *nient que le Christianisme n'ait des beautés poétiques et morales*... Je dirai toujours avec M. Chateaubriand, qu'il y a plusieurs choses louables dans les habitudes des chrétiens ; je dirai avec lui que le christianisme a compté parmi ses disciples un certain nombre d'hommes très vertueux. Je reconnaîtrai que les poètes et les artistes peuvent s'accommoder des sujets qu'il fournit, ou qu'il n'exclut pas. Il est même très possible que la sauvage Atala ait réveillé dans un certain monde les idées chrétiennes et « rapporté pour ce monde la religion du père Aubry, des déserts où elle était exilée ». (*Défense du Génie du Christianisme*). M. de Chateaubriand se disait alors : « Tout homme qui peut trouver quelques lecteurs, rend un service à la société en tâchant de rallier les esprits à la cause religieuse ; il est obligé en conscience de joindre sa force, toute petite qu'elle est, à celle de l'homme puissant qui nous a retirés de l'abîme » (*Préface du Génie du Christianisme, prem. édit.*). Sans doute le *Génie du Christianisme* aura eu de l'influence sur l'opinion de plusieurs personnes. Beaucoup d'hommes n'examinent rien, et se déterminent d'après telle ou telle impression que le hasard leur procure : Helvétius les avait égarés, M. de Chateaubriand les ramène, le Citateur les perdra. Mais un homme capable de réflexions doit avoir sur des objets de cette importance une opinion motivée ; d'agréables phrases ne changent pas sa conviction. Avant de lire le *Génie du Christianisme*, il savait que penser au sujet des hôpitaux et des asiles monastiques, il aimait en général la morale du christianisme, il admirait les Réductions[3]. Après avoir lu le *Génie du Christianisme*, il ne change point d'avis sur les disputes de controverse, sur les mœurs du Bas-Empire, sur la conduite des faux chrétiens en Sicile, à Paris, à Saint-Domingue ; sur les habitudes

3 [N. D. E.] Missions catholiques construites et gérées par des Jésuites en Amérique latine.

de la cour de Rome, sur les croisades, sur l'inquisition, et sur quelques autres points plus décisifs encore. Je ne dis pas qu'il ne pourrait point changer d'avis (la première misère de l'homme n'est-ce pas de ne point voir distinctement la vérité ?) ; mais je pense que ce n'est pas le *Génie du Christianisme* qui l'en fera changer.

Cependant, me dira-t-on, si cet ouvrage a diminué l'éloignement des *gens du monde* pour le christianisme, l'auteur a rempli son objet. Cet objet-là, c'est possible. En général, je ne combats l'auteur que quand il va plus loin. Lorsqu'il raisonne, je doute qu'il remplisse son objet. Si d'ailleurs l'on veut avouer que ce livre ne *prouve* rien, je reconnaîtrai sans peine que du reste il est justement estimé. Mais je vois qu'en plusieurs endroits, l'auteur aspire évidemment à prouver l'origine divine du christianisme ; je vois aussi qu'il ne prouve point ce que l'*effrayant* génie de Pascal n'avait point prouvé ; en sorte que la question essentielle reste dans l'état où elle était avant l'*amorce* d'*Atala*[4] *et le saint artifice dont le Génie du Christianisme* est rempli. Je prétends donc que l'on a mis trop d'importance à cet ouvrage ; que si l'esprit de parti ne l'avait pas soutenu, il n'aurait pu un moment faire autorité ; et que c'est seulement une production littéraire.

On y rencontre beaucoup de passages contradictoires, bien que la foi de l'auteur lui donne l'avantage de ne rien ignorer, et qu'il ait aussi le privilège de cacher, sous une phrase poétique, les difficultés que la prose ordinaire n'éclaircit point. Il n'y a pas d'ensemble dans la manière de voir de M. de Chateaubriand ; mais il a des idées secondaires qui lui appartiennent ; et jusqu'à un certain point il peut être trompé lui-même par la force avec laquelle il s'exprime.

On s'est beaucoup abusé, ce me semble, quand on a dit que « tout conspirait contre le succès d'un pareil ouvrage ; que toutes les circonstances semblaient se réunir, lorsqu'il parut, pour le dévouer au mépris, à la dérision, à l'oubli.... En général, poursuivait-on, une cause, de quelque nature qu'elle soit, lorsqu'elle est faible, désarmée et vivement combattue, ne peut triompher à la longue que par sa vérité, sa justice, sa bonté ». En s'exprimant ainsi, l'on ne songeait point aux hérésiarques, qu'une telle assertion changerait en véritable réformateurs. Quant aux

4 [N. D. A.] *Défense du Génie du Christianisme*, par l'auteur, art. 7. Ce n'est pas assez d'arriver au but qu'on s'est proposé. Un homme qui se serait proposé de séduire, de tromper, et qui tromperait, parviendrait aussi à son but.

circonstances dans lesquelles le *Génie du Christianisme* a paru, je crois qu'elles étaient favorables. En haine des excès de la révolution, une partie du public était disposée à recevoir indistinctement quiconque se montrerait ennemi de la révolution. On sait que beaucoup de femmes aimables qui n'auraient pas songé en 1788 à entrer dans une église, quelques années plus tard fréquentaient assidûment les églises secrètes. Par bonheur ou par choix, M. de Chateaubriand a saisi ce que la fortune lui offrait[5]. Mais je n'ajouterai rien à ceci, parce que les succès sont étrangers à la recherche du vrai. Il suffit d'avoir indiqué par un seul mot combien il était facile à M. de Chateaubriand de déterminer en faveur de sa cause un grand nombre de personnes. Je crois qu'en tout autre temps son livre eût excité moins d'enthousiasme ; mais je crois aussi qu'en vantant sa manière d'écrire, on n'a fait que lui rendre justice. Son style n'est pas exempt de négligences ; mais il est rempli de beautés capables de faire oublier des défauts moins légers. Sa manière est large et hardie, très souvent forte, et quelquefois profonde. Comme peintre, comme poète, M. de Chateaubriand a beaucoup plus que du talent ; il a le génie de l'expression ; il est au nombre des premiers écrivains de la France.

Si l'on ne veut point se former une idée extrême et fausse de mes opinions relatives à la croyance que M. de Chateaubriand défend, il ne faut pas se hâter de prononcer avant d'avoir vu les divers endroits où j'aurai l'occasion de m'expliquer davantage. Aucun homme juste ne dira : voici un ennemi. Je ne suis ni l'ami ni l'ennemi d'aucun parti dans aucun ordre de choses : mais j'ai de l'éloignement pour la partialité, l'intrigue, la cabale, et même pour une certaine éloquence qui, en séduisant l'imagination, embarrasse l'esprit et fait oublier la raison.

5 [N. D. A.] Il est rare que l'on puisse prononcer, sans quelque témérité, sur les intentions, sur les vues personnelles d'un homme, sur la véritable manière de penser d'un acteur. Ceux qui connaissent M. Chateaubriand (avantage que je n'ai point, et que je n'aurai point) ne partageront peut-être pas mes doutes à cet égard. Pour moi, si je hasardais quelques conjectures, je ne les donnerais que pour ce qu'elles sont, c'est-à-dire pour des présomptions qui ne doivent entraîner le jugement de personnes. Je n'en ferais mention que dans le dessein de me justifier pleinement moi-même, et de dire pourquoi je n'ai rien entrevu qui m'empêchât de combattre, non pas M. de Chateaubriand en général, mais un de ses ouvrages. Cet ouvrage me paraît propre à éloigner beaucoup de personnes des dispositions d'esprit qui peuvent conduire à la vérité. Or, le besoin du vrai se fait trop sentir maintenant pour qu'il reste d'autres moyens d'unanimité, et dès lors de contentement moral, de repos, de bonheur public.

OBSERVATIONS CRITIQUES SUR L'OUVRAGE INTITULÉ *GÉNIE DU CHRISTIANISME*

Première partie

LIVRE PREMIER[1]

CHAPITRE Ier. « La manière d'argumenter (des anciens défenseurs du christianisme) ne valait plus rien de nos jours. Il fallait prendre la route contraire… ne pas prouver que le christianisme est excellent parce qu'il vient de Dieu, mais qu'il vient de Dieu parce qu'il est excellent ». – Pour que cette excellence fournît une preuve, il faudrait qu'elle fût supérieure à tout produit possible des facultés humaines ; il faudrait même que cette supériorité fût évidente. Si même toutes les religions étaient d'origine humaine, il devrait pourtant, et surtout il pourrait y en avoir une qui parût, ou qui fût supérieure à toutes les autres. Montrer qu'à plusieurs égards la religion chrétienne est louable, montrer même que cette religion est préférable aux autres religions connues, ce n'est pas prouver qu'elle vienne de Dieu. Seulement on prouvera (et cela est très différent), que les autres religions sont fausses, si elles sont moins sages, moins belles que la nôtre.

Bossuet s'est trouvé, dit-on, supérieur à ses adversaires. Clarke et Leibnitz ont été capables de réfuter Bayle ou Spinoza : tout cela est fort heureux sans doute ; mais là où les hommes d'un grand talent triompheraient seuls, on serait tenté de conclure qu'il y a peu d'évidence, et que l'art, plus que la vérité, décide le succès. Après tant de siècles de disputes, il faut disputer encore ; il faut de grands efforts pour faire apercevoir le caractère divin de cette doctrine, à ceux qui ne l'ont pas

1 [N. D. A.] Les divisions sont celles du *Génie du Christianisme.*

admiré sans interruption depuis l'enfance. Comment se fait-il que ce caractère céleste ne frappe point l'œil impartial ? On s'aveugle à dessein, nous dit-on ; mais c'est une assertion bien hasardée. Ne serait-ce pas même une supposition absurde que celle d'un grand nombre d'hommes qui s'obstineraient à mériter la damnation, plutôt que de confesser des vérités intérieurement reconnues ? Cette persévérance opiniâtre, ce sacrifice d'une éternité pour ne pas se dédire, s'accorderaient mal avec tout ce qu'on dit de l'inconstance humaine. Des incrédules de ce genre sont manifestement des insensés ; pourquoi les laisse-t-on librement dans le monde, et disposer de leurs biens, de leurs personnes, comme s'ils n'avaient pas été frappés de folie ?

MÊME CHAPITRE. « La religion chrétienne est la plus poétique… Le monde moderne lui doit tout, depuis l'agriculture jusqu'aux sciences abstraites ; depuis les hospices pour les malheureux jusqu'aux temples bâtis par les Michel-Ange, et décorés par les Raphaël ». – Une telle amplification, de telles hyperboles, ne sont pas reçues en prose ; ce serait confondre les genres.

Il sera difficile de persuader qu'après douze siècles de civilisation, sous le ciel de l'Occident, on ne saurait pas cultiver la terre si on n'était pas chrétien. Des moines ont, il est vrai, défriché des terres ; mais il paraît qu'autrefois l'Égypte et la Sicile produisaient des grains, sans avoir jamais eu des laboureurs ceints d'un rosaire. Le Poussin et Raphaël ont peint les sacrements ou la transfiguration ; mais s'ils ne s'étaient pas occupés de ces sujets-là, vraisemblablement ils en auraient choisi d'autres.

L'auteur se propose de faire voir que le christianisme n'est pas ennemi des arts et des sciences, etc. ; il y parviendra jusqu'à un certain point, parce que le christianisme n'est *plus* ennemi des sciences : mais cela ne suffisant pas pour les conclusions auxquelles il veut arriver, il s'efforcera d'établir cette autre proposition, que, sans le christianisme l'Europe n'aurait rien de bon, de brillant ou d'aimable ; alors, quelles que soient les ressources de sa plume, il ne convaincra personne, et il et à craindre qu'il ne paraisse s'être laissé entraîner sur les pas de *cette espèce d'homme qui sont attachés à leur système en raison du bruit qu'il fait (Même chapitre.)*

L'esprit de haine contre l'Évangile, est-il dit dans ce premier chapitre, était parvenu à faire *attribuer à la mythologie de Rome et de la Grèce, tous les miracles de l'antiquité.* Cet esprit de parti conduisait à l'exagération ; mais ce n'en serait pas une moins évidente, de prétendre que ce culte ancien *ne faisait du genre humain qu'un troupeau d'insensés, d'impudiques et de bêtes féroces. (Même chapitre).* Et de plus, comment les *miracles de l'antiquité* sont-ils dus à *ce troupeau ?*

MÊME CHAPITRE. « Il n'y a point de honte à croire avec Newton et Bossuet, Pascal et Racine. » – Dans ce sens, il n'y aurait pas plus de *honte* à croire avec Confucius, avec Xénophon ou Hippocrate. (On ne sait ce que fait ici Racine). La page à laquelle ce passage appartient, semble se réduire à ceci : L'on avait abusé le *monde* en lui faisant du christianisme un portrait hideux ; il faut maintenant lui en présenter une autre fausse image, tantôt pompeuse, tantôt charmante.

On objecte que Newton et Bossuet commentèrent l'Apocalypse ; que Pascal, Massillon, Bourdaloue furent chrétiens. Pourquoi non ? Nés chez les chrétiens, ils ont donné à leur génie l'impulsion que l'habitude leur indiquait. Il n'en résulte aucune preuve en faveur du christianisme ; absolument aucune. Il faut bien que les hommes de génie soient nés au milieu de l'industrie sociale ; ils vivent, dès lors, sous l'influence d'une religion. Si les hommes supérieurs, nés dans des contrées infidèles, se faisaient chrétiens, cela du moins fournirait une forte présomption. Je dis une présomption, et non une preuve ; car outre qu'il pourrait y avoir un certain genre d'imposture, plus propre à séduire les hommes d'un esprit distingué, il se pourrait aussi que cette religion là, sans être divine, fût réellement moins erronée que les autres. Les hommes de génie qui, nés et élevés dans le christianisme, ne l'ont pas cru d'origine divine, formeraient une autorité beaucoup plus forte contre la religion européenne, puisqu'ils ont résisté à la pente sur laquelle on les avait jetés dès l'enfance, tandis que les Clarke et les Pascal n'ont fait que suivre cette même pente.

Croit-on prouver, du moins, que le christianisme a été favorable au développement des talents ? On se trompe encore. Si les lumières de l'Europe devaient être attribuées en grande partie au christianisme, cet effet eût eu lieu dans les premiers temps, et lorsque le christianisme était dans sa force. Le siècle de Plutarque eût effacé celui de Périclès, et le siècle de Clovis celui d'Auguste. Mais, tout au contraire, il a fallu beaucoup de temps ; il a fallu, à ce qu'il paraît du moins, que l'esprit du christianisme cédât à la force des choses en Occident, pour que les peuples chrétiens devinssent enfin les rivaux des peuples *païens* ; et les pays de l'Europe où le christianisme a été le plus ébranlé, sont ceux qui prennent le plus d'ascendant sur le reste de la terre. Supposons d'ailleurs toutes les religions fausses, sans en excepter aucune, alors l'avantage dont paraîtra jouir celle des peuples actifs et savants, s'expliquera naturellement, et il ne sera pas besoin de dire avec M. de Fontanes[2], que les peuples doivent au christianisme les plus beaux développements de la civilisation. Ce n'est pas la religion de la Grèce qui a donné aux Grecs leur supériorité sur d'autres peuples. Julien prétendait que dans les premiers temps du christianisme, on ne pouvait compter parmi ses prosélytes aucun homme recommandable.

Dans toutes les causes, on peut multiplier presqu'à l'infini de faibles allégations pour et contre : ce sont les moyens de l'esprit, c'est le conseil de l'amour-propre ; la raison, la sincérité suivent d'autres voies. Souvent encore, on cite, en faveur de son système, des faits dont il serait impossible de rien conclure d'aussi favorable, si l'on n'imaginait pas à propos quelques changements dans les termes. Ce chapitre en fournit un léger exemple. Il y est dit : « L'empereur (Julien) sentant tout l'avantage des institutions du christianisme, voulut établir les hôpitaux et des monastères ». – Mais Julien ne pouvait sentir que l'avantage de *quelques* institutions du christianisme, autrement il eût été chrétien. De plus, il faudrait examiner si dans l'Orient, ces institutions étaient inconnues avant le christianisme.

MÊME CHAPITRE. « Notre religion craint-elle la lumière ? Une grande preuve de sa céleste origine, c'est qu'elle souffre l'examen le plus sévère de la raison ». – Elle ne voulait pas le souffrir : le temps l'a enfin exigé ; elle en a beaucoup souffert ; alors, M. de Chateaubriand a pris pour la défendre des moyens nouveaux, des moyens qui ne sont pas ceux d'une sévère raison. « Nous ne sommes plus dans le temps où il était bon de dire : *Croyez et n'examinez pas.* On examinera malgré nous ». (*Même chapitre*).

MÊME CHAPITRE. « Le christianisme peut enchanter l'esprit aussi divinement que tous les dieux de Virgile et d'Homère ». – Rare avantage, d'enchanter l'esprit aussi divinement que l'imposture.

---

2 Louis de Fontanes (1757-1821) fut poète et journaliste. Inquiété sous la Révolution, il émigra. De retour dès 1799, il fit une brillante carrière sous le consulat de Bonaparte comme député (1802), membre de l'Académie française (1803), puis du corps législatif (1804). En 1808, il fut nommé Grand maître de l'Université par Napoléon. Il est l'auteur d'un poème épique, *La Grèce sauvée*, resté inédit mais lu à l'Académie française dans la séance publique du 28 juin 1821.

CHAPITRE II. Ce chapitre est beau, et l'on y trouve de ces traits qui n'appartiennent guère qu'à deux ou trois écrivains dans un siècle. Ici, comme en plusieurs autres endroits, les pensées sont bonnes comme pensées vagues ; mais les conclusions deviennent fausses, parce qu'il n'y a point de justesse dans l'acception des termes. Un mystère chrétien et l'impénétrabilité de la nature ne sont point des choses analogues, mais presqu'opposées. M. de Bonald n'y a pas fait attention lorsqu'il a dit dans le *Publiciste*[3] : *L'auteur du Génie du Christianisme* prouve à la raison qu'il ne peut y avoir de religion sans mystères[4]. L'auteur n'a nullement prouvé cela : mais il eût pu dire qu'il ne saurait y avoir de religion qui explique tout à l'homme, qui lui découvre tout sur la terre. Cette proposition différerait beaucoup de la première : laisser ignorer n'est pas la même chose que de prescrire de croire sans faire comprendre. Par une même inadvertance, Bernardin de Saint-Pierre avait dit : C'est le mystère qui fait un des charmes de la religion ; ceux qui y veulent une démonstration géométrique, ne connaissent ni les lois de la nature, ni les besoins du cœur humain[5]. Mais on aurait pu lui répondre que les autres religions, que la mythologie grecque, et toutes les fables ont aussi l'avantage de n'être pas démontrées géométriquement.

Si l'on exprime par un même mot le continuel mystère de l'univers, et les mystères chrétiens, c'est un effet de la pauvreté des langues. « Il n'est rien de beau, dit très bien M. de Chateaubriand, il n'est rien de doux, de grand dans la vie, que les choses mystérieuses. Les sentiments les plus merveilleux sont ceux qui nous agitent un peu confusément. Les plaisirs de la pensée sont également des secrets. Tout est caché, tout est inconnu dans l'univers ». – Voilà l'impénétrabilité de la nature ; voilà le doute, l'ignorance : mais quel rapport cela peut-il avoir avec les assertions des mystères chrétiens ? Si, à cause de la beauté de tant de choses inexplicables, nous devons trouver une beauté céleste dans le dogme de l'incarnation, il en sera de même des incarnations de Wistnou[6], et

3 La recension par L. de Bonald du *Génie du christianisme*, publiée dans *Le Publiciste* (14 floréal an X – 4 mai 1802), figure à partir de 1804 dans la plupart des éditions du *Génie du christianisme*.

4 [N. D. A.] Voir le Livre de la Sagesse, 13, 10.

5 [N. D. A.] *Études de la nature*, article *Plaisirs du mystère*. – [N. D. E.] Paris, P.-F. Didot le jeune, 1784, 3 vol.

6 [N. D. E.] Aujourd'hui communément appelé Vishnou, Wistnou est considéré par les Hindous comme l'un des trois principaux dieux, formant avec Brahma et Shiva la Trimurti.

des métamorphoses des dieux d'Hésiode. Il ne faut pas, dit l'auteur, reprocher au christianisme d'avoir des mystères ; d'autres religions en avaient aussi, c'est-à-dire, qu'une des choses qui montrent l'*excellence* du christianisme au point de prouver qu'il est d'origine *divine*, c'est une conformité avec d'anciennes religions méprisables et diaboliques. Ainsi, M. de Chateaubriand parle très bien sur le mystère, mais il en tire des conséquences vaines en faveur des mystères. Si j'insiste beaucoup sur cette espèce d'équivoque du mot mystère, c'est pour donner un exemple de ce vice ordinaire de dialectique dans le *Génie du Christianisme*, de ces conséquences fausses d'un principe raisonnable.

L'inconnu plaît, parce que l'inconnu seul est infini. Le repos de celui qui ne cherche pas à savoir toutes choses, la sécurité de l'innocence auront toujours beaucoup de charmes, parce qu'il n'y a point de bonheur sans la liberté d'esprit. Mais ignorer sans peine, ne point s'agiter pour ce qu'on ne voit pas, se reposer dans l'absence de la lumière, tout cela n'a que peu de rapport avec la nécessité où se trouve le fidèle de prononcer sur ce qu'il ne comprend pas, de croire ce qu'il ne saurait connaître par lui-même, et d'affirmer l'existence de ce qui lui semble ne pas pouvoir être. Enfin, ce ne sont point deux choses semblables, ce sont même deux choses contraires, de s'abandonner à la nature qu'on n'expliquera jamais, ou de se soumettre à des décisions qui nous paraissent opposées à tout ce que nous imaginons savoir, à tout ce que nous entrevoyons dans cette même nature. Les mystères ne font point partie du mystère ; ils nous ôtent au contraire cette *perspective infinie*. La grandeur des choses mystérieuses disparaît dans les étroites formules du dogme ; il n'y a plus de fécondes illusions dans un article de foi.

MÊME CHAPITRE. « Ce sont eux (les mystères) qui, avec le sacrifice, constituent essentiellement le culte ». – Je n'entreprendrai point d'éclaircir cette grande question : autant qu'il m'est possible, j'évite les longueurs.

CHAPITRE III. « On découvre, au premier coup d'œil, dans la partie des mystères, un grand avantage de la religion chrétienne sur les religions de l'antiquité. Les mystères de celles-ci n'avaient aucune affinité avec l'homme… Nos mystères, au contraire, s'adressent à nous… Il ne s'agit plus d'un futile arrangement de nombres, mais du salut et du bonheur du genre humain ». – Chez les anciens, les mystères avaient souvent de l'*affinité avec l'homme*. La Trinité était la même chez les anciens que chez les chrétiens.

La Divinité, considérée de trois manières analogues à la composition de l'homme, était connue dans tout l'Orient ; elle l'était du temps de Sommonacodom. L'intelligence, l'expression et l'affection, composent l'homme abstrait : c'est la tête, la langue et le cœur. Telle est chez les Thibétains la Trinité divine[7]. L'idée de Dieu n'est autre chose (au Thibet) que celle d'un homme immensément puissant et sage ; c'est pour cela que l'homme est déclaré l'*image de Dieu* dans la doctrine de Foë. Cette doctrine a pour objet d'amener le ternaire humain à sa perfection. Brahma, Wistnou et Rudra composent l'ancien Ternaire divin des Indes : or, Wistnou s'est incarné pour le *salut et le bonheur du genre humain*. Dans les dogmes Orphiques on admettait l'incarnation, la mort, etc., de la seconde modification de la Triade mystérieuse. On voit qu'il ne s'agissait pas toujours d'un *futile arrangement de nombres*.

Quant à cette observation, que « le sceau antique imprime une profonde beauté à tout ce qui le porte », les Parsis[8], les Juifs, les Brahmes en auront encore plus d'obligation à l'auteur que les chrétiens.

MÊME CHAPITRE. « C'est une très méchante manière de raisonner, que de rejeter ce qu'on ne peut comprendre ». – Les Lamas, les Imans, les Bonzes trouvent aussi cette manière de raisonner très méchante. C'en serait une plus mauvaise encore que de vanter comme bon indistinctement tout ce qu'il est possible d'alléguer en faveur de la cause qu'on soutient.

Il ne faut pas rejeter ce qu'on ne peut comprendre, quand l'existence en est prouvée. Mais donnera-t-on cette incompréhensibilité même pour une raison de croire ? Ce genre de preuve serait singulier de sa nature, et dangereux dans ses vastes conséquences.

MÊME CHAPITRE. « La Trinité fut connue des Égyptiens… Les Mages avaient la Trinité ». – On a prétendu effectivement qu'il n'y avait rien de nouveau dans les dogmes, dans les institutions, dans la philosophie du christianisme. On a prétendu que, sous un autre nom, l'intérieur de l'Asie avait aussi son christianisme. On a prétendu que les diverses parties du christianisme d'Europe avaient été trouvées par les hommes, avant l'époque récente où Dieu révéla tout le christianisme, plus étranger

---

7 [N. D. A.] *Lettres édifiantes*, citées dans ce même chap. 3. – [N. D. E.] *Lettres édifiantes et curieuses, écrites des missions étrangères, par quelques missionnaires de la Compagnie de Jésus*, Paris, J. G. Merigot le jeune, 2e éd. corr. et augm. 1780-1783, 26 vol. in-12 (1re éd. Paris, Merigot, 1703-1776, 34 vol. in-12).

8 [N. D. E.] Les Parsis sont des sectateurs de Zoroastre, chassés de Perse au VIIe siècle par les Arabes et réfugiés en Inde. Les Parsis d'Iran sont appelés Guèbres.

à la religion jadis céleste des Juifs, qu'aux religions ténébreuses de la Perse et des Indes.

L'auteur transcrit ensuite une *démonstration* de Tertullien. Cette démonstration est d'une clarté ravissante. Si elle était moins longue, je la transcrirais aussi : j'en conserve du moins un passage auquel je ne saurais répondre ; il paraît que l'on *démontrait* comme cela dans cet heureux temps. « Si le soleil prolonge un rayon, sa substance n'est pas séparée, mais étendue. Ainsi le Verbe est esprit d'un esprit, et Dieu de Dieu… Or, ce rayon de Dieu est descendu dans le sein d'une Vierge ; il s'est revêtu de chair ; il s'est fait homme uni à Dieu. Cette chair, soutenue de l'esprit, se nourrit, croît, parle, enseigne, opère, c'est le Christ ». – Donc le fils de Marie n'est pas un enfant comme un autre, mais il est ce rayon descendu ; *quod erat demonstrandum.*

CHAPITRE IV. « La doctrine du péché originel explique tout l'homme ». – Voyant l'homme malheureux, on a imaginé qu'il était coupable. Cette hypothèse pourrait servir à éluder quelques difficultés sans en être plus vraie. Divers systèmes sur la marche des planètes, en expliquaient à-peu-près les phénomènes, et cependant l'exactitude des observations modernes les a fait abandonner. On peut donner de plusieurs choses des raisons fausses qui paraissent les expliquer. Ici, le fait surprenait seulement ; on en donne des raisons qui accablent. Pour trouver une cause du malheur de l'homme, on rend inconcevable la justice de Dieu. « Comment, sans la tache primitive, rendre compte du penchant vicieux de notre nature, toujours combattu par une voix secrète qui nous annonce que nous fûmes formés pour la vertu ?… Comment les larmes du juste, comment les succès impunis du méchant, comment, sans une chute primitive, tout cela pourrait-il s'expliquer ? » – Une chute primitive n'explique pas les misères de l'homme moral, et ne fait que déplacer, en quelque sorte, la difficulté. J'aime autant ne pas savoir pourquoi nous souffrons, que de l'attribuer à une cause qui nous semble absurde ici-bas. Mille millions d'hommes punis de la faute d'un homme que nul d'entre eux n'a jamais connu ! J'ignorais les desseins de Dieu, vous me les expliquez d'une manière qui choque ma raison, qui me paraît incompatible avec la justice ; ce n'est pas éclaircir la question. Vous ajouterez qu'au moyen du dogme d'une autre vie, l'injustice cessera d'être évidente ; mais il en serait de même sans la chute. Cette chute, cause du mal, est incompréhensible, comme le mal existant sans la chute[9].

« Eh ! pour nous convaincre de la fatale vérité d'où naît le mystère qui nous rachète, aurions-nous besoin d'autres *preuves* que cette malédiction prononcée contre Ève ; malédiction qui s'accomplit chaque jour sous nos yeux ? … Quelle mystérieuses annonces de l'homme et de sa double destinée, prédite à-la-fois par la douleur et par la joie de la femme qui l'enfante ! » – Malheureusement cela *prouverait* de même que la première brebis, la première poule ont aussi écouté le serpent, et que les agneaux ou les poulets seront aussi rachetés. Les théologiens auraient bien dû ne pas nous laisser ignorer quelle fatale vérité *prouvent* mystérieusement les douleurs et les joies de toutes les femelles qui enfantent ou qui pondent.

MÊME CHAPITRE. « Ne demandons point à notre esprit… comment un Dieu peut mourir ». – Volontiers, ne le demandons pas à notre esprit.

MÊME CHAPITRE. « Quand on a voulu argumenter sérieusement contre le christianisme, les Origène, les Clarke, les Bossuet ont répondu : pressé par ces redoutables adversaires, on cherchait à leur échapper en reprochant au christianisme ces mêmes disputes métaphysiques… » – Les Origène, les Bossuet, quelle que soit la juste célébrité de leurs noms, raisonnent quelquefois comme Tertullien *démontre*. Ou j'interprète mal le mot preuve, ou bien il y a chez les Abbadie[10] et les Bossuet beaucoup de preuves qui ne méritent point ce nom.

MÊME CHAPITRE. « Quand un enfant vient au monde tout gangrené des débauches de son père, pourquoi ne se plaint-on pas de la nature » ? – On s'en plaint ; ou l'on observe que la nature n'est pas entièrement soumise aux lois morales qui nous sont connues, et qu'elle paraît indifférente à nos misères. Mais nul ne s'avise de dire : elle est équitable ; cet enfant naît misérablement, c'est bien juste ; car son père s'est mal conduit. Toute la difficulté est dans ce mot justice, et l'auteur ne la lève nullement « – Sans décider ici si Dieu a tort ou raison de nous rendre solidaires les uns pour les autres, tout ce que nous savons, c'est que cette loi existe ». – Nous ne savons en aucune manière, si cette loi existe (remarquez qu'il

9 [N. D. A.] Peut-être faudrait-il s'expliquer davantage, pour faire sentir au plus grand nombre des lecteurs, que la difficulté n'est point affaiblie par le dogme du péché originel, et qu'ainsi M. de Ch. se trompe, en disant que cette doctrine explique tout l'homme. Mais l'examen de la première partie de son ouvrage demanderait seul un volume.

10 [N. D. E.] Jacques Abbadie, pasteur allemand, est l'auteur d'un *Traité de la vérité de la religion chrétienne* (1684) qui eut une large résonance, jusque chez les apologistes catholiques.

ne s'agit point d'une loi physique, mais d'une loi morale). Le dogme seul du péché originel annonce cette loi ; il est donc impossible de justifier ce dogme par l'existence de cette loi. M. de Chateaubriand a bien hasardé là-dessus quelques réflexions, mais non pas un raisonnement. Une tradition universelle nous apprend, dit-il, qu'il y eut une chute. Je ne sais si cette tradition est universelle ; mais le fût-elle, ces sortes de choses se prouvent mal par des traditions. Comment vérifier une tradition qui remonterait au principe des choses humaines ? « L'homme étant créé parfait, dit-il ensuite… » – Mais comment savoir, indépendamment de la foi, si l'homme a été créé parfait ? M. de Chateaubriand se sert d'un article de foi pour établir la vérité de ce que la foi enseigne ; c'est *démontrer* d'une manière aussi commode qu'au temps de Tertullien.

L'auteur ne dit ici même que des choses vagues, ou ne part que de principes contestés. Je sais qu'il s'excuse souvent de ne point parler à la raison ; mais comme cependant il se sert du mot preuve en cent endroits, et qu'il annonce formellement l'intention de donner des preuves de tout genre, je m'arrête à tous les passages où il serait possible que son intention fût de prouver[11]. Si preuve ne signifie que tentative pour prouver, alors toutes les sectes prouvent ; et l'on n'ignore pas d'ailleurs que toutes le font avec succès chez elles.

« Voulez-vous peindre… on vous demande des axiomes… Prétendez-vous raisonner, il ne faut plus que des sentiments ». – Ceci ne me paraît pas juste. Ce ne sont pas les mêmes hommes qui veulent tantôt qu'on raisonne, et tantôt qu'on ne raisonne pas. On dit trop que les hommes changent : en politique même, le changement est moins dans la succession des opinions diverses chez les mêmes hommes, que dans la succession des hommes divers. Quelques individus peuvent n'avoir pas d'opinion, celle de quelques autres peut varier ; mais, en général (les intrigants exceptés) les hommes qui se montrent dans une circonstance analogue à leur caractère, ne sont pas ceux qui s'étaient montrés dans des circonstances opposées. Dans un temps, les factieux agissent ; dans un autre, ils sont comprimés : les hommes violents s'élèvent aujourd'hui ; demain, les hommes paisibles reparaîtront. Qui empêcherait d'employer

11 [N. D. A.] « Les preuves de sentiment sont renfermées dans le premier volume… Les preuves pour l'esprit et l'imagination remplissent le second et le troisième volume… Enfin ces mêmes preuves pour le cœur, l'esprit et l'imagination, réunies aux preuves pour la raison… occupent le quatrième volume ». *Défense du Génie du Christianisme*, par l'auteur.

aussi, à l'égard de M. de Chateaubriand, ces phrases vagues, et de dire que, selon ses besoins, tantôt il prétend avoir parlé à la raison, et tantôt il s'excuse, déclarant qu'il se borne à peindre les effets du christianisme, à en faire ressortir les beautés.

MÊME CHAPITRE. « Milton[12] eut une belle idée, lorsqu'il supposa qu'après le péché, l'Éternel demanda au ciel consterné, s'il y avait quelque Puissance qui voulût se dévouer pour le salut de l'homme. Toutes les divines hiérarchies demeurèrent muettes, et parmi tant de séraphins... nul ne se sentit assez de force pour s'offrir au grand sacrifice... En effet, où les anges auraient-ils pris pour l'homme l'immense amour de que suppose le mystère de la croix ». – L'idée de Milton est heureuse ; mais elle n'est à sa place que dans un poème. Un séraphin, en s'offrant, se fût sacrifié réellement ; mais Dieu, en accomplissant ce sacrifice, ne s'est point sacrifié. Celui qui possède essentiellement et éternellement la félicité suprême, peut ne pas craindre la passagère condition des mortels, et l'amertume du calice. Le séraphin, en s'offrant en sacrifice, eût cru être précipité dans des tourments éternels. Mais le fils de Dieu savait tout, et restait maître de tout. Transportée hors du *Paradis Perdu*, cette fiction devient donc déraisonnable : il faut encore quelque justesse, même dans ces sortes de choses.

MÊME CHAPITRE. « ... Ces douleurs qui, selon Massillon[13], unirent sur la tête de Jésus-Christ toutes les angoisses physiques que la punition de tous les péchés commis depuis le commencement des races pouvait supposer, et toutes les peines morales... » – Massillon savait tout cela, et c'était fort bien, parce qu'il était chargé de le savoir : il le disait à ses ouailles, c'était fort bien encore, parce qu'elles étaient chargées de le croire : mais M. de Chateaubriand qui parle aux *hommes du monde* pour les rendre chrétiens, me paraît oublier qu'ils ne le sont pas encore, ou qu'ils ne le sont plus. On lui demandera si Jésus-Christ a souffert ces épouvantables angoisses comme homme, ou comme Dieu ? Comme homme, il n'aurait pu les supporter une seule minute, *il n'aurait pu*

---

12 [N. D. E.] John Milton (1608-1674), poète anglais, est l'auteur du *Paradis perdu*, paru en dix parties en 1667, puis réorganisé en douze en 1674. Ce poème épique, d'inspiration chrétienne, traite de la faute d'Adam et Ève et de leur expulsion du jardin d'Eden. Traduction intégrale du *Paradis perdu* par Chateaubriand en 1836.

13 [N. D. A.] Voir Jean-Baptiste Massillon, *Sermons pour le Carême* : *Sur la Passion de Notre-Seigneur Jésus-Christ*. [N. D. E.] Chateaubriand est un lecteur assidu de Massillon, qu'il cite et loue dès le *Génie du christianisme*.

boire la lie d'un calice que les anges mêmes n'eussent pu *porter à leurs lèvres*. C'est donc comme Dieu. Mais sans la foi, il est impossible de comprendre que Dieu souffre. Ce sont de ces choses qu'il ne faut pas dire sans nécessité à ceux qui ne sont pas encore convertis, et qu'il eût été meilleur de laisser soit à Massillon, soit à Milton.

MÊME CHAPITRE. « Nous osons supposer que s'il y a quelque chose de clair, c'est la chaîne de ce raisonnement ». – La clarté ne suffirait pas. Au reste, j'avouerai que je n'ai pas plus trouvé d'obscurité que de raisonnement dans cette suite de suppositions ; je ne les transcrirai pas, pour ne point multiplier les pages.

La chaîne de ce raisonnement a, pour premier chaînon, cette hypothèse, que l'homme a été créé parfait. Cependant, selon l'auteur lui-même[14], cette tradition universelle dont il s'autorise, se réduirait à l'idée d'un état antérieur moins imparfait, dans lequel les hommes auraient pu rester s'ils avaient moins écouté leurs passions. Cela n'établirait ni une désobéissance formelle, un péché unique retombant sur toute la race, ni une dégénération absolue, subite irréparable dans le monde visible.

MÊME CHAPITRE. « L'Évangile est le livre le plus clair qui existe. » – Que fait ceci à la clarté de la doctrine chrétienne ? Il s'en faut de beaucoup qu'elle soit toute contenue dans l'Évangile, excepté par des interprétations pleines d'incertitudes et d'obscurité. Si donc l'Évangile est clair, les chrétiens orthodoxes ne sont point les disciples de Jésus ; et si le christianisme actuel est conforme à ce que les évangélistes ont écrit, leur livre est plein d'une obscurité aussi surprenante que redoutable.

MÊME CHAPITRE. « Et telles encore les vérités de notre religion, malgré leur peu d'appareil scientifique, qu'un seul point admis vous force à l'instant à admettre tous les autres. Il y a même plus ; si vous espérez échapper en niant le principe, tel, par exemple, que le péché originel, bientôt... vous serez forcés d'aller vous perdre dans l'athéisme. Dès l'instant où vous reconnaissez un Dieu, la religion chrétienne

14 [N. D. A.] Voici le texte de M. de Chateaubriand. « Une tradition *universelle* nous apprend que l'homme a été *créé* dans un état *plus parfait* que celui où il existe à présent, et qu'il y a eu une *chute*. Cette tradition se *fortifie* de l'opinion des philosophes de *tout* temps et de *tout* pays, qui n'ont jamais pu se rendre compte de l'homme moral, sans *supposer* un état primitif de perfection, d'où la nature humaine est ensuite déchue par sa faute. » – Il eût fallu dire seulement : Une tradition assez générale veut que l'homme ait existé dans un état moins imparfait ; cette tradition est analogue à la manière de voir de beaucoup de philosophes qui, etc., etc. – [N. D. E.] *Génie du christianisme*, éd. Maurice Regard, Paris, Bibliothèque de la Pléiade, 1978, p. 481-482. Édition utilisée désormais.

arrive, malgré vous, avec tous ses dogmes, comme l'ont remarqué Clarke et Pascal. Voilà, ce nous semble, une des plus fortes preuves en faveur du christianisme ». – Ceci mériterait, en effet, le nom de preuve : mais cette preuve, on ne la donne point. Nous avons déjà vu que cette supposition du péché originel ne levait aucune difficulté, à moins qu'elle ne fût admise comme article de foi. Sans doute, la supposition la plus chimérique préviendrait toutes les difficultés, pourvu qu'on la reçût sans examen.

Puisque, sans la foi, rien n'est expliqué par l'allégation du péché originel, je ne vois pas comment, en le rejetant, on est forcé d'aller se perdre dans l'athéisme. Il serait très malheureux qu'on ne trouvât que dans une révélation expresse, des raisons de reconnaître l'existence de Dieu.

Je voudrais montrer ici que, sans rien décider sur le péché originel, on peut très bien croire que la Divine Intelligence gouverne l'univers. Je voudrais établir qu'on peut reconnaître un Dieu, sans être réduit à recevoir tous les dogmes de tel siècle ou de tel pays. Mais je ne parviendrais pas à m'expliquer, en peu de mots, sur ces grandes questions, ce que M. de Chateaubriand avance simplement ; je puis aussi me borner à le nier. Si Clarke et Pascal l'ont dit, je trouverai peut-être ailleurs l'occasion de leur répondre d'une manière que ces notes-ci comporteraient difficilement.

Quelques années avant la publication du *Génie du Christianisme*, deux ou trois années avant, il était des hommes qui reconnaissaient, à Londres, l'existence de Dieu, mais non pas la vérité de la religion chrétienne : ces deux croyances ne leur semblaient pas étroitement liées. Un peu de temps s'écoule, des changements surviennent dans la situation intérieure des empires ; alors on se forme une autre idée de l'avenir, et on considère sous un point de vue tout merveilleux, les dogmes et les pratiques du christianisme.

MÊME CHAPITRE. « Ces mêmes temples où l'on voyait autrefois ce Dieu qui est connu de l'univers… étaient dédiés à la vérité qu'aucun homme ne connaît ». – Comment aucun homme ne connaît-il la vérité dans cet univers qui connaît Dieu, et que Dieu lui-même a pris soin d'instruire ? ou comment cet univers connaît-il Dieu, source de toute vérité, si aucun homme ne connaît la vérité ? Mais l'auteur parle du Dieu qu'on *voyait*, et il est vrai qu'on n'a jamais connu la vérité de cette manière là.

Chapitre v. Ce chapitre est du nombre de ceux où il n'y a rien de sérieux. Il faut cependant remarquer « Marie, cette tendre médiatrice, désarmant un Dieu irrité. Dogme enchanté qui adoucit la terreur d'un Dieu, en interposant la beauté, entre notre néant et la Majesté divine ! » – Cela ne veut pas dire que la beauté adoucit Dieu, que la beauté d'un visage humain fait impression sur Dieu : l'auteur ne peut avoir eu de telles idées ; ainsi cela veut dire apparemment quelque autre chose qu'il faudra chercher.

Chapitre vi. « Il n'appartenait qu'à la religion chrétienne de faire deux sœurs de l'innocence et du repentir. » – Quand on se confessait dans les anciens mystères, c'était aussi pour se rapprocher de l'innocence par le repentir.

Il me semble que, parmi les chrétiens, la confession est à-la-fois, et meilleure, et moins bonne que chez les anciens : elle est d'un usage plus général, mais aussi elle n'a pas assez de solennité, etc., etc.

Chapitre vii. « Les rites chrétiens sont de la plus haute moralité, par cela seul qu'ils ont été pratiqués par nos pères, par cela seul que nos mères ont été chrétiennes sur nos berceaux. » – Les hommes des pays infidèles ayant eu aussi des pères, des mères, des berceaux, il en sera de même des fausses religions.

L'espère d'autorité ou de sanction qui résulte de cette transmission des pères aux enfants a lieu pour les lois, parce qu'il est dans la nature des choses que chaque pays ait les siennes ; celles qui paraissent lui avoir convenu longtemps, doivent, jusqu'à un certain point, lui convenir encore. Il n'en est pas de même des religions. L'auteur semble n'avoir pas fait attention à cette incontestable différence. Toute la force, toute la sublimité, toute la moralité d'une religion positive dépend de son origine, et vient de la révélation. Un peuple qui reconnaîtrait la fausseté de la religion de ses pères, devrait aussitôt la rejeter ; autrement les missionnaires, loin de mériter les éloges de M. Chateaubriand, n'auraient été que des corrupteurs. Si, au contraire, on nous démontre l'origine céleste d'une religion inconnue de nos pères, nous devons aussitôt la recevoir, et dès le premier jour elle est auguste, elle est parfaite, et de la plus haute moralité. Le mérite des premiers chrétiens consistait précisément à quitter la religion de leurs aïeux, à déplorer l'aveuglement de leurs mères, à détester les superstitieuses solennités au milieu desquelles s'étaient élevés leurs berceaux.

MÊME CHAPITRE. « Si un homme approchait *dignement*, une seule fois par mois, du sacrement de l'Eucharistie, cet homme serait de nécessité, l'homme le plus vertueux de la terre. » – Cela est juste ; mais dans plusieurs religions, celui qui se conformera exactement à la loi, sera très vertueux. Les vrais disciples de la doctrine des sages sont aussi des hommes vertueux.

L'auteur explique ensuite l'Eucharistie, par deux pages de suppositions, ce qu'il appelle une *métaphysique* plus lumineuse que celle d'Aristote, de Carnéade, etc. Au reste, la métaphysique d'Aristote ou de Carnéade[15], pouvait très bien n'être pas lumineuse ; il faut remarquer seulement que ceux qui ne la croient pas divine, ne sont pas damnés pour cela. Si toutefois il ne s'agit que de suppositions, celles de ce chapitre peuvent valoir au moins celles de Carnéade.

MÊME CHAPITRE. « Nous ne savons pas ce qu'on peut objecter contre un sacrement qui fait... descendre Dieu sur la terre, pour le donner en pâture spirituelle à l'homme. » – De donner Dieu en pâture à l'homme, et cela, non pas spirituellement, figurativement, mais d'une manière effective et littérale : *hoc est corpus*[16]. Ôtons le mot *spirituelle*, quelque adroitement placé qu'il soit. Les *preuves de sentiment* ne suffisent pas pour que l'on cesse de demander comment Dieu peut être donné en pâture à l'homme. Spirituelle ! ce n'est pas ainsi que Rome l'entend : mais l'auteur n'a rien à craindre pour ce mot ; le zèle s'est refroidi, la charité ne brûle plus les hérésiarques ; nous ne verrons plus *la beauté des anciens jours, jours trop tôt évanouis.*

CHAPITRE VIII. Ce chapitre contient des idées qui me paraissent fort justes, particulièrement contre ce perpétuel accroissement de population, qui semble être le premier vœu de la politique moderne.

CHAPITRE IX. L'auteur trouve extrêmement gracieux un passage de Saint Ambroise sur la virginité[17] ; ce qu'il a dit lui-même auparavant

15 [N. D. E.] Carnéade (vers 215-129 av. J.-C.) : philosophe grec de tendance sceptique, représentant majeur du probabilisme.

16 [N. D. E.] « Ceci est mon corps » (Marc, 14, 22). Paroles par lesquels Jésus institue l'Eucharistie.

17 *Génie du christianisme*, p. 503. Chateaubriand renvoie en note au *De virginibus, ad Marcellinam sororem suam libri tres* (rédigé en 377), lib. I, cap. V : « quid autem est castitas virginalis, nisi expers contagionis integritas ? » (qu'est-ce en effet que la virginité, sinon une exemption de toute souillure ?)

ne l'est pas moins. Il n'est guère de sujets stériles pour un esprit ingénieux, surtout si l'on est peu scrupuleux sur la valeur des choses qu'on imagine. Après avoir parlé de la virginité des boutons de roses, de la virginité de la neige, des tombeaux et des abeilles, M. de Chateaubriand observe que la virginité déploie surtout dans l'homme son excellence. « Quelles grâces le nouveau né n'a-t-il point dans ses jeux, ou dans les bras de sa mère. » – Cependant si le nouveau né a des grâces dans ses jeux, ce n'est point parce qu'il est vierge, et s'il en a dans les bras de sa mère, cela suppose qu'elle n'est pas restée vierge.

Les femmes qui n'auront à *disputer* que *le prix de la beauté de la vertu*, trouveront peut-être assez inutile que *la pudeur, en colorant leurs joues, les rende excellemment belles*. Toutefois elles exerceront dans la maison paternelle *le sacerdoce de la chasteté* ; et puis elles fourniront aux Ambroise l'occasion d'un discours gracieux, ou bien elles *composeront un miel céleste avec la fleur des vertus*. M. de Chateaubriand ne dit pas si elles feront une cire angélique avec la ténacité de leurs regrets.

Chapitre x. « C'est encore le christianisme qui connaissant, avant la philosophie, dans quelle proportion naissent les deux sexes, a vu le premier que l'homme ne pouvait avoir qu'une épouse, et qu'il devait la garder jusqu'à la mort. » – Mais il paraît qu'il naît plus de femmes que d'hommes dans l'Asie méridionale, etc., bien que la disproportion ne soit pas aussi grande que l'avaient prétendu quelques voyageurs. Ce n'est pas tout : dans les pays chauds, les femmes ne deviennent mères que durant douze ou quinze années ; si le mariage catholique s'y trouvait établi dans sa sévérité, les hommes y seraient sans femmes pendant plus de la moitié du temps où ils possèdent les facultés viriles. Il paraît donc que ce n'est pas dans la nature qu'il faut chercher le principe des lois rigoureuses du mariage. Si le nombre des hommes est égal à celui des femmes, pourquoi l'homme conserve-t-il beaucoup plus longtemps ses facultés ? Est-ce pour qu'il s'élève plus facilement, dans une même vie, à l'excellence du célibat, et à l'excellence du mariage. M. de Chateaubriand a exalté tour-à-tour les merveilles de ces deux états ; en sorte que, si on lisait seulement le chapitre de la virginité, on ne pourrait se résoudre à se marier, et que si au contraire, on lisait seulement le tableau du mariage, on aurait honte de ne se marier pas. Il y a moyen de réunir dans le cours de ses années ces deux situations contraires, mais également admirables ; cependant je vois que les hommes jouiront beaucoup plus que les femmes, de tous les bienfaits de la continence ; pourquoi ce privilège ?

Au reste, le mariage est *le pivot sur lequel roule toute l'économie sociale* (chapitre X) ; mais *la tranquillité de la virginité est préférable aux soucis du mariage* (chapitre IX) ; en sorte qu'il serait préférable qu'il n'y eût pas d'économie sociale. Encore un mot : M. de Chateaubriand n'aime point l'état de nature, et il dit dans une de ses préfaces qu'il l'a toujours trouvé fort laid (au lieu de *toujours*, lisez, depuis 1797) ; le meilleur serait donc qu'il n'y eût eu ni hommes civilisés, ni hommes sauvages. Que seraient alors devenus Saint Ambroise et le père Aubry[18], le Christianisme même et le *Génie du Christianisme* ?

Le chapitre est terminé par le tableau du mariage parfait, et ce tableau d'une si douce union esquissé à la manière de M. de Chateaubriand, paraît bien propre à faire négliger les mystérieuses perfections de l'état de continence. Quand le mariage est tel, sans doute le divorce est très inutile ; mais il me paraît nécessaire quand l'union est altérée pour jamais. Il peut y avoir, en théorie, quelque chose de plus régulier, de plus pur, pour ainsi dire, dans l'indissolubilité du mariage. Mais le premier soin de législateur doit être de ne pas condamner sans nécessité plusieurs personnes à un malheur sans terme. Sans doute nos jours sont rapides, et les dégoûts de la terre ne sauraient accabler un homme à qui la vie éternelle est promise : je conçois qu'un chrétien ne songe pas à divorcer ; mais il me semble que cela tient à un esprit d'abnégation qui doit être volontaire. Il en serait de l'indissolubilité d'un mariage funeste comme de la continence par exemple ; ces sortes de sacrifices peuvent être conseillés, mais non prescrits. La faculté de divorcer doit être restreinte ; l'esprit de la loi d'obtenir la durée d'un grand nombre de mariages : mais enfin quand on persiste dans l'intention de divorcer, et surtout quand on y persiste mutuellement, l'objet moral du mariage ne peut plus être rempli, le mariage n'est plus convenable.

M. Chateaubriand n'a pas entrepris de résoudre la question ; il n'a écrit qu'une page contre le divorce ; mais cette page a beaucoup de force. Je pense que les raisons qui l'autorisent sont plus puissantes encore. Selon M. de Chateaubriand « Celui qui n'a pas fait le bonheur d'une première épouse,

---

18 [N. D. E.] Dans le récit de Chateaubriand (*Atala*, 1801), Atala et Chactas sont recueillis par le père Aubry, missionnaire français vivant parmi des Indiens convertis au catholicisme, qui promet de baptiser Chactas et de le marier à Atala.

celui qui ne s'est point attaché pour toujours à sa femme par la ceinture de sa virginité, ou par sa maternité première... ne fera jamais la félicité d'une seconde épouse ». – Cela paraît fort juste, mais seulement en général. Toutes ces lois du cœur humain ont des exceptions ; et c'est précisément aux exceptions que le divorce se rapporte. Le sort a quelquefois autant de part que nous-mêmes dans nos discordes. Ce n'est pas toujours la faute des deux époux lorsque l'union n'est pas heureuse ; quelquefois même ils ne sont coupables ni l'un ni l'autre. Il se peut donc que l'on rende une seconde femme plus heureuse que la première. Enfin, le divorce est établi dans une partie de l'Europe ; l'expérience y est-elle d'accord avec la théorie de l'auteur ? En résulte-t-il tant de désordres et tant de corruption[19] ?

CHAPITRE XI. « Le ministre saint s'entretient avec l'agonisant de l'immortalité de son âme ; et la scène sublime que l'antiquité entière n'a présentée qu'une seule fois, dans le premier de ses philosophes mourans, se renouvelle chaque jour sur l'humble grabat du dernier des chrétiens qui expire ». – De l'effet aux dépens de toute justesse. Dans la Grèce même, et surtout dans l'Orient, on peut avoir parlé très souvent de l'immortalité de l'âme avec les hommes qui sentaient les approches de la mort. Beaucoup de sages ont dû mourir à-peu-près comme Socrate. Est-il besoin que nous ayons un récit de leur mort ? Eux et leurs disciples désiraient l'immortalité de l'âme ; vraisemblablement ils en parlaient d'une manière plus *sublime* qu'on n'en parle d'ordinaire auprès du *grabat du dernier des chrétiens.*

LIVRE SECOND

CHAPITRE II. « Il n'y a de puissance que dans la conviction... Un oracle donne la terre aux Romains, et les Romains obtiennent la terre ». – La foi en Mahomet a donné la terre aux Musulmans, c'est-à-dire, la terre comme l'avaient eue Alexandre ou Rome. La foi est puissante, à la vérité, mais c'est cela même qui la rend très funeste, quand elle n'est pas éclairée. Ce qui prouve, comme dit l'auteur, que les plus éminentes vertus, quand on les sépare de Dieu, touchent de près aux plus grands vices. Que l'on

19 [N. D. A.] Voyez aussi le IIe supplément, à la fin du vol.

se garde donc bien de croire avant d'examiner ; au lieu de s'élever à une grande vertu, l'on pourrait tomber dans un grand vice, dans de grandes extravagances. Cette conclusion n'appartenant à M. de Chateaubriand qu'à son insu, il se trouve qu'il a seulement loué fort à-propos la religion d'avoir placé la foi au premier rang des vertus[20]. Mahomet, et beaucoup d'autres, ont eu la même prudence. Croyez, n'examinez pas ; c'est une très belle, très sage invitation : mais elle est faite en même temps par plusieurs rivaux irréconciliables ; on a besoin d'examen pour savoir lequel il faut suivre ; en sorte que la foi proprement dite, la foi aveugle, cette vertu nécessaire, devient impossible, excepté pour quelques heureux mortels dont les notions ne s'étendent pas plus loin que l'ombre du clocher ou du minaret sur lequel s'élève jusqu'au ciel le signe de leur foi.

MÊME CHAPITRE. « Croire en un Dieu rémunérateur… » – L'idée de Dieu est la plus heureuse, la plus sublime des conceptions, ou plutôt cela seul est sublime dans le travail de l'esprit humain. Cette forte conjecture, source de consolations inépuisables, et de magnifiques espérances, est le dédommagement des misères que l'on reproduit sans cesse dans le tumulte de nos ébauches sociales.

Ce qui importerait à M. de Chateaubriand, c'est qu'une si grande idée conduisit au dogme de la transsubstantiation, au culte de la Vierge Marie, etc.

« … Du consentement unanime des sages, le dogme qui commande de croire en un Dieu rémunérateur et vengeur, est le plus ferme soutien de la morale et de la politique. » – Ce dogme fournit, en effet, de grands moyens à l'autorité ; au défaut de sagesse dans les institutions, il pourrait être regardé comme presque nécessaire. Mais il ne suffit pas qu'un *commandement de croire* ait un but politique, il faut que l'on croie

20 [N. D. A.] Il est une chose qu'on ne doit pas perdre de vue : Si je ne répondais jamais qu'à ce que l'auteur dit très expressément dans l'endroit même, j'aurais assez rarement l'occasion d'opposer quelque chose à la conclusion générale de l'ouvrage. L'auteur semble dire à chaque endroit : Ne me répondez pas sérieusement, je me borne à établir que le christianisme est aimable. Cependant on a répété d'après lui-même : Enfin, le *Génie du Christianisme* a rétabli la croyance de nos pères. Or, pour rétablir une croyance, il faut convaincre : on prétend donc avoir convaincu ; et malgré les précautions prises par l'auteur pour éluder une réponse sérieuse, je dois montrer que son ouvrage ne peut convaincre ceux qui, au milieu du luxe des mots, veulent du bon sens. C'est ainsi que je suis obligé de substituer quelquefois aux conclusions directes de tel ou tel de ses passages, la conclusion principale qu'il ne perd point de vue : mais tous ceux qui, même sans me connaître, jugeront à propos de donner à ces notes l'attention que peut mériter l'importance de l'objet, verront qu'elles sont écrites avec une entière bonne foi.

réellement. C'est se conduire avec une grande imprudence que de se borner à considérer les avantages du succès ; il faudrait aussi prévoir les inconvénients auxquels on se trouvera exposé dans la supposition contraire. Si vous ne donnez pas d'autres fondements à la morale, ceux qui n'admettront pas ce dogme n'auront point de morale.

C'est pis encore si vous liez essentiellement à cette idée, sur laquelle la raison peut conserver des doutes, mais que du moins elle ne condamne pas, si vous liez à ce dogme d'autres dogmes que la raison ne saurait admettre, et dont la chute tôt ou tard inévitable entraîne, chez les esprits vulgaires, la ruine des parties les plus utiles de votre doctrine incohérente.

Le grand effet d'une croyance ne prouve en aucune manière qu'elle soit fondée sur la vérité. Jamais un culte un peu adroit n'a manqué de miracles, ni même de martyrs. Les progrès de l'Islamisme ont eu quelque chose de prodigieux. On voit dans le texte même de ce chapitre second, que toute persuasion intime peut bouleverser le monde.

Beaucoup de gens qui ont reçu la parole, mais qui n'ont pas reçu le discernement pour en régler l'usage, disent et répètent : L'expérience a montré pendant la révolution que les crimes se multiplient quand on abandonne le culte. Cependant cette expérience est chimérique, et la question n'est décidée par aucun fait. Il serait plus naturel de dire : C'est parce qu'on était en révolution, que les crimes se multipliaient[21].

---

21 [N. D. A.] On tolère l'indépendance des auteurs qui, dans leurs écrits, n'ont jamais en vue ni des intérêts étrangers au public, ni les intérêts des factions. Parce qu'ils sont sincères et que leurs motifs sont irréprochables, il leur est permis de parler pour tous les temps. Ils peuvent considérer si la religion de leur pays est d'institution divine ou humaine. Si une religion était une institution politique ; si les hommes instruits avaient pris le parti de l'admettre seulement comme telle, ils pourraient parler de l'utilité d'une religion dans l'état, comme en parlerait un véritable homme d'état. – Or, un homme d'état se dirait ; 1.° Il ne tient pas à soi de donner réellement une religion au *peuple* ; 2.° il n'est pas réellement nécessaire que le peuple ait une religion ; 3.° si la chose dépendait réellement de soi pour un temps, il ne serait pas à propos d'en prescrire une dans la situation présente des esprits en occident ; 4.° l'expérience des effets naturels de l'*incrédulité* n'a pas été faite dans la révolution de France. – Il faut indiquer en peu de mots, comment, dans un espace moins circonscrit, je justifierais ces quatre assertions. – Premièrement. Si dans un état, la classe supérieure ne croit pas, comment la classe inférieure croira-t-elle ? Après un petit nombre de générations, il ne restera chez les ignorants même qu'une superstition confuse, incapable de produire aucun résultat favorable à la moralité publique. La ville ne voudra pas s'attacher bourgeoisement aux opinions rejetées par la cour et par les hommes qui ont un nom ; le manœuvre ne voudra point passer pour plus crédule que le fabricant, ni le paysan pour plus stupide que le bourgeois. Les campagnards se borneront aux rites de l'église qui forment pour eux un petit spectacle ; et même ils ne feront pas de sacrifices pour payer leurs prêtres. Qu'est-ce qu'une

CHAPITRE IV. C'est l'un de ceux dont la lecture peut faire connaître

---

religion sans foi ? Et s'il est à-peu-près convenu que nul n'y croira, excepté celui qui croit tout, quelle influence n'aura pas sur les mœurs cette dissimulation universelle, cette idée d'un joug imposé par la ruse et non par la nécessité des choses, par le besoin de l'ordre, par ces raisons enfin qui justifient pleinement, mais qui seules justifient l'indispensable joug des lois. Les *honnêtes gens* ne croient à la révélation que devant leurs laquais, et leurs laquais ne l'ignorent pas. La partie du peuple que l'on peut tromper encore se borne aux gens âgés, et à beaucoup de femmes. Celles-ci aiment les fêtes et les rassemblements ; ceux-là veulent revoir ce qu'ils ont vu dans leur jeune âge : tout cela est assurément très naturel ; mais voilà les gens auprès desquels vous réussirez. Utile et glorieux succès ! Toute religion, dit avec raison Condorcet, toute religion qu'on se permet de défendre comme une croyance qu'il est utile de laisser au peuple, ne peut plus espérer qu'une agonie plus ou moins prolongée. – Secondement. Il n'est pas nécessaire, il n'est pas même d'une évidente utilité, que la multitude ait une religion. Les mœurs de cette multitude ne sont pas meilleures quand la religion a beaucoup de pouvoir ; quand ce pouvoir est très grand, les penchants de cette multitude deviennent très dangereux. Outre les temps de fanatisme, on a vu des siècles de foi et d'ignorance où les mœurs étaient plus dépravées et plus viles que de nos jours, et la tranquillité moins facile. Les mœurs de la Silice sont-elles préférables aux mœurs de la Prusse ? Les institutions humaines, lorsqu'elles ont quelque sagesse, ne sont pas moins puissantes que la religion, et on ne peut en abuser au même point. Le respect pour les magistrats était grand dans quelques parties de la Grèce, et le culte n'y avait point de part ; il est faible chez les Catholiques, bien qu'il leur soit formellement prescrit. – Troisièmement. Il ne serait pas bon d'imposer, par des moyens politiques, une religion au peuple : on ne pourrait lui donner une vraie foi ; or, il ne faut point que le peuple ait une religion dont il ne fasse qu'un passe-temps. Si la morale est inséparable, non-seulement des idées religieuses, mais même d'une religion positive, ainsi qu'on s'attache à le persuader au peuple (ce qui est à-la-fois, et une imprudence et un mensonge), lorsqu'il ne conservera que l'extérieur de la religion, il ne fera aussi consister sa morale que dans le soin de sauver les dehors. Dans cette disposition des choses, dès que tant de gens dont les idées n'ont point d'étendue, et qui n'examinent rien hors de la sphère des intérêts personnels les plus directs ; dès que ces sortes de gens viennent à rire de l'immaculée conception, il n'est plus de raison morale qui les empêche d'assassiner, ou d'empoisonner. Il fallait donc leur montrer que les préceptes moraux sont fondés sur des principes dont on ne peut pas rire. On prétend que des hommes dépourvus d'instruction n'entendront pas ces principes ; mais que l'on m'amène un paysan qui dans son village ne soit pas regardé comme un imbécile, et qui n'ait pas déjà vieilli dans le vice, j'espère, en une heure, les lui faire comprendre. Quand la moitié du peuple même traite d'imposture ce qu'on lui donne pour fondement de toute vertu, le peuple va bientôt jusqu'à mépriser les notions morales, ces notions naturelles que la force des lois et de l'ordre établi eussent maintenues dans des esprits grossiers. Si le peuple ne voyait que clarté et sincérité, sa morale serait plus pure, ses idées seraient plus justes. – Quatrièmement. Dans le désordre d'une révolution, dans la continuelle incertitude des lois, dans l'effervescence des passions et la guerre des partis, il est impossible qu'on ait éprouvé ce qui résulterait de l'absence des dogmes sous un gouvernement fixe, sous des lois bien faites et observées avec quelque suite. Jusqu'à ce que l'on dise dans quel moment de la révolution cette épreuve a pu avoir lieu, je répéterai que c'est se jouer de ses lecteurs que de leur faire de tels contes. Une administration vigilante et ferme, et quelques institutions morales très simples, feront un peuple incomparablement plus estimable que les fervents chrétiens du Bas-Empire et de quelques parties de l'Italie, etc., etc. Sous les gouvernements qui gouvernent, les crimes sont moins nombreux le plus promptement l'esprit de l'ouvrage.

J'avoue que si, n'ayant précédemment rien appris de l'auteur ou de son livre, et tombant par hasard sur ce chapitre, je voyais la sagesse des Anciens ainsi présentée, ainsi travestie, je ne pourrais lire tout le reste que comme la production d'un homme qui, très indifférent pour la vérité, s'occupe uniquement de l'*effet*. Je me tromperais sans doute ; mais enfin il me semble que ce ne serait pas ma faute.

Celui qui voudrait écrire d'une semblable manière le Génie de l'Égypte, par exemple, ne manquerait pas d'observer que l'Europe doit *tout* à l'Égypte qui a civilisé la Grèce, et que Moïse, le plus ancien législateur sacré que l'Europe entière reconnaisse, a été instruit dans la science des Égyptiens. À cette question de Rousseau : Où Jésus avait-il pris chez les siens cette morale élevée[22]... ? il répondrait que vraisemblablement ce n'est pas chez les siens, mais en Égypte que Jésus a puisé cette sagesse : *Et erat in Ægyptum usque ad obitum Herodis*[23].

---

que dans les pays où il y a moins d'ordre et plus de religion. La subite absence de toute religion a pu occasionner des crimes et fortifier des vices ; mais c'est par la raison que je viens de dire. On sait qu'un enfant tenu longtemps à la lisière, fait ensuite des chutes que ne font point les autres enfants du même âge. Vous n'éviterez pas le danger en prolongeant davantage encore l'usage des lisières, puisqu'il faudra bien y renoncer un jour. Le mal vient, au contraire, de ce que cet enfant, en s'exerçant à marcher, n'a pas pris des habitudes plus naturelles, de ce que vous-même vous n'avez pas pris pour son bien des précautions plus raisonnables. – La philosophie est la recherche des choses conformes à la raison. Ce qui est vrai, utile et juste, ce qui paraît appartenir à l'ordre universel est nécessairement philosophique. La philosophie est bonne en elle-même. On abuse de la philosophie, car on abuse de tout. Durant plusieurs siècles on a scandaleusement abusé de la religion, cela n'a point fait proscrire la religion. Certainement, il est plus facile de prévenir ou de réprimer les abus de la philosophie que les abus de la religion : l'enthousiasme des disciples de la philosophie n'est point fanatique comme l'enthousiasme des sectaires ; ce qui tient à la raison est plus paisible que ce qui tient aux passions, et la multitude ne prend point de part directe à la philosophie. – Cette note sera lue superficiellement ; nul peut-être ne prendra la peine d'en sentir la justesse ; mais du moins elle contient indirectement ma propre justification : elle fait voir quels sont mes motifs dans toute cette critique d'un ouvrage célèbre. – Êtes-vous convaincus ? restez chrétiens. Mais si vous ne l'êtes pas, cessez d'être hypocrites. Soyez sincères : la soumission à la vérité est le premier culte ; c'est la vérité qui est certainement divine. Chez les hommes une chose est certainement louable, la bonne foi. C'est dans la droiture et non dans l'Eucharistie qu'il y a *une législation toute entière*. (V. chap. 7 du liv. I.) – Il est également injuste, également impolitique, ou de prescrire l'exercice de la religion à ceux qui ne voient dans les religions que des fantaisies humaines, ou de l'interdire à ceux qui, jouissant de la foi, seraient obligés en conscience, d'*obéir à Dieu* plutôt qu'aux hommes.

22 [N. D. E.] *Émile ou De l'éducation*, *Œuvres complètes*, éd. B. Gagnebin et M. Raymond, Paris, Gallimard, Bibliothèque de la Pléiade, t. IV, 1969, p. 626.

23 [N. D. E.] Matthieu, 2, 15 (Vulgate) : « Et il resta en Égypte jusqu'à la mort d'Hérode ».

« Il est bien humiliant pour notre orgueil de songer que toutes les maximes de la sagesse humaine peuvent se renfermer dans quelques pages ». – Cela n'est point humiliant ; d'abord, parce que la quantité de mots n'est pas ici le point essentiel, et qu'il se peut qu'une seule page contienne les vraies bases de la morale, de la politique ; ensuite parce que, de la manière dont l'auteur renferme les maximes de la sagesse humaine dans quelques pages, il aurait pu les transcrire en quelques lignes[24] ; enfin parce que les préceptes de la sagesse du Sinaï sont aussi renfermés dans une seule page où il y a *des longueurs*.

« Les lois des Minos et des Lycurgue ne sont restées debout après la chute des peuples pour lesquels elles furent érigées, que comme les pyramides des déserts, immortels palais de la mort. » – Cette phrase serait belle, mais elle manque absolument de justesse : dans cette manière de juger des choses, les lois de Moïse seraient *restées debout comme le palais de la folie*, puisque l'architecte, réduit à construire un autre édifice, a laissé subsister le premier, apparemment afin qu'on pût voir sans cesse ce que c'est qu'une loi divine qui ne vaut plus rien.

MÊME CHAPITRE. « Nous traduisons de Décalogue mot à mot de l'hébreu, à cause de cette expression *tes Dieux*, qu'aucune version n'a rendue, et qui est de la plus haute importance, puisqu'elle implique la Trinité. *Elohe* est le pluriel masculin d'*Elohim*, Dieu, juge ; on le trouve souvent ainsi au pluriel dans la Bible, tandis que le verbe, le pronom et l'adjectif restent au singulier. Dans la Genèse ; on lit *Elohe bara*, les Dieux créa, et l'on ne peut entendre que trois personnes ; car s'il n'eût été question que de deux, *Elohim* serait au *duel*. Nous ferons une autre remarque non moins essentielle sur le mot *Adam ah* qui se trouve encore dans le Décalogue. Adam signifie *terre rouge*, et *ah* explétif exprime

24 [N. D. A] « Il s'agissait de comparer les tables du Décalogue avec celles des législateurs anciens, et d'en montrer la supériorité. L'auteur commence par traduire sèchement les premières ; il en tronque ou mutile quelques-unes comme celles de Pythagore ; il omet en entier les lois de Platon, sous prétexte qu'elles n'ont pas été mises en pratique ; enfin il les récapitule toutes inexactement… et leur oppose des objections dont celle-ci peut faire apprécier la justesse. Une loi de Minos déclare infâme quiconque n'a point d'ami : ce législateur, dit M. de Chateaubriand, a donc déclaré infâmes tous les infortunés ? Si l'on concluait de cette fausse conséquence, qu'il n'a jamais lui-même été l'ami d'aucun malheureux, qu'aurait-il à dire ? Après avoir traité avec cette légèreté toute la sagesse antique, il en vient à la loi de Moïse ; et par une marche contraire, il s'entoure en quelque sorte des mêmes prestiges dont s'environna ce législateur, etc. ». Ceci est tiré d'une feuille périodique, an X.

quelque chose *plus loin*, *au-delà*. Dieu parle ainsi en promettant de longs jours *sur la terre et plus loin* aux enfans qui respectent leurs père et mère. Ainsi la Trinité et l'immortalité de l'âme, sont dans le Décalogue ; *Elohe, tes Dieux* ou plusieurs substances divines dans l'unité, *Jéhovah* ; *Adam ah*, terre et au-delà. » – Tout ceci prouve mal ce que l'auteur veut en conclure.

Premièrement. *Elohe* n'étant ni au singulier ni au duel, veut dire plus de deux ; j'en conviens : mais veut-il dire trois ? je l'ignore. Le pluriel n'annonce pas plus trois, que quatre ou cinquante. Il me semble que je pourrais interpréter ainsi ce pluriel : Moi, tes Dieux ; moi, la voix céleste qui t'instruis au nom de toute puissance supérieure ; moi, en qui seul tu dois voir toutes les divinités que les nations admettent ; moi, qui suis seul tous tes Dieux. Quoique cette explication paraisse plus conforme au génie de ces temps-là, je ne la donne point pour certaine ; mais je suis aussi fondé à entendre ainsi ce mot, qu'à *décider* que plus de deux, c'est précisément trois[25]. La conjecture que je hasarde[26] convient assez à *moi, tes Dieux* : mais pour justifier l'assertion de M. de Chateaubriand, il faudrait *nous, ton Dieu*. De la Trinité peut résulter nous, mais non pas tes Dieux. Si Moïse avait voulu faire connaître la Trinité, probablement il en aurait parlé d'une manière précise ; il l'aurait déclarée, au lieu de la donner à devenir ; il ne l'aurait pas énoncée si obscurément, que durant tant de siècles pas un docteur de la loi, je pense, ne l'a su découvrir.

Secondement. *Adam ah, terre et au-delà*. Je ne sais point l'hébreu, et je ne dispute point sur la force de ce *ah* ; cependant la valeur prodigieuse

25 [N. D. A.] Néanmoins une considération permettrait de supposer que Moïse faisait allusion au dogme de la Trinité, cette idée de l'Être infini entrevu, pour ainsi dire, sous un triple aspect, n'était alors inconnue ni en Asie, ni en Égypte, si l'on en croit les traditions ; et il pourrait avoir été inspiré à Moïse d'en parler à son tour.

26 [N. D. A.] Ceci était écrit (l'ayant été, comme la presque totalité de ces observations, en janvier 1811), lorsque je le vis confirmé dans une note du commentaire des *Vers dorés*, publié en 1813. Voici cette note ; je la transcris presqu'entière, parce qu'elle me paraît expliquer parfaitement le nom donné à Dieu par les Hébreux. « *Jhôah*, prononcé très mal à propos *Jehovah*, à cause d'une prononciation vicieuse des Massorethes, est le nom propre de Dieu. Ce nom a été formé par Moïse d'une manière aussi ingénieuse que sublime, au moyen de la contraction des trois temps du verbe *hôch*, être. Il signifie exactement *sera-étant-été*, celui qui est, fut et sera : on le rend assez bien par l'Éternel. C'est l'Éternité ou le Tems sans bornes de Zoroastre. Ce nom est assez ordinairement suivi des mots *AElohî-êha*, tes Dieux, pour exprimer que l'Unité, renfermée dans *Jhôah*, comprend l'infinité des Dieux, et doit en tenir lieu au peuple d'Israël. – [N. D. E.] *Les Vers dorés de Pythagore*, Paris, Treuttel et Würtz, 1813.

qui lui est donnée par M. de Chateaubriand me laisse quelque scrupule. Il serait possible qu'*Adam ah*, signifiât dans la terre qui confine à la mer *Rouge* et dans les terres voisines, ou seulement, dans la terre qui est *au-delà* de cette mer Rouge. Le Sinaï est entre les deux branches de l'extrémité du golphe. Au reste, j'admire l'art avec lequel un dogme essentiel, celui de la Trinité, et un autre dogme de la plus haute importance[27], l'immortalité de l'âme, sont indiqués secrètement, ou sont cachés en quelque sorte dans des jeux de mots, comme si l'on avait voulu pouvoir dire ensuite aux hommes : On vous l'avait insinué, mais vous n'avez pas su vous en apercevoir ; il fallait être plus fins que cela.

Si la religion juive avait eu seule pour fondement l'immortalité de l'âme, si le Deutéronome avait seul annoncé, s'il avait *révélé* ce dogme si consolant et si élevé, quel immense avantage on en tirerait à la manière de M. de Chateaubriand ! Mais, tout au contraire, les Juifs sont presque les seuls qui n'aient eu que des peines temporelles et des espérances charnelles. N'importe, il faut prouver. Un savant évêque parvint à tirer de cela même une *preuve* en faveur de la mission céleste de Moïse. Mais voici encore autre chose : il se trouve que les Juifs avaient et n'avaient pas l'immortalité de l'âme. Ils l'avaient, si vous voulez ; mais ils n'en savaient rien, et bien d'autres qu'eux n'en auraient rien su. La clarté céleste a renfermé cette *source de toute morale*[28], non pas même dans un passage peu frappant, mais dans une particule explétive dont peut-être le sens vague paraîtra susceptible, à la rigueur, d'une telle interprétation. Un Franc découvrira cela au bout de quelques milliers d'années. C'est avec cet éclat, selon M. Chateaubriand, c'est avec cette grandeur, que la lumière incréée dissipe les ténèbres de l'homme.

Et l'on marche de bonne foi dans ces routes détournées, dont les enfants apercevraient l'artifice ? Que feraient de plus des *sophistes* qui, dit-on avec raison, ôtent à l'homme ses biens les plus précieux, en confondant la vérité avec le mensonge ?

---

27 [N. D. A.] L'une des deux *colonnes qui soutiennent l'édifice de toutes les religions de la terre*, est-il dit au chapitre I du livre V de cette première partie du *Génie du Christianisme*. Chez les Israélites, cette colonne, si nécessaire au soutien de l'édifice était invisible (du moins à très peu de chose près), et d'autant plus miraculeuse sans doute. – [N. D. E.] *Génie du christianisme*, p. 557.

28 [N. D. A.] Dit M. de Chateaubriand, chap. 3 du liv. VI de la première partie – [N. D. E.] *Génie du christianisme*, p. 608.

Cette charité chrétienne qui *ne saurait trop haïr* (comme on verra plus loin), imaginera peut-être que je soutiens ici une cause odieuse, l'impiété, l'immortalité.... Je ne soutiens aucune cause ; mais je combats des preuves imaginaires, et des assertions gratuites. Trop souvent l'on tire de ce qui est en question le prétexte des reproches qu'on oppose aux raisonnements de ses adversaires. Cette pétition de principes est fréquente chez les plus célèbres défenseurs du christianisme. Ils ne se mettent pas réellement à la place d'un homme qui, sans prévention comme sans foi, chercherait à discerner quelle religion est divine entre celle qui se partagent la terre, et s'il en est une qui soit divine. Tant que la question première n'est point décidée, il se peut que le prétendu fauteur de l'impiété ne soit que l'ennemi des fictions, et le défenseur du sens commun.

Troisièmement. Si la Trinité et l'immortalité de l'âme se trouvaient annoncées dans le Décalogue, cela ne prouverait rien en faveur du christianisme. L'immortalité de l'âme faisait essentiellement partie de la doctrine secrète de cette antiquité dont on se forme une idée fausse d'après des croyances populaires, que les initiés surtout ne partageaient point. Quant au dogme de la Trinité, qui paraît avoir été connu avant les Pharaons, Moïse pourrait l'avoir reçu des hommes. (*Voyez* le chap. 3, du livre Ier G. du C.) Pourquoi oublier ici que l'Égypte avait des lois, un culte, des dogmes, avant que Moïse, instruit dans les sciences de l'Égypte, se mît à la tête de la tribu qu'il devait soustraire à l'esclavage ?

MÊME CHAPITRE. « Tels sont… les marbres de Sinaï. Ce qui frappe d'abord, c'est le caractère d'universalité qui distingue cette table divine des tables humaines qui la précèdent. C'est ici la loi de tous les peuples, de tous les climats, de tous les temps. Pythagore et Zoroastre s'adressent à des Grecs et à des Mèdes ; Jehovah parle à tous les hommes ». – Ce qui me frappe d'abord, ici et dans deux cents autres passages, ce sont des signes de prévention si clairs, que ne pouvant supposer que l'auteur ne les aperçoive pas, je suis réduit à appeler cette prévention, de la partialité.

Dans l'exposé des lois de Pythagore, donné par l'auteur même, je ne vois rien qui ne convienne à tous les peuples, à tous les climats. Ou bien faut-il entendre d'une manière plus littérale cette proposition, Jehovah seul *parle à tous les hommes ?* Alors le défaut de justesse est encore plus palpable. Si dans ce sens, Pythagore s'adresse vraisemblablement aux seuls Grecs, Jehovah ne s'adresse certainement qu'aux Israélites : *Écoute, Israël, moi qui t'ai tiré de la terre de Mitzraïm, de la maison de servitude*[29]...

MÊME CHAPITRE. « Le Brachmane exprime lentement les trois présences de Dieu ; le nom de Jehovah les énonce en un seul mot. Ce sont les trois temps du verbe être, unis par une combinaison sublime. » – Cette combinaison est très heureuse ; mais il fallait que le hasard permît de la faire. Cette facilité s'est trouvée dans la langue hébraïque ; plusieurs autres langues ne l'eussent pas offerte. Dans les ténèbres du *paganisme* indien, l'on avait conçu cette grande idée ; en l'adoptant, Moïse éclairé d'une lumière surnaturelle, eut le mérite de voir que dans sa langue on pourrait l'exprimer en un seul mot.

MÊME CHAPITRE. « Les législateurs antiques ont marqué dans leurs codes, les époques des fêtes des nations, mais le jour du repos d'Israël est le jour même du repos de Dieu... La Grèce pourtant si poétique, a-t-elle jamais songé à rapporter les soins du laboureur ou de l'artisan, à ces fameux instants où Dieu créa la lumière ». – Il est vrai que parmi les songes des Grecs, on ne trouve pas celui-ci, que Dieu ait fait le monde miette par miette, et qu'ensuite, en cessant d'agir, il se soit reposé. Je suis fâché d'interpréter ainsi la Genèse ; mais c'est M. de Chateaubriand qui le veut ; il admet dans le sens littéral, *le jour du repos de Dieu*.

MÊME CHAPITRE « Quelle religion dans l'antiquité n'a perdu son influence morale en perdant ses prêtres et ses sacrifices ?... Le christianisme seul... Jésus-Christ n'a pas toujours eu des temples, mais tout est temple au Dieu vivant ». – Le christianisme n'a point perdu ses prêtres, le christianisme n'a pas cessé d'avoir des temples. Ici M. de Chateaubriand borne l'église universelle à l'église de France. C'est à la religion de Parsis[30] qu'il a été porté un coup terrible ; elle subsiste pourtant, de même que celle des Hébreux.

29 [N. D. E.] Deutéronome 5, 1 et 6.

30 [N. D. E.] Le parsisme est une confession dérivée du zoroastrisme. Ses adeptes, les Parsis, ont quitté la Perse pour s'installer en Inde au VIIe siècle.

LIVRE TROISIÈME

CHAPITRE Ier. « Il est des vérités que personne ne conteste, quoiqu'on n'en puisse fournir des preuves immédiates. La rébellion et la chute de l'esprit d'orgueil, la création du monde, le bonheur primitif et le péché de l'homme, sont au nombre de ces vérités ». – Assertion qui peut surprendre. Au reste, l'auteur cite, dans le même article, plusieurs personnages qui, d'après son propre texte, contestaient quelques-unes de ces vérités. Ce sont Zénon, Platon, Épicure, Aristote. Ces chefs de sectes, et leurs nombreux disciples expliquaient peut-être fort mal l'organisation du monde, mais enfin ils l'expliquaient autrement que les rabbins, et les docteurs en Sorbonne.

« Ouvrez les livres du second Zoroastre, … les fastes des Chinois… tous vous peindront les temps trop courts du bonheur de l'homme, et les longues calamités qui suivirent la perte de son innocence ». – Que cette tradition indienne se soit répandue sur presque toute la terre par le moyen des Malais et des colonies égyptiennes, c'est ce que je ne veux pas nier. Il se peut qu'un même peuple ait donné à toute l'antiquité ses arts et ses opinions. Plusieurs instituteurs des peuples auront consacré cette tradition, comme Moïse l'a consacrée chez les Hébreux. L'espèce d'universalité d'une tradition ne prouve point que Jehovah l'ait révélée à Moïse ; car si tout fut révélé à Moïse, vous verrez que c'est lui qui instruisit l'Égypte. Une croyance vague, une explication hypothétique des phénomènes du monde, pourrait, sans avoir été révélée, s'étendre au loin et se propager longtemps. On n'a pas moins cru à l'existence de la sorcellerie, qu'à la chute de l'esprit d'orgueil.

MÊME CHAPITRE. « Zénon soutenait que le monde s'arrangea par sa propre énergie… etc. » – La plus grande partie de cette opinion de Zénon n'est pas si ridicule !

MÊME CHAPITRE. « Quoi de plus naturel… que le Créateur descendant dans la nuit antique pour faire la lumière au son d'une parole ! » – J'ignore si c'est fort naturel, et je croirais volontiers que M. de Chateaubriand l'ignore aussi.

CHAPITRE II. Ce chapitre établit si bien le danger de connaître les choses, qu'on ne voit pas comment l'homme qui voudra suivre la loi *imposée à notre premier père* de ne point *s'empoisonner avec le fruit de vie*, pourra distinguer la vérité de l'imposture ; distinction qui ne laisse pas d'avoir ses difficultés, même pour ceux qui ont lu le *Génie du Christianisme.*

« Enosh ! ô douleur ! s'écria peut-être Adam, recevant dans ses bras Caïn son premier né. » – Si toutefois Adam parlait hébreu, ce qu'on n'a pas encore suffisamment éclairci.

CHAPITRE III. « L'homme est plus inconcevable, dit Pascal, sans le mystère du péché originel, que ce mystère n'est inconcevable à l'homme[31]. » – Fondé sur les raisons dont j'ai déjà dit un mot, et que l'intention où je suis d'éviter les longueurs m'empêche d'exposer mieux, je pense au contraire que, même en admettant le péché originel (qui n'est qu'une supposition pour quiconque n'a pas la foi), on ne diminue point les difficultés. De plus, il n'est pas étonnant que nous ne puissions expliquer l'homme ; nous n'approfondissons la nature d'aucune chose. S'est-il trouvé quelqu'un qui ait reçu le pouvoir d'expliquer une herbe ? Ce qui doit étonner, c'est que nous veuillions rendre raison de ce qui est inconcevable, et affirmer ce qui reste inconnu.

Il y a dans ce chapitre des réflexions au sujet d'Adam « le plus éclairé, et le meilleur des hommes, le plus puissant en pensée, et le plus puissant en amour. » – Si ceux qui ne croient pas, se permettaient de telles suppositions, non pas comme de simples *rêveries* qui, pour ainsi dire, exercent la pensée, ou comme des jeux de l'imagination, mais comme des moyens d'expliquer et de convaincre, il me semble que M. de Chateaubriand dirait alors *qu'on est placé entre des contes d'enfants et des abstractions de philosophes.* (Chap. Ier de ce liv. 3.) « L'homme pouvait détruire l'harmonie de son être de deux manières, ou en voulant trop aimer, ou en voulant trop savoir. Il pécha seulement par la seconde ; c'est qu'en effet nous avons beaucoup plus l'orgueil des sciences, que l'orgueil de l'amour ; celui-ci aurait été plus digne de pitié que de châtiment, et si Adam s'était rendu coupable pour avoir voulu trop sentir, plutôt que trop concevoir, l'homme peut-être eût pu se racheter lui-même, et le fils de l'Éternel n'eût point été obligé de s'immoler… L'habitude, nous dirions presque l'amour du tombeau

31 [N. D. E.] Pascal, *Pensées* (Lafuma 131, Sellier 164).

que la matière a contracté, détruit tout projet de réhabilitation dans ce monde, parce que nos années ne sont pas assez longues, pour que nos efforts vers la perfection première puissent jamais nous y faire remonter…. Il faut attribuer la longévité des patriarches, le don de prophétie chez les Hébreux, à un rétablissement plus ou moins grand des équilibres de la nature humaine… Mais, comment le monde aurait-il pu contenir toutes les races ?… Qui sait si ces millions d'astres qui roulent sur nos têtes ne nous étaient point réservés comme des retraites délicieuses où nous eussions été transportés par les anges » ? – Ici l'on n'est pas placé entre des contes et des abstractions, tout cela est fondu ensemble.

On trouve aussi dans ce même chapitre de beaux passages sur l'homme ; mais je ne puis en rien conclure en faveur du système de l'auteur. « Un choc perpétuel existe entre l'entendement de l'homme et son désir, entre sa raison et son cœur. Quand il atteint au plus haut degré de civilisation, il est au dernier échelon de la morale : s'il est libre, il est grossier ; s'il polit ses mœurs, il se forge des chaînes. Brille-t-il par les sciences ? son imagination s'éteint. Devient-il poète ? il perd la pensée. Son cœur profite aux dépens de sa tête… Ainsi, par la seule chaîne du raisonnement, et les probabilités de l'analogie, le péché originel est retrouvé, puisque l'homme, tel que nous le voyons, n'est vraisemblablement pas l'homme primitif ; … il est visiblement dans l'état d'une chose qu'un accident a bouleversée » … – Destiné plus particulièrement à agiter la surface du globe, peut-être l'homme doit-il produire un mouvement égal à celui de toutes les autres espèces animées. Son industrie non limitée fait son inconstance et ses misères. Pourquoi, dira-t-on, a-t-il seul une telle industrie ? Parce que le même monde ne pouvait guère contenir deux espèces dont les inclinations fussent également indépendantes, et les moyens égaux ; il y eût eu trop d'acharnement dans leurs guerres. Mais enfin, comment l'homme est-il ce qu'il est ? Consentons à l'ignorer ; la prétention de le savoir en fera pas que nous le sachions. Nous avons eu peut-être vingt hypothèses diverses pour expliquer la génération. Sont-elles vraies ; le sont-elles toutes ? Cependant l'auteur, ou le partisan d'une de ces hypothèses, pourrait dire aussi : La génération est une chose surprenante ; vous ne pouvez en rendre raison sans une explication particulière ; admettez donc la mienne. En un mot, ce qui paraîtrait suffisant comme hypothèse, ne le serait pas comme dogme : l'hypothèse est bonne, si elle est ingénieuse ; mais pour que le dogme termine toute incertitude, pour que le dogme soit dogme, il faut que la révélation en soit prouvée.

LIVRE QUATRIÈME

CHAPITRE Ier. Aux objections faites contre les époques de la création, données dans la Bible, objections tirées du nombre de siècles que les progrès de la civilisation paraissent exiger, ou des traditions de quelques peuples qui se prétendent très anciens, M. de Chateaubriand oppose des difficultés de chronologie et d'étymologie. Au reste, je laisserai sans réponse plusieurs choses qui ne me paraissent point justes, mais dont la rectification exigerait ou beaucoup d'espace, ou des connaissances positives que je n'ai point.

Il ne s'agit pas d'adopter les annales confuses de quelques peuples d'Orient, et de décider qu'ils existent depuis mille siècles ; mais les époques fixes de la Bible surprennent, parce qu'il est clair que l'existence des grands États et des arts que supposent ce luxe et même cette population, touche presque au moment où Noé se trouva seul sur la terre avec ses fils. On demandera du moins pourquoi toutes les parties d'une doctrine qui a sa source dans la vérité même sont sujettes à contestation ; il semble que les choses révélées devraient être incontestables.

Il serait impossible de discuter ici les choses mêmes ; M. de Chateaubriand ne l'a pas fait dans ses volumes, comment le ferait-on dans des notes ? Mais par des raisonnements ou des aperçus nouveaux, il a opéré, dit-on, la conviction : ces notes doivent donc faire voir qu'il n'y a point de motifs de conviction dans le *Génie du Christianisme*, et qu'il y est seulement prouvé que les Européens excellent dans les arts, bien qu'ils soient attachés au christianisme.

MÊME CHAPITRE. « Il est un peu téméraire de vouloir nous persuader qu'Origène, Eusèbe… Leibnitz… étaient des ignorants, etc. ». – Anaxagore, Démocrite et autres n'étaient pas des ignorants ; ils avaient néanmoins d'étranges idées en astronomie ; ils avaient gardé, sur plusieurs objets, les préjugés de leur siècle ; et cependant, il ne leur était pas aussi expressément défendu d'examiner. (*Voyez* d'ailleurs les remarques sur le premier chapitre du *Génie du Christianisme*).

« Les annales des juifs, de l'aveu même des savants, sont les seules dont la chronologie soit simple, régulière et lumineuse. Pourquoi donc aller, par un zèle ardent d'impiété, se consumer l'esprit sur des chicanes de temps ?.... Nouvelle évidence, etc. ». – Les savants ont-ils justifié cette chronologie depuis Moïse, ou depuis la création ? S'ils l'ont trouvée régulière depuis Moïse, cela ne prouve rien. S'ils l'ont trouvée régulière depuis la création, par quels moyens l'ont-ils vérifiée ? Mais l'auteur va tout de suite au but : nouvelle évidence, dit-il. Ainsi, parce que l'histoire romaine n'est pas contestée depuis le consulat de Brutus, il n'y aura qu'*un zèle ardent* d'incrédulité qui puisse mettre en doute l'aventure de la louve.

Si un zèle ardent de crédulité peut quelquefois venir d'un bon principe, à plus forte raison un zèle d'incrédulité ne sera-t-il quelquefois autre chose que le désir de discerner la vérité.

CHAPITRE II. « Tout cela n'empêche pas que le genre humain ne soit que d'hier. Les noms des inventeurs des arts nous sont aussi familiers que ceux d'un frère, ou d'un aïeul... Tubalcain... Cérès... » – Celui qui transporte un art dans un pays n'est pas pour cela l'inventeur de cet art. La poudre était connue avant que l'on crût l'inventer en Europe. Cortez est, pour les Américains, l'inventeur de l'art de dompter les chevaux et de les monter. « L'histoire, la médecine, les lois, nous les devons à Hérodote, à Hippocrate, à Minos ». – Mais qui peut croire qu'avant Hippocrate, on n'ait songé à aucun moyen de guérir ; et qu'avant Minos, il n'y ait eu aucune loi ? Autant vaudrait dire que Jules César est l'inventeur de la discipline militaire, parce qu'on ne voit pas qu'avant lui, elle fût bien connue dans notre pays.

MÊME CHAPITRE. « Que si pourtant on est étonné de trouver tant de grandeurs et de magnificence dans les premières cités de l'Asie, cette difficulté cède sans peine à une observation tirée du génie des Orientaux. Dans tous les âges, ces peuples ont bâti des villes immenses, sans qu'on en puisse rien conclure pour leur civilisation, et conséquemment pour leur antiquité. L'Arabe, échappé des sables brûlants..., a élevé, presque sous nos yeux, des cités gigantesques... Les Chinois, si peu avancés dans les arts, ont aussi les plus grandes villes du globe… » – C'est une chose ordinaire que l'absence de tout raisonnement dans les raisonnements apparents de l'auteur. Nul n'a dit que des peuples nouveaux n'eussent pas désiré de bâtir de grandes villes ; mais on dit qu'ils n'auraient pas pu et qu'ils n'auraient-pas su les bâtir. C'était leur goût, dites-vous : mais cette inclination, vraisemblable ou non chez des races vraiment nouvelles, n'eût pas suffi pour bâtir Ninive, ou Nanking. Les Sarrasins sont cités mal-à-propos, on ne peut plus mal-à-propos : ils ne bâtissaient pas de grandes villes dans les parties de l'Arabie, où ils étaient établis toutefois de temps immémorial, mais où les arts et même les hommes leur eussent manqué. Ils en bâtirent ensuite dans d'autres contrées ; ils s'y servirent des arts et des hommes de ces pays dont la civilisation était ancienne. Les Tartares, en prenant le Grand-Royaume, se trouvèrent ainsi en possession de ce qu'ils n'eussent pu avoir dans leur terre natale qu'au bout de plusieurs milliers d'années. Un Czar a construit des flottes, mais en imitant les flottes perfectionnées ailleurs par cent générations. Si le matelot qui vécut plusieurs années dans l'île de Juan Fernandès[32], y eût trouvé une femme, on peut croire que ses fils, quelque inclination naturelle qu'ils eussent eue pour bâtir des pyramides, n'en eussent pas élevé de semblables à celles de Memphis. Il n'est pas exact que les Chinois, si anciens d'ailleurs, soient peu avancés dans les arts ; mais ils le sont peu dans de certains arts. Leur civilisation n'est pas la nôtre ; mais elle est, plus peut-être que la nôtre, celle d'un vieux peuple. Ils ont de grandes villes, parce qu'il y a trente siècles qu'ils ont des villes, une forte population, et toutes les habitudes de la vie sociale.

« Nous-mêmes enfin, ne sommes-nous pas un exemple frappant de la rapidité avec laquelle les peuples se civilisent ? Il n'y a guère plus de douze siècles que nos ancêtres étaient aussi barbares que les Hottentots[33], et nous surpassons aujourd'hui la Grèce dans tous les raffinements du goût, du luxe et des arts. » – Nos ancêtres ne ressemblaient pas aux Hottentots, il y a douze siècles ; mais enfin, on pourrait en douze siècles imiter les arts des anciens et les surpasser ; il en faut davantage pour les inventer successivement et les perfectionner. Le laps de temps indiqué par l'Écriture, suffit, et au-delà, dit M. de

32 [N. D. E.] Cette île appartient à un archipel situé au large des côtes du Chili.

33 [N. D. E.] Peuple de pasteurs nomades d'Afrique australe, souvent convoqué au siècle des Lumières dans le débat contradictoire sur le bon sauvage. Voir *Génie du christianisme*, p. 544.

Chateaubriand, pour qu'un peuple se civilise ; mais ce n'est point là ce dont il s'agit. On demande si le genre humain peut découvrir en peu de siècles tant d'arts dont chacun semble exiger l'existence des autres, s'il peut former rapidement des sociétés nombreuses, s'il est vraisemblable que des tribus sauvages désirent promptement un autre état de choses ; enfin s'il ne faut pas un *miracle* pour que de la famille de Noé échappée de l'Arche, résulte en si peu de temps, ce que nous savons de la Chine, des Indes, de l'Égypte, et ce qu'on semble réduit à admettre de divers grands peuples antérieurs.

MÊME CHAPITRE. « Ce n'est que chez les Grecs et chez les Arabes modernes qu'on rencontre les termes composés, propres au développement des abstractions de la pensée. Il serait impossible d'énoncer clairement en hébreu, la théologie des dogmes chrétiens ». – La théologie chrétienne serait-elle le résultat de ce génie particulier des Grecs ? ou bien faudra-t-il dire que la Sagesse qui inspira Moïse, ne put alors révéler les dogmes nécessaires au salut, et fut forcée d'attendre qu'il existât quelque part une langue plus commode ?

Le monde est nouveau, dit l'auteur, car les langues primitives de l'Orient sont simples ; et les sauvages du Canada ont déjà des dialectes compliqués, donc le monde est nouveau. Pour admettre facilement ces deux conclusions, il faudrait regarder, ce me semble, les peuples du Canada comme des peuples moins neufs que ceux de Shalembroum[34] et de Benarès. De plus, il paraît que le Hamscrit n'a point les caractères que M. de Chateaubriand attribue aux idiomes de l'Orient. La plupart des Orientaux, étant amis de l'hyperbole et ennemis de tout changement, peuvent avoir conservé, durant de longs siècles, des idiomes simples et poétiques ; comme les Chinois en sont encore dans plusieurs arts, au point où ils étaient il y a deux mille ans.

Ces dialectes *si subtils, si compliqués* des Hurons et autres Canadiens, ne sont probablement pas des dialectes de peuples neufs. Ces peuples peuvent être originaires de l'ancienne Asie ; ils peuvent n'avoir adopté qu'en Amérique cette vie errante, la seule qui convînt à de faibles tribus éparses dans les forêts et les neiges, auprès des grands lacs. Sans de telles suppositions, comment expliquer l'empire américain des fils du

34 Voltaire cite la pagode de Shalembroum, qui serait antérieure aux Pyramides, parmi les plus anciens monuments de l'Inde avec ceux de Bénarès sur le Gange, ville sacrée de l'hindouisme (*Fragments historiques sur l'Inde*, article V).

soleil, et ces vastes ruines des bords du Scioto dont M. de Chateaubriand parle dans le même article ? On a trouvé de grandes conformités entre les zodiaques de l'Inde et du Thibet, et le zodiaque des Mexicains…

CHAPITRE III. La perfection de l'astronomie suppose, dit-on, un grand nombre de siècles ; or, déjà avant *Noé*, on connaissait la période de six cents ans, et l'année solaire exacte. M. de Chateaubriand répond : « Puisque les races primitives étaient déjà si savantes dans l'histoire du ciel, n'est-il pas très probable que les temps écoulés depuis le déluge ont été plus que suffisants pour nous donner le système astronomique, tel que nous l'avons aujourd'hui ? » – Mais c'est précisément cette connaissance exacte, obtenue avant le déluge, qui paraît inexplicable, à moins qu'elle n'ait été l'ouvrage de plusieurs centaines de générations. Afin de rendre raison de ce qui n'est pas contesté, l'auteur suppose reconnu ce que l'on conteste.

« Depuis Copernic jusqu'à Newton, l'astronomie a plus fait de progrès en moins d'un siècle, qu'elle n'en avait fait auparavant dans le cours de trois mille ans ». – Les progrès ne pouvaient être rapides, sans qu'on eût des télescopes, etc. Il est naturel que les progrès deviennent plus prompts à mesure que les instruments se perfectionnent ; mais ce qu'il faudrait à l'auteur, ce serait précisément le contraire. « On peut comparer les sciences à des régions coupées de plaines et des montagnes : on avance à grands pas dans les premières ; mais quand on est arrivé au pied des secondes, on perd un temps infini à découvrir les sentiers… » – Mais ce n'était pas pour le temps des patriarches une plaine, une région ouverte, que cette partie de la science qui paraît les avoir conduits à donner à l'année 365 jours, 5 heures, 51 minutes, 36 secondes. Ce n'est point là le *berceau* de l'astronomie, et l'on ne saurait comprendre qu'en si peu de siècles, comptés par la Bible entre la création et le déluge, des tribus si peu nombreuses, et tourmentées ou excitées par si peu de besoins, aient réuni tous les arts nécessaires pour parvenir à expliquer les mouvements des corps célestes, ou même que les effets de la civilisation aient été chez elles jusqu'à leur faire concevoir avec quelque persévérance le désir de connaître, de calculer ces mouvements. Il ne faut pas prétendre, dit l'auteur, que les premiers progrès de l'astronomie aient dû être lents ; « cela contredit tout ce qu'on sait de l'histoire et de la marche de l'esprit humain. » – Il me semble que cette lenteur, au contraire, s'accorderait parfaitement avec ce qu'on pense de la marche de l'esprit humain : l'histoire qui se trouverait par-là contredite, serait celle des juifs ; or, l'auteur ne devrait pas alléguer les récits de Moïse pour confirmer la vérité des récits de Moïse.

Quant à la manière d'exprimer, on trouve des passages admirables dans ce chapitre, entre autres celui qui le termine, et celui qui finit par ces mots, *la grande inconnue.* Il est assez rare que M. de Chateaubriand parle ainsi de la Divinité d'une manière raisonnable et grande ; mais lorsque, par exemple, il explique l'Eucharistie, il ne manque point d'art.

On sera surpris, si l'on rapproche du beau passage dont je viens de citer les deux derniers mots, de certaines lignes sur la promenade de Dieu avec Adam, etc., etc. On n'a plus de confiance dans l'esprit humain, on doute si nous savons quelque chose du monde intellectuel, quand on voit un homme doué à plusieurs égards d'un beau génie, confondre si souvent la profondeur avec l'imagination, le sublime avec le romanesque, trouver miraculeux ce qui n'est qu'amusant, ou divin ce qui est poétique, et parler des conceptions religieuses en simple troubadour.

CHAPITRE IV. « On rit de Josué qui commande au soleil de s'arrêter. Nous n'aurions pas cru être obligé d'apprendre à notre siècle que le soleil n'est pas immobile, quoique centre. » – Je doute que cette remarque soit aussi juste que tranchante. D'ailleurs, M. de Chateaubriand n'apprendra pas à son *siècle* ce qui est dans Newton ; il l'apprendra seulement à ceux qui, comme moi, ne possèdent aucune science. Je lui fais observer néanmoins qu'il ne s'agit pas de savoir si le soleil est immobile *sous tous les rapports*, mais si c'est d'un mouvement du soleil que résulte directement pour la terre l'alternative du jour et de la nuit.

Dieu laissa dans les trois mondes d'autres monuments « pour marquer son triomphe sur les impies ». – Le *triomphe* de Dieu sur l'homme !

Si un bouleversement presque général a eu lieu, s'il n'a laissé subsister que peu de traces des anciennes sociétés humaines, les raisons de penser, et que le monde est très ancien, et qu'il est nouveau, cessent d'être contradictoires. Après cette crise terrible, il a fallu refaire ; mais plusieurs procédés restaient connus, et les nouveaux progrès ont été plus rapides qu'ils ne l'avaient pu être chez les premiers hommes. Ainsi, vous admettez le déluge, me dira-t-on. Pourquoi n'admettrais-je point quelque chose de semblable, conformément aux traditions des divers peuples ? Les traditions méritent beaucoup plus de confiance lorsqu'elles rapportent un fait mémorable appartenant à une époque où les langues étaient formées, que quand elles transmettent sur l'origine des choses une explication nécessairement imaginée dans des temps postérieurs. Ce serait avoir d'ailleurs *un zèle ardent d'incrédulité* que de rejeter tout ce qui est contenu dans les livres des Juifs. Si même il se trouvait que la femme ne fût point formée d'une des côtes de l'homme, la terre n'en aurait pas moins eu un commencement, elle n'en aurait pas moins éprouvé quelques catastrophes. Sans même avoir appris que les innombrables espèces d'insectes des diverses contrées ont vécu quelques mois dans les tiroirs de Noé, l'on pourrait croire que la surface de la terre a été désolée par de grandes inondations.

LIVRE CINQUIÈME

CHAPITRE Ier. « Les déplorables partisans (de la mort) ne s'entendent pas même entre eux : si les hommes qui croient dans la Providence, s'accordent du moins sur les chefs principaux de leur doctrine, ceux au contraire qui nient le créateur ne cessent de se disputer sur les bases de leur néant. » – Il paraît peu surprenant que les hommes qui, au fond, croient une même chose, s'accordent en plusieurs points (les cimeterres ou les bûchers servent quelquefois à augmenter cette bonne intelligence) ; et il paraît peu surprenant que ceux qui doutent, ne cessent de douter, et dès lors, si l'on veut, ne cessent de disputer.

« Platon et Cicéron, Clarke et Leibnitz, ont prouvé métaphysiquement et presque géométriquement l'existence du Souverain Être. » – Ils n'ont point prouvé, que je sache, cette sorte de dogme ; mais ils ont pu donner de très fortes raisons d'en faire regarder comme vraisemblable la réalité, si désirable d'ailleurs. De plus, l'existence d'une *Providence* n'est pas même une conséquence nécessaire de l'existence du *Souverain Être;* mais il est commode de substituer un mot à un autre, afin qu'un dogme puisse passer pour établi, si l'on croit pouvoir dire qu'une autre assertion est prouvée[35].

35 [N. D. A.] Souvent ce n'est pas la cause défendue par M. de Chateaubriand, que j'attaque, mais ce qu'il allègue en faveur de cette cause. Je l'ai déjà dit, mais il peut être utile de

« Il y a dans l'erreur un certain vice de nature qui fait que quand cette erreur n'est pas la nôtre, elle nous choque et nous révolte à l'instant ; de là, les querelles interminables des athées. » – Si l'on change un mot dans cette phrase, celui d'*interminables* n'en sera pas moins exact. On dira : Il y a dans l'erreur un certain vice de nature, qui fait que quand cette erreur n'est pas la nôtre, elle nous choque et nous révolte à l'instant ; de là, les querelles interminables des sectes qui s'appuient sur la révélation[36].

CHAPITRE II. « À chaque moment de la journée, le soleil se lève, brille à son zénith, et se couche sur le monde ; ou plutôt nos sens nous abusent… Tout se réduit à un point fixe, d'où le flambeau du jour fait éclater à-la-fois trois lumières en une seule substance. Cette triple splendeur est peut-être ce que la nature a de plus beau… Elle nous montre une image éclatante de la glorieuse Trinité. » – Cette idée est ingénieuse ; cependant, pourquoi trois soleils ? Le soleil à midi n'est pas un autre phénomène que le soleil à onze heures. Si l'on avait besoin de quatre ou cinq soleils, on les trouverait également. On n'oublierait pas le soleil de dix heures qui, en octobre, *se balance avec tant de grâce au milieu des brouillard*. Remarquez, de plus, qu'à l'égard de cette *image de la Trinité*, nos sens *nous abusent*, et craignez qu'une imagination subtile n'en fasse autant pour le dogme même.

Qu'il me soit permis d'ajouter quelque chose à cet argument victorieux, et de montrer que si la Triade mystérieuse est annoncée dans le ciel, elle est également manifestée sur la terre. Elle l'est moins splendidement, à la vérité, mais aussi plus mathématiquement, selon des convenances ineffables avec la débilité de l'œil mortel qu'il faut éclairer avec ménagement, quand on l'éclaire de près. Il n'y a d'équilibre parfait et de fixité que dans une Trinité mécanique. Ayez un meuble à deux supports, il faudra l'appuyer sur quelque chose d'étranger, sa puissance ne sera pas en lui même. S'il a quatre pieds, vous le verrez rarement établi avec assurance sur le parquet ; mais trois pieds au contraire, lui donner une assiette toujours inébranlable. O mystère ! trois pieds posent seuls en tous lieux, dans tous les moments. Ainsi, jusque dans les soins

---

le répéter ; car si je crois inutile de donner dans tout ceci mes propres opinions, je désire du moins que la partie estimable du public ne se trompe pas essentiellement à cet égard.

36 [N. D. A.] Une note qui, dans l'original, appartient à ce chapitre premier, contient des recherches métaphysiques sur l'existence de Dieu. L'examen en est trop long pour être placé ici ; on le trouvera à la fin, comme supplément.

du ménage, les plus humbles d'entre nous sont à portée de reconnaître la force invariablement égale de toute puissance triple. La providence, *sachant combien l'homme perd aisément la mémoire* des dogmes, *en a multiplié les souvenirs dans* sa demeure.

CHAPITRE III, *et chapitres suivants.* Tout ce que nous apercevons dans l'univers annonce un ordre sans doute général, et une tendance vers des fins inconnues. Il serait d'ailleurs tout-à-fait invraisemblable que cette intelligence qui se montre comme nécessaire dans de si faibles parties, ne se retrouvât plus dans le tout.

Si même il se pouvait que l'ordre ne fût qu'apparent, cette apparence serait du moins assez grande pour que des dissertations sur les détails n'y pussent rien ajouter ; c'est pour des enfants que les Nieuwentyts[37] ont écrit[38]. Si l'ordre dans l'univers prouve une intelligence suprême, l'existence de cette sagesse divine est démontrée, à moins que toute perception ne soit illusoire. Les circonstances particulières n'y font aucun changement : celui qui croit à l'aveugle nécessité après avoir observé les cieux, y croira de même après avoir vu s'épanouir les fleurs. Tous les êtres n'ont à cet égard qu'une même voix ; s'il en est qu'on n'entende point, les autres paraîtront muets aussi. L'organisation d'une herbe est aussi étonnante que le mouvement des mondes. Ce sont les détails, au contraire, qui, n'étant pas tous parfaits à notre manière, fournissent des objections auxquelles il n'y a peut-être qu'une véritable réponse. Comme cette réponse ne s'est pas présentée à l'esprit de M. de Chateaubriand, il se voit forcé, comme beaucoup d'autres, ou d'attribuer à la bonté divine, la voracité du crocodile, la perfidie du serpent ; ou de retrancher et de

37 [N. D. E.] Bernard Nieuwentyt (1654-1718), médecin et mathématicien néerlandais, disciple de Descartes et opposé à Spinoza, est l'auteur d'un ouvrage dirigé contre Spinoza, paru en néerlandais à Amsterdam en 1715, traduit en français sous le titre *L'existence de Dieu démontrée par les merveilles de la nature, en trois parties ; où l'on traite de la structure du corps de l'homme, des éléments, des astres et de leurs divers effets*, Paris, imprim. J. Vincent, 1725. Chateaubriand s'en est inspiré.

38 [N. D. A.] Il est vrai qu'on a fait aussi contre la Providence des objections d'enfant. Mais c'en est une très forte contre la toute-puissance et l'infinie bonté réunies, que cette plainte amère qui s'élève de toutes parts sur le seul globe que nous connaissions. L'objection perd sa force contre ceux qui se bornent à reconnaître la souveraine intelligence. – On prouve très facilement que les choses ne sont pas le plus mal possible, mais on a grand tort si l'on croit prouver par là qu'elles sont le mieux possible. Il y a cependant des raisons de le croire, mais l'auteur ne les dit pas. – Au reste, ce livre cinquième est extrêmement agréable à lire.

placer alternativement le mot de providence, selon les diverses parties des phrases. Si donc les tyrans ont sur le visage des traces de sensibilité, s'ils suivent les lois des bêtes carnassières, afin que leur proie tombe dans le piège, ne parlez pas trop vite de la Providence, attendez le *néanmoins* ; alors vous la nommerez avec assurance, et vous direz : *Pour peu qu'on examine de près ces tyrans et ces bêtes carnassières, on trouve sous leurs feintes douceurs, un air faux et dévorant, mille fois plus hideux que leur furie*, parce que *la Providence n'a pas voulu qu'on s'y méprît tout-à-fait.* (Fin du chap. V.)

M. de Chateaubriand montre bien que les *épouvantables batailles* des monstres marins, ont quelque utilité ; mais, puisque cette utilité même suppose d'autres maux, on demandera toujours pourquoi ces *horribles mêlées.* Ces espèces de monstres sont pourtant très nécessaires dans le plan général, dit l'auteur. « Ils n'habitent que les déserts où l'absence de l'homme commande leur présence ; ils y sont placés pour détruire, jusqu'à l'arrivée du grand destructeur ». – Mais cette continuelle destruction est très douloureuse, et il semble que le renouvellement des êtres eût pu s'opérer par des voies plus analogues avec les tendres sollicitudes de cette *maternelle* Providence qui, selon les hommes, *adoucit* le mal, mais, selon les hommes aussi, ne le corrige pas. Or, voici ce que l'auteur répond : (Chapitre X.) « Pourquoi Dieu fait-il des êtres superflus qui obligent ensuite à des destructions ? Par la grande raison que Dieu n'agit pas comme nous d'une manière bornée. Il se contente de dire : Croissez et multipliez ; et l'infini est dans ces deux mots. Dorénavant, pour être sage, il faudra sans doute que la Divinité soit médiocre ; l'infini sera un attribut que nous lui retrancherons, tout ce qui sera immense, sera rejeté… et que si Dieu s'avise de placer plus d'un certain nombre de soleils dans la voûte céleste, nous tiendrons l'excédent comme non avenu, et en conséquence de cette prodigalité d'*univers*, nous déclarerons le Créateur convaincu de folie et d'impuissance ! » – Sans doute il serait téméraire de blâmer dans l'ordonnance du monde, ce dont nous ne pouvons comprendre ni la cause ni la fin. Mais, n'attribuons pas d'une manière expresse à des soins compatissants ce qui nous fait frémir d'effroi ou d'horreur. En vérité, il serait plus sage de garder le silence sur ces sortes de choses.

Vraisemblablement l'œuvre divine est bonne dans toutes ses parties : cela doit être, le raisonnement l'indique ; mais nous manquons de lumières pour le voir. Dites que l'organisation des choses étant admirable à nos yeux, et l'ordre universel paraissant certain, l'existence du mal présente seulement une difficulté fortifiée sans doute par la faiblesse même de nos conceptions actuelles ; mais ne répétez pas, après tant d'autres, qu'il ne faut point se plaindre de souffrir, parce que si l'on ne souffrait pas ainsi, on souffrirait autrement. Cette réponse est très mauvaise, puisqu'on vous objecte bien moins l'existence de tel mal, que l'existence du mal en général. C'est trop abuser de l'art de plaider par tous les moyens possibles, et de parler, comme disait un célèbre théologien, seulement pour ne pas faire voir qu'on n'a plus rien à dire. L'auteur lui-même approuverait-il chez les hommes cette manière un peu large de gouverner ? Voudrait-il que la Providence, si maladroitement, si indiscrètement justifiée, devînt en cela le modèle des potentats ; qu'ils évitassent aussi d'être *médiocres*, et que les *destructions* fissent partie de leurs *prodigalités*, de leurs desseins *immenses* ?

« Nous dirons, cela est de trop dans la nature. » – On ne dit pas, cela est de trop ; mais, cela paraît mauvais. Si vous répondez que cela est bon sous d'autres rapports, ou n'est mauvais qu'en apparence, et paraît tel à cause de notre incapacité, vos adversaires répliqueront qu'il en est de même de tant de choses excellentes, dont vous invoquez le témoignage ; ils prétendront qu'elles peuvent n'être bonnes qu'à nos yeux trompés, ou qu'elles sont mauvaises sous d'autres rapports. Parmi tant d'effets qui résultent de chaque cause, il n'est pas surprenant qu'il y en ait de bons. Mais comment pourrez-vous vous autoriser de ce qui nous paraît bon, si nous ne pouvons pas juger de ce qui nous paraît mauvais. Voici, en d'autres termes, votre raisonnement : Puisqu'une partie des choses est bonne, un Dieu sage en est l'auteur, et sûrement l'autre partie des choses n'est pas mauvaise comme elle paraît l'être, puisque Dieu est sage. De plus, *un crocodile, un serpent* sont… *tendres pour leurs petits ;* donc l'homme qu'ils vont dévorer ne doit pas dire que la douleur est dans l'univers, et que l'on comprend difficilement la toute-puissance de la bonté divine. Quand un poussin sort d'une coquille pour me servir un jour de pâture, vous me faites admirer la tendre sollicitude de la Providence : quand il en sort un monstre qui, un jour, brisera mes os, vous me dites que c'est *un contraste aussi touchant que miraculeux*.

LIVRE SIXIÈME

CHAPITRE Ier M. de Chateaubriand est bien plus heureux lorsqu'il combat les décisions absolues des *matérialistes*, que quand il veut y substituer les dogmes absolus du christianisme. Mais on croirait, en le lisant, qu'il suffit de n'être pas athée pour être chrétien ; ou que l'on est toujours sectateur de la matière et ami du néant, dès que l'on n'a pas reçu le don de la foi, dès que l'on n'exerce pas sans relâche cette *première* vertu théologale. Par cette sage manœuvre, il évite de combattre les hommes les plus redoutables, les hommes droits, dont l'esprit est libre de toute prévention. Il y trouve encore l'avantage de présenter à l'appui d'une doctrine spéciale, ce qui appartient seulement aux idées religieuses, et de paraître avoir dit en faveur du christianisme les choses les plus raisonnables de son livre, celles que ne lui contesteront pas beaucoup d'hommes qui ne sont point chrétiens.

« Il est certain que notre âme demande éternellement. » – On a répondu souvent que l'industrie une fois sortie du cercle des premiers besoins physiques, devait, en effet, ne plus connaître de bornes. On peut ajouter qu'un grand désir est très propre à susciter des espérances chimériques.

Au reste, c'est avec raison que l'auteur entrevoit, dans le besoin d'espérer, quelque chose d'infini, quelque chose qui sort de la vie présente. Si les divers objets extérieurs des passions nous étaient accordés sous le plus heureux ciel, si le faste et les voluptés, si tout ce qu'un homme pourrait avoir, était à nous, aussitôt nous verrions avec effroi la faiblesse de nos moyens de jouir. Cette ardeur qui nous conduisait toujours au-delà, s'arrêterait en nous, et nous consumerait. Nous serions accablés de notre irrémédiable impuissance ; connaissant enfin que dans nos songes ce qui est obtenu cesse de nous être bon, parvenus au *faîte* de cette vie trompeuse, nous n'aurions plus qu'à mourir. Le plus extrême malheur n'a rien d'aussi sombre que cet abîme des prospérités de la terre. Au milieu de nos détresses, la lutte subsiste, ainsi que l'attente d'un jour meilleur ; le mouvement produit l'espérance. Mais ne plus rien désirer, et posséder mal ce qui nous est offert ; n'entrevoir que des pertes, ne se sentir vivant que par des craintes, et devenir grand dans le vide, voilà le terme vers lequel on marche de toutes ses forces : nul n'y arrive, et il serait impossible à celui qui y arriverait de se supporter lui-même.

Cependant ce mystère du cœur ne prouve pas que nous ayons un pressentiment naturel de l'immortalité. L'avarice, l'insatiabilité d'un vieillard ne prouvent point qu'il ait même quelque espoir d'employer dans un autre monde les sommes qu'il ménage jusqu'au dernier jour dans celui-ci. Mais il s'est habitué à trouver dans la possession de l'argent une espérance indéfinie ; ce qui vient précisément de ce qu'on ne jouit pas de l'argent, et de ce que les objets de nos jouissances, que l'argent procurera, sont indéterminées. Employer l'argent, ce serait aux yeux de l'avare en borner, en restreindre la possession ; voyant alors quelles choses lui appartiennent, il saurait aussi quelles autres choses ne lui appartiendront pas. Ce n'est pas un hôtel ou des jardins qu'il lui faut, c'est tout ; par conséquent c'est l'argent : l'argent seul promet tout. Ainsi, dans la vie sociale, la complication des besoins empêche que nos vœux soient déterminés ; nos prétentions temporelles même deviennent en quelque sorte infinies ; nous ne voulons plus telle ou telle chose, mais le bonheur ; et parce que ce bonheur sans borne n'est point sur la terre, nous le cherchons au-delà. Ainsi, dit l'auteur, la nature aurait fait *un sentiment sans but* ! Mais l'*intention* de la nature était peut-être que l'homme agît beaucoup sur la terre ; alors il fallait lui inspirer ces vagues désirs qui conduisent tout homme civilisé, dont l'âme est paisible, à espérer une vie illimitée. On entrevoit ici quelle importante leçon les anciens ont pu renfermer dans la belle allégorie du fruit de la science.

Ces grandes questions paraissent insolubles. Espérons, et doutons. Surtout, sachons souffrir dans les autres un doute qui n'est que trop naturel. L'homme de bien peut se promettre l'immortalité de l'âme ; mais quel homme, sans illusion, osera *affirmer* que son être visiblement périssable, est visiblement immortel[39].

MÊME CHAPITRE. « Mais elle (notre âme) ne se plonge dans la divinité, que parce que cette divinité est pleine de ténèbres. Si elle en obtenait une vue distincte, elle la dédaignerait… On pourrait même

39 [N. D. A.] Il existe des fluides invisibles et peut-être essentiellement actifs. Il se peut que l'âme soit tout-à-fait distincte du corps, et qu'elle soit cependant autre chose qu'une abstraction. Espérons beaucoup : mais souffrons, je le répète, que plusieurs d'entre nous n'affirment rien.

dire que ce serait avec quelque raison ; car si l'âme s'expliquait bien le principe éternel, elle serait ou supérieure à ce principe, ou du moins son égale. » – Cette supposition me paraît bizarre. Qu'est-ce qu'une âme humaine qui dédaignerait la divinité ? etc., etc. Et si même on osait admettre un instant qu'une âme humaine fût, non pas *supérieure au principe éternel*, ce qui ne présente aucune idée, mais égale à ce principe ; comment dédaigner ce qui égal à soi, comment dédaigner ce qui n'est inférieur à aucun être possible ?

De plus, la vue de Dieu qui est promise aux chrétiens élus, ressemble beaucoup à cette vue distincte dont l'auteur montre ici les graves inconvénients : ce n'est pas la seule inadvertance où le zèle le fasse tomber. On répondrait en vain que l'âme bienheureuse aura des forces nouvelles ; cela ne changerait rien à l'alternative, *ou elle serait supérieure, ou elle serait égale*, etc.

MÊME CHAPITRE. « Qu'importe ma main à ma pensée, lorsque dans le calme de la nuit, je m'élance dans tous ces espaces pour y trouver l'ordonnateur de tant de mondes ? » – Sans que la main produisît la pensée, cette main pourrait être regardée comme un instrument principal, et dès lors comme une cause, ou tout au moins comme un moyen nécessaire de cette industrie dont les caprices paraissent libres, et dont les bornes sont inconnues.

Il ne suffit pas d'être homme pour élever ainsi ses pensées ; il faut être d'un certain âge, avoir vécu parmi de certains hommes, et s'être occupé souvent de certaines idées. Les cagots[40] des Pyrénées, les crétins des Alpes[41], les imbéciles de tous les pays ont-ils une âme immortelle ? s'ils en ont une, méditent-ils sur les perfections divines ? voilà ce qu'on demande.

Dans toute cette partie, l'auteur, en annonçant que ses preuves ne sont pas des preuves pour la raison, se dispense de répondre victorieusement aux difficultés : néanmoins, pour paraître les surmonter, il se les propose

40 [N. D. E.] Population victime de ségrégation puis de discrimination au cours d'une période qui s'étale du XIIIe siècle au XIXe siècle, dans une aire géographique chevauchant les Pyrénées et qui s'étend du Sud de la Garonne au Nord de l'Èbre. Elle aurait professé l'arianisme. Le nom de « cagots » est donné au Moyen Âge et jusqu'à la Révolution à des populations affaiblies par la consanguinité, ne se mêlant pas au reste de la population, ou exclus par elle.

41 [N. D. E.] Petits en taille et dénués d'intelligence, ces habitants des Alpes intriguent les médecins jusqu'à la découverte, au début du XXe siècle, que le manque d'iode dans ces terres éloignées de la mer provoque un dysfonctionnement de la thyroïde et bloque la croissance humaine. La pathologie est alors éradiquée.

en passant ; mais il les dénature presque toutes dans sa manière de les résoudre. Cette position équivoque qu'il a choisie, le rend assez difficile à combattre, et empêche d'apercevoir d'abord toute la faiblesse de ses armes.

Quoi qu'il en soit, persuader sans prouver par le raisonnement, c'est ce que font les imposteurs aussi souvent que les apôtres de la vérité : ce n'est point prouver, car c'est peut-être séduire.

MÊME CHAPITRE. « Donnez à l'homme le plus pauvre tous les trésors du monde… avant que quelques mois se soient écoulés, il en sera encore aux désirs et à l'espérance. » – Dès que son sort sera changé, ses besoins seront multipliés ; il ne sera plus l'homme simple, l'homme grossier que l'on vous opposait ; il sera entré dans les voies où ce bœuf dont vous parlez n'entrera jamais, précisément parce qu'il n'a point nos bras. Le cœur de cet homme deviendra insatiable, parce qu'il vivra comme tant d'autres hommes dont le cœur devient insatiable : on sait bien qu'il n'est pas d'une autre nature que nous ; si vous le supposez à notre place, il nous ressemblera, c'est fort naturel. Mais que, sans changer de condition ni de perspective terrestre, il ait des besoins infinis, c'est ce qui est douteux. Que nous ayons nous-mêmes un véritable instinct d'immortalité, c'est ce que nous ignorons aussi.

Il est d'ailleurs très peu d'hommes grossiers qui n'aient eu devant les yeux aucun exemple d'une condition plus séduisante, aucune occasion d'imaginer ce qui s'écartait de leurs habitudes, aucune sorte de motif d'aspirer à ce qu'ils n'avaient pas. En un mot, l'organisation physique de l'homme étant différente de celle des autres animaux, son industrie, plus étendue que la leur, prouve-t-elle que l'homme soit d'une nature essentiellement différente, ou seulement qu'il soit destiné à être le premier sur la terre ? Telle était la question ; et elle subsiste, car l'auteur n'a pas dit un mot qui pût l'éclaircir.

CHAPITRE II. « Pourquoi le remords est-il si terrible ? … Pourquoi y a-t-il une voix dans le sang ? … Le tigre déchire sa proie, et dort ; l'homme devient homicide, et veille, etc. » – Cette page est très belle ; mais j'ai encore des observations à faire sur les conclusions de l'auteur.

Je sais un homme qui désire l'immortalité de l'âme, et je doute que parmi tant d'hommes qui l'espèrent, il en soit un seul qui la désire plus que lui. Mais il cherche des preuves, et il n'en trouve pas dans ce chapitre. Je crois, en effet, qu'il n'y en a point.

Les notions de justice qui sont d'une évidence mathématique pour l'esprit quand une fois il les a reçues, la crainte des jugements humains, et cette crainte des jugements célestes dont on a été occupé dès l'enfance, me paraissent suffisantes pour produire une appréhension qui, comme toute peur dont l'objet n'est pas soumis aux sens, s'accroît quand on y réfléchit, et peut trouver un aliment nouveau dans l'effort même qu'on lui oppose[42]. Ce ne sont pas ceux qui, dit-on, parviennent à étouffer le remords que je veux objecter à l'auteur ; je doute qu'ils y parviennent réellement ; et s'ils y parvenaient, je les comparerais volontiers, avec lui, aux paralytiques. Mais je ne serais pas surpris que plusieurs hommes eussent fait des choses révoltantes, qu'ils eussent commis des forfaits sans jamais entendre aucun reproche intérieur. Quand une tribu entière s'acharne sur le prisonnier qu'elle met à mort ; quand les femmes s'amusent à lui déchirer par petites portions, diverses parties du corps ; je ne crois pas que ces âmes, pour qui *gratia superabundat*, en conçoivent ensuite un seul remords. Vraisemblablement le remords est un produit de nos habitudes ou de nos lumières ; et néanmoins un criminel qui, parmi nous, deviendrait incapable de remords, serait un odieux scélérat, comme un homme à qui on aurait démontré que les carrés formés sur les deux plus petits côtés d'un triangle sont égaux au carré formé sur sa base, et qui le nierait ensuite, serait un insensé.

MÊME CHAPITRE. Des sophistes qu'on ne saurait trop haïr… » – *Haïr*, est trop clair ; j'aimerais mieux *réfuter*, à moins qu'on ne trouvât ce mot embarrassant.

Pour savoir si M. de Chateaubriand ne courrait aucun danger en déclarant les sophistes haïssables, il faudrait définir avec soin cette espèce d'hommes qui cherchent indifféremment tous les moyens de rendre plausible la cause qu'ils soutiennent pour l'instant. Mais il vaut mieux ne pas se mêler de ce qui concerne les amis de la haine.

CHAPITRE III. « La morale est la base de la société ; mais si tout est matière en nous, il n'y a réellement ni vice, ni vertu, et conséquemment plus de morale. Nos lois, toujours relatives et changeantes, ne peuvent servir de point d'appui à la morale toujours absolue et inaltérable ; il faut donc qu'elle ait sa source dans un monde plus stable que celui-ci, et

---

42 [N. D. A.] On connaît les effets de la crainte des revenants. Des gens qui se croyaient *possédés*, ont jeté, dit-on, des cris lamentables, etc.

de garants plus sûrs que des récompenses précaires, ou des châtiments passagers. » – Nos lois ne sont pas *toujours relatives et changeantes.* Les lois premières de l'homme en société sont toujours les mêmes ; elles résultent de la nature des choses. Les lois secondaires sont relatives, et dès lors changeantes. Il suffirait partout que les lois fussent suivies. Dès qu'il y a des lois, *le vice et la vertu* existent indépendamment de l'*autre vie.* Il paraît que les *récompenses précaires* et *les châtiments passagers* peuvent avoir beaucoup de force : premièrement, parce que les lois et les gouvernements se font obéir par ces moyens-là ; secondement, parce qu'un très grand nombre de chrétiens, malgré le contrepoids des terreurs et des espérances de l'autre vie, suivent habituellement leurs passions, à cause des *récompenses précaires* qu'ils s'en promettent.

« Quelques philosophes ont cru que la religion avait été inventée pour soutenir la morale ; ils ne se sont pas aperçus qu'ils prenaient l'effet pour la cause. C'est la morale qui naît de la religion. » – Pas même dans le système de l'auteur, ou du moins l'expression ne serait pas juste ; il aurait fallu dire *de la religion naturelle.* Si la morale naissait de la religion chrétienne, tant de peuples qui n'ont que de fausses religions, n'auraient pas de morale. Or, sans morale, selon l'auteur même, *la société n'a point de base* : ainsi tous ces peuples (en supposant même qu'ils pussent subsister), seraient incomparablement plus corrompus que les peuples chrétiens. Cependant, loin que la différence soit immense entre les fidèles et les infidèles, elle reste tout-à-fait douteuse. L'auteur paraît avoir dit, dans la même page, deux choses inconciliables.

Je néglige quelques autres observations sur cette page. On sait déjà que je n'ai point l'intention de prouver le contraire de ce que M. de Chateaubriand cherche à établir ; mais d'établir moi-même que généralement il ne prouve rien.

MÊME CHAPITRE. L'auteur demande pourquoi les théophilanthropes[43], en disant : Honorez vos pères et mères, n'ajoutaient pas. Afin que vous viviez longuement ? Une misère secrète leur avait appris, selon lui, que l'homme qui n'a rien ne peut rien donner. « Tu me fais présent de la vie, lui aurait-on dit avec justice, … comme Jehovah, tu m'assures une

43 [N. D. E.] Mouvement déiste d'inspiration rousseauiste, professant l'existence d'un Dieu unique et l'immortalité de l'âme, dont les membres se réunissaient pour célébrer un culte inspiré de celui de l'Être suprême. Le Directoire assura leur protection et les autorisa à occuper les églises parisiennes, faveur supprimée par un arrêté des Consuls du 21 octobre 1801.

longue existence, as-tu comme lui, l'éternité pour y puiser des jours ? » – Si les théophilanthropes parlaient au nom des hommes, ils ne voulaient donc pas, comme l'auteur le leur attribue, élever *une religion sur les ruines du christianisme;* ou s'ils voulaient élever une religion, ce n'est pas au nom des hommes qu'ils disaient : Honorez vos pères. Dans tous les cas, ils n'ont pas prétendu *faire présent de la vie* ; et s'ils avaient dit ce qu'ils n'ont pas dit, et qu'on leur eût fait la réponse que l'auteur suppose, cette réponse eût encore été mauvaise.

« Que tireras-tu du fond de ton sépulcre, hors le néant pour récompenser ma vertu ? » – Selon l'auteur, selon les termes exprès du titre de ce chapitre, sans l'immortalité de l'âme, il n'y a point de vertu, point de morale. Les anciens juifs n'ont point connu l'immortalité de l'âme, elle ne leur était point révélée (seulement elle leur était révélée en cachette selon la particule de M. de Chateaubriand[44]) ; donc le *peuple de Dieu* n'avait point de vertu, n'avait point de morale.

CHAPITRE IV. « Si l'on dit que le genre humain croit en Dieu, l'incrédule répond… » – Ou bien il répond que le genre humain presqu'entier croit encore à la sorcellerie, et qu'il y croirait tout entier s'il avait été de l'intérêt des gouvernements européens de maintenir cette croyance.

« Soutient-on que le hasard n'a pu former le monde, parce qu'il n'y aurait eu qu'une seule chance favorable… L'incrédule répond que cette chance existait. » – Ou bien il répond qu'il n'affirme point que le hasard ait formé le monde, mais qu'il ignore comment le monde a été formé ; que, selon lui, ce n'est pas à l'homme à dire ce qui s'est fait avant que l'homme existât, et que son *orgueil philosophique* n'aura jamais, ni la prétention de connaître des choses si éloignées de nous, ni la manie d'enseigner ce qu'on ne peut savoir.

J'abandonne volontiers à M. de Chateaubriand les athées ; mais je prends la défense de ceux qui, croyant apercevoir partout les traces d'une intelligence infinie, ont le malheur de ne pouvoir prononcer sur presque tout le reste.

---

44 [N. D. A.] Voyez page 60 – Je pense, et je me promets de montrer un jour, que les hommes qui ne reconnaissent aucune révélation, trouvent dans leur seule raison, sincèrement écoutée, des motifs suffisants de vivre en hommes justes. – [N. D. E.] *Observations critiques*, 1816, p. 62. Dans notre édition, p. 99.

« Il est faux qu'il y ait des sauvages qui n'aient aucune notion de la divinité ». – Faux, n'est pas encore le mot. On l'avait avancé trop légèrement ; il ne faut pas pour cela le nier d'une manière absolue : mais fût-il vrai même que toutes ces hordes qui, dans un temps ou dans un autre, se sont presque nécessairement communiqué leurs opinions, eussent adopté universellement quelques idées confuses qui me paraissent naturelles aux hommes réunis et faisant usage de la parole, il resterait à savoir si les hommes isolés qu'on a saisis dans les bois, n'ont pas ensuite déclaré n'avoir eu, dans cette vie sauvage, rien de semblable à l'idée innée de Dieu. Il faudrait savoir si de plusieurs hommes qu'on élèverait dans un isolement absolu jusqu'à l'âge de vingt-cinq à trente ans, et qu'on instruirait ensuite, un seul dirait avoir eu de lui-même un peu de cette foi qui, si elle a dans le ciel son principe, et dans toute âme immortelle, dans l'âme humaine, son siège nécessaire, doit se retrouver chez tout homme sauvage isolé, chez tout imbécile, chez tout Crétin.

D'ailleurs, pourquoi partager les hommes en deux classes, les chrétiens, et les athées ? ce point de vue est très faux. Que ferez-vous des trois quarts du genre humain ? On peut très bien admettre avec empressement l'idée consolante et raisonnable, l'idée sublime de l'existence de Dieu, et ne pas admettre une révélation ; on peut à la fois suivre sa raison, et ne pas renoncer à sa raison ; on peut voir Dieu produire le phénomène de l'univers, et ne le pas voir pleurer dans la crèche de Bethléem. Pourquoi l'auteur oublie-t-il souvent qu'il s'agit moins dans son livre, du génie des choses divines que du génie de la crédulité ? Mais il ne l'oublie pas ; il cache beaucoup d'adresse sous ce désordre apparent. Si l'univers n'est pas le produit du hasard, allumez un cierge à l'autel de Marie, exempte de péché. Si Épaminondas[45] a cru ou feint de croire aux folies de son temps, encore un cierge. Si les hordes du Canada voient l'âme des enfants dans une colombe, tombez à genoux devant la vierge de Juda. En un mot, les atomes de Lucrèce, ou la légende dorée, point d'autre alternative. En mettant ainsi d'un côté les athées, et de l'autre le reste de l'espèce humaine, l'auteur verra, en effet, une grande majorité en faveur de ce nouveau christianisme.

Les femmes du Canada donnent à l'enfant, « dans le sépulcre, la même attitude qu'il avait dans le sein maternel. Serait-ce pour enseigner que la mort n'est qu'une seconde mère qui nous enfante à une autre

45 [N. D. E.] Général et homme d'état thébain né vers 418 et tué à la bataille de Mantinée en 362.

vie ? » – Ces Huronnes en sauraient davantage sur l'immortalité, que n'en savaient les femmes du peuple de Dieu, et cela sans avoir dans leur langue la particule *ah.*

« L'athéisme ne fera jamais rien de ces peuples qui doivent à la Providence le logement, l'habit et la nourriture ; et nous conseillons aux incrédules de se défier de ces alliés corrompus, qui reçoivent secrètement des présents de l'ennemi. » – Cette phrase est jolie *au possible.* Mais si la Providence gouverne le monde, tous les hommes lui doivent de même le logement et l'habit. Les incrédules n'ont jamais prétendu que les hommes eussent fait les pierres et les brebis.

MÊME CHAPITRE. « Ou l'esprit et le corps sont deux êtres différents, ou ils ne sont que le même être. S'ils sont deux, il vous faut convenir que l'esprit est renfermé dans le corps : il en résulte qu'aussi longtemps que durera cette union, l'esprit sera en quelques degrés soumis aux liens qui le pressent… Si vous supposez qu'ils ne sont qu'*un* et *tout*, partageant même vie et même mort, vous êtes tenus à prouver l'assertion… Ainsi, l'objection se renverse de fond en comble ». – L'auteur marche très vite, mais sans s'approcher du but. Premièrement. Il paraît que si l'esprit est *pressé* par ces liens, il est d'une nature analogue à ces mêmes liens. Comment un pur esprit serait-il pressé ? Il faut cependant que l'âme soit un pur esprit, pour que vous en tiriez cette conclusion connue, qu'elle ne peut mourir (conclusion arbitraire dans cette supposition même ; car si un pur esprit ne peut être détruit, comment a-t-il pu être formé !) Secondement. Pourquoi dites-vous : les incrédules sont tenus à prouver l'assertion ? Pourquoi eux plutôt que vous-même ? Ils n'affirment pas, ils ignorent. Évidemment c'est vous qui êtes tenu à prouver l'assertion, c'est vous qui affirmez. Troisièmement. Vous avez mal exposé l'objection que vous prétendez *renverser de fond en comble.* Sans que la pensée soit esprit, la matière et la pensée peuvent n'être pas plus une même chose, que la lyre et l'harmonie de la lyre ne sont une même matière. Cette objection est très vieille ; mais comme on n'y a jamais répondu, que je sache, en la renversant de fond en comble, l'auteur du *Génie du Christianisme* montrera d'autant mieux la force qu'il puise dans la bonté de sa cause. Et il voudra bien remarquer, je le répète, que c'est à lui à prouver que l'homme qui pense n'est pas l'homme visible, et que dans l'homme, la faculté de sentir, de juger, de vouloir est *essentiellement* distincte de cette même faculté dans les animaux. C'est à ceux qui défendent des vérités révélées à renverser toute objection raisonnable ; or, celle-ci paraît l'être, puisqu'elle reste sans réponse raisonnable depuis dix-huit siècles de lumières révélées[46].

On ne peut soutenir sans absurdité, dit l'auteur, que la matière et la pensée soient *une même chose*. Il a tout-à-fait raison en cela : mais aussi quel incrédule est tombé dans cette extravagance de dire qu'une substance et une abstraction fussent une même chose ? que si, par une surprenante distraction, cette sottise avait échappé à quelqu'un, il ne faudrait pas l'attribuer en général à quiconque n'est pas crédule.

MÊME CHAPITRE. « Afin d'étayer leur triste système, ces hommes infortunés (les athées) sont obligés d'enrôler pour auxiliaires dans leur cause, tous les malheurs de l'humanité. » – Ils ne peuvent pas empêcher que tous ces malheurs existent. Il leur semble toujours que tant de maux sont embarrassants dans votre système ; et ils ne savent pas, comme vous, les *enrôler* à force d'adresse parmi les agents de la Bonté Infinie.

« Le fou, le malade… tirent d'une cause infirme des conséquences saines *:* je vois une imagination déréglée, mais un entendement réglé. » – Le fou remue son bras, donc ce bras est de verre ; conséquence saine ! Mais cette distinction très douteuse, fût-elle fondée, l'auteur y gagnerait peu ; l'imagination n'étant pas plus que l'entendement une chose matérielle et divisible. « Pareille chose arrive à l'homme attaqué de la fièvre, son âme est offusquée dans la partie où se réfléchissent les images. » – Comment un pur esprit, un esprit indivisible, est-il offusqué dans une partie ? ou si le mot partie se rapporte à la région du cerveau, par exemple, où sont réfléchies les images, comment cet esprit inaltérable n'aperçoit-il pas le désordre ? On conçoit que l'esprit ne puisse pas agir bien si le corps est malade, l'instrument lui est ôté ; mais comment ne voit-il pas que le corps est malade ? Il paraît donc que l'âme souffre elle-même de l'infirmité du corps ; ce qui ne se conçoit pas si l'âme est immatérielle.

MÊME CHAPITRE. « Quant à l'influence des climats sur l'esprit… nous prions les lecteurs de faire quelque attention à notre réponse ;

46 [N. D. A.] Au reste, si M. de Chateaubriand n'a rien dit de solide en faveur de l'immortalité de l'âme, il n'en faut rien conclure non plus contre les espérances d'une vie future. Je dirai ailleurs comment ces espérances me paraissent raisonnables : tout ce que je puis ajouter dans cet écrit trop rapide, c'est qu'elles ne me le paraîtraient pas si elles étaient fondées uniquement sur les raisons qu'on en donne dans le *Génie du Christianisme*.

car, au lieu de résoudre une simple objection, nous allons tirer de la chose même qu'on nous oppose une preuve singulière de l'immortalité de l'âme ». – Preuve singulière en effet : aucun sophiste grec n'eût pu en inventer une plus curieuse. En voici le fond. Puisque la raison de l'homme est plus soumise au climat que l'instinct des animaux, elle est d'une nature bien supérieure à cet instinct.

Les développements de cette preuve nouvelle sont dignes de l'idée principale. « On a remarqué que la nature se montre plus forte au septentrion et au midi. C'est entre les tropiques que se trouvent les plus grands quadrupèdes, les plus hautes montagnes… C'est dans les régions du nord que nagent les puissants cétacés, et qu'on rencontre le pin gigantesque. » – Il n'est pas prouvé que les pins des monts Félices l'emportent en volume total sur les chênes du Hanovre, ni surtout qu'il y ait de grands arbres au Spitzberg ; et il ne l'est pas que les montagnes du Finmark et de la baie de Baffins, soient plus élevées que les Alpes et les hautes cimes du Thibet. Si en Amérique, *où le mélange des eaux donne à la végétation toute la vigueur d'une terre primitive*, l'homme a moins d'énergie, l'on sait qu'il en est de même des quadrupèdes, et qu'ils n'ont, dans l'une et l'autre Amérique, ni la hauteur des girafes et des éléphants, ni la force du tigre royal ou des lions du Sahara. Ainsi l'auteur s'est trompé en disant : L'homme diminue où la brute augmente. Ainsi, ce qu'il allègue pour établir une différence marquée entre l'homme et les autres animaux, servirait à montrer qu'ils sont tous soumis aux mêmes lois. Est-il vrai d'ailleurs que l'Arabe et le Malais aient moins de force d'âme que le Vénitien ou le Chinois, et que les guerriers du Fingal et d'Odin[47] se soient montrés inférieurs à ceux de la Bétique ?

« Pourquoi, tandis que la nature entière est changée par la latitude, l'homme reste-t-il toujours le même ? Dira-t-on qu'il est comme le bœuf, un animal de tous les pays ? Mais le bœuf conserve son instinct en tout climat, et nous voyons par rapport à l'homme, une chose bien différente ». – L'homme ne reste donc pas *toujours le même*. Et de plus il est étrange que son âme impérissable, cette âme image de la divinité, soit plus soumise à l'influence des climats que l'instinct du bœuf qui est tout matière. Il est plus étrange encore de trouver dans cela même

47 [N. D. E.] Fingal : héros *d'Ossian*. Ossian, barde écossais légendaire (IIIe siècle), fils de Fingal. Odin : dieu suprême des Germains et des Scandinaves.

une preuve de l'immortalité de l'âme, de son indestructibilité, de son indépendance au milieu du monde matériel.

Mais voyons selon quelle loi l'homme qui *reste toujours le même*, diffère dans les divers climats. « L'âme répugne à toutes les opérations de la matière ; elle est malade, elle languit quand elle en est trop touchée. » – Ainsi le petit corps du Samoïède touche trop l'âme ; elle est plus aisément souveraine de la matière dans le grand corps d'un Moldave ou d'un Bulgare ; ou bien il y a plus de matière dans un air froid et dans un air chaud que dans un air tempéré, c'est l'âme et non pas le corps qui craint les frimas et la chaleur ; ou bien enfin si l'on regarde le Wolga[48] ou le Kiang-ho ; cela n'empêche pas *la pensée, flamme céleste, de s'élancer incorruptible du milieu de la corruption* ; mais le Gange et le Maragnon[49] sont par trop larges, et il faut que la flamme céleste devienne languissante. Enfin, selon l'auteur de cette *preuve singulière*, les climats extrêmes accablent l'homme, donc l'homme est indépendant des climats.

Puisque c'est l'âme qui, gênée par la grosseur des pins et la grandeur des éléphants, *produit à son tour la débilité du corps*, puisque *le mélange des limons et des eaux* ne laisse pas *un libre cours* aux mouvements de l'entendement, puisque *ce n'est pas le vase qui agit sur la liqueur, mais la liqueur qui tourmente le vase*, il eût autant valu, dans l'un des chapitres précédents, attribuer la folie à quelque vice de l'entendement, et ne pas dire que *la région des idées reste entière et inaltérable.*

Après avoir ainsi provoqué l'attention sur la preuve singulière donnée avec beaucoup de confiance par M. de Chateaubriand, je devrais peut-être transcrire ici tout ce passage dont j'ai parlé d'une manière insuffisante ; mais, évitant partout de multiplier les pages, j'engage expressément à le lire dans l'original. C'est, en fait de raisonnements, un des endroits les plus neufs du *Génie du Christianisme.*

Encore un mot toutefois sur cette *démonstration.* « La double débilité mentale et physique des peuples du nord et du midi... ne peut donc être attribuée à une fibre trop relâchée ou trop tendue ; puisque les mêmes accidents ne produisent pas le même effet dans les zones tempérées. » – Dans les zones tempérées, la seule direction Est et Ouest d'une vallée profonde suffit pour produire *la débilité mentale et physique*, l'imbécillité des Crétins. Même hors des montagnes, la totale absence des vents du

48 [N. D. E.] Appellation allemande de la Volga.

49 [N. D. E.] Rivière du Pérou.

Nord et du Nord-Est paraît avoir généralement de semblables résultats. Pourquoi d'ailleurs ne pas expliquer d'une manière beaucoup plus naturelle les effets des climats extrêmes ; l'homme ne pourrait-il être plus particulièrement destiné aux régions tempérées, comme paraissent l'être le froment et la vigne ? M. de Chateaubriand tirerait parti de ce rapprochement. L'homme ainsi placé entre le tropique et le soixantième degré, aurait presque partout le vin et le pain, dont le christianisme fait usage dans ses mystères, et ce serait, en faveur de ce culte, une *démonstration* de plus. L'auteur en trouve une expressément conforme aux intentions de la Divinité même, dans la manière dont il interprète l'*affection plaintive* des habitants du pôle et de la torride : « Véritable tristesse intellectuelle produite par la position de l'âme et par ses combats contre les forces de la matière ». – Certain que la matière a plus de force dans les pays froids que dans les pays tempérés, mais sans nous instruire de ce qu'il faut entendre par cette force qui rend débiles des âmes immatérielles, il déclare que Dieu : « En plaçant l'homme sur cette échelle, nous a démontré presque mathématiquement l'immortalité de notre essence ».

CHAPITRE V. Dès le premier paragraphe, une réflexion se présente, et elle est favorable à l'auteur. Sans doute son zèle est sincère : l'on ne saurait guère feindre avec cette vérité les sentiments reprochés à plusieurs dévots. Voilà bien leur secrète animosité, leur humble mépris pour tout homme qui ne croit pas avec eux. Selon lui, ces *incrédules* sont *triplement méchants*, les uns sont atroces, les autres sont hypocrites, et ils joignent aux *vices* que donne l'athéisme, une grande disposition à égorger.

Quelques scélérats, parmi lesquels il se peut très bien qu'il y ait eu des athées, en vous égorgeant, vous appelaient *mon frère* ; mais il me semble qu'à la place de M. de Chateaubriand, je n'en aurais pas parlé, attendu que plusieurs moines chrétiens ont aussi brûlé des hommes, en les appelant aussi leurs frères.

« Tous les grands capitaines de l'antiquité ont été remarquables par leur religion. » – J'avais raison de dire que l'auteur s'était trompé dans son titre, et qu'il aurait dû écrire Génie de la Crédulité. Il suffit que l'on croye. Idolâtres ou chrétiens, tous ont bien fait de croire à ce qui se présentait. L'affreux Octave « ne régna qu'au nom des Dieux. »

« Alexandre, éternel exemple des conquérants, se disait fils de Jupiter. » – On n'avait pas cru jusqu'à présent que ce fût par religion. « César voulait descendre d'une race céleste ». – Sans doute par un sentiment d'abnégation religieuse, ou par une suite de cette conviction qui l'avait fait parler dans le sénat contre l'immortalité de l'âme. « Brutus, son *assassin*, croyait aux puissances surnaturelles. » – Damné pour cela même selon les chrétiens, il ne devait pas être présenté comme modèle dans le *Génie du Christianisme*. « Pompée marchait aux combats en invoquant l'assistance divine. » – Voudrait-on faire entendre par tout ceci que la religion est un grand moyen dans les mains des conquérants ou des hommes d'état, et qu'ils doivent en montrer pour l'intérêt de leur gloire ; comme la femme devrait être pieuse, est-il dit deux pages plus loin, par le seul intérêt de sa beauté.

MÊME CHAPITRE. « Sont-ce des athées qui ont abaissé la cime des Pyrénées...... qui ont gagné plus de soixante batailles rangées... ou bien des paysans chrétiens ? » – Ici, l'auteur qui n'avait parlé que des capitaines, est obligé de passer vite aux soldats ; car autrement nous verrions des généraux incrédules gagner des batailles. Il y a toujours moyen de s'arranger. Si, tandis que les autels étaient déserts, les armées françaises avaient été battues et humiliées, on dirait : Il est clair que des capitaines d'une foi suspecte ne pouvaient avoir du génie, et que des soldats impies ne pouvaient résister au saint enthousiasme « de ces cosaques qui *pensent* monter au ciel en mourant sur le champ de bataille. » – Mais ces soldats ont été victorieux ; alors il faut l'attribuer à ce qu'autrefois ils avaient appris leur catéchisme.

MÊME CHAPITRE, « Il n'est point de caractère plus admirable que celui d'un héros chrétien ; le peuple qu'il défend le regarde comme son père, etc. » – Dans toutes les conditions de la vie, un parfait chrétien serait un homme très respectable ; mais peut-être un juste Parsis[50], un parfait Pythagoricien, eussent-ils eu aussi quelque mérite. Les faibles restes des nations du Nouveau-Monde se souviennent des guerriers chrétiens et de leurs chiens de chasse : ils savent que le héros parfait est rare sous la loi de grâce, comme sous les lois de l'imposture.

On trouve ensuite la femme, qui devrait être pieuse, ne fût-ce que pour *plaire*. « Sans doute la femme incrédule n'a pas dessein de se choisir un époux : quel homme de bon sens voudrait s'associer une compagne impie » ? – On pense bien que quelques lignes plus loin, cette femme impie aura nécessairement déshonoré son époux : enfin,

50 [N. D. E.] Adepte du parsisme, religion inspirée par Zoroastre.

« elle expire entre les bras d'une garde payée, ou d'un homme dégoûté par ses souffrances, qui trouve qu'elle a résisté au mal bien des jours, et son cadavre est promis aux vers. » – Les femmes qui ont vécu sans pratiquer la religion, et qui, néanmoins, ont eu une conduite parfaite comme épouses et comme mères, seront peu surprises de ces indécentes déclamations. Elles pourront y reconnaître l'esprit d'un dicton qu'elles auront sûrement entendu de la bouche de leurs vieilles gouvernantes : point de foi, point de loi.

« Le temps arrive menant la vieillesse par la main : alors la femme incrédule commence à croire qu'il eût été plus doux d'avoir une religion. » – Pour avoir une religion, il ne suffit pas de trouver plus doux d'en avoir une. Quelquefois les fidèles sont étranges : ils confondent, ou ils affectent de confondre le doute sur les dogmes avec l'intention de se livrer au vice. L'on croirait qu'ils n'ont eux-mêmes de vertus que par crainte de l'enfer, tant ils sont prompts à soupçonner ceux qui ne professent pas cette crainte !

Le tableau de la mère qui nourrit est charmant. Quand l'auteur peint, on ne peut le quitter ; quand il raisonne, on ne peut le lire.

MÊME CHAPITRE. « La religion ne parle que de la grandeur et de la beauté de l'homme : l'athéisme a toujours la lèpre et la peste à vous offrir. » – Celui qui a fait la peste et la lèpre est celui qui a fait le monde. Pourquoi se borner à un seul côté des choses ; c'est le procédé des sophistes. Vous voulez qu'on étudie la nature ; il faut alors observer tout ce qu'elle renferme. Vous dites que l'athée va chercher dans la boue les reptiles et les insectes. S'ils n'y avaient pas été mis, l'athée ne les y trouverait point. Pourquoi dédaignerait-il ce que la Providence a jugé bon ? Pourquoi n'interrogerait-il pas, comme vous le voulez ailleurs, toutes les œuvres de celui qui n'a rien fait d'inutile ?

Le palais des fées est plus beau, il est vrai, que le village où on bèche la terre au souffle de la bise ; mais celui-là passerait pour un insensé qui dirait : Le village est triste, c'est pourquoi je soutiens que nous sommes dans le palais.

Ne sait-on pas que la religion parle beaucoup aussi des misères de l'homme ? c'est en quoi l'auteur la trouve sublime.

Il paraît encore que le peuple choisi en savait plus sur la lèpre que la plupart des infidèles.

Chapitre vi. « Dans l'Élysée des anciens, on trouve que des héros et des hommes qui avaient été heureux ou éclatants dans le monde ; les enfants, et apparemment les esclaves et les hommes obscurs, étaient relégués aux enfers. » – Bossuet avait omis quelques grands peuples dans son Histoire Universelle : M. de Chateaubriand fait plus ; il oublie la plus grande partie de la terre, et presque toujours il n'oppose aux chrétiens que les peuples dont on parle beaucoup au collège. Ces *païens* là n'ayant pas un corps de doctrine, n'avaient pas précisément une religion, et sur ce sujet leurs idées, assez mal liées, ne nous sont guère connues que par leurs poètes. Si dans un poème, tel personnage illustre descend aux enfers, il ne s'occupe que des héros. Il se peut donc qu'à cet égard la supériorité réelle des idées des chrétiens ne soit pas aussi grande qu'on le pense. Chez les chrétiens le nombre des élus est très petit : toutefois c'est un véritable avantage qu'ils soient pris du moins dans toutes les classes, surtout dans les moins fortunées ; et que les malheurs de la terre ne paraissent pas être l'effet d'une malédiction irrévocable.

Il faut le répéter ici : la religion chrétienne est plus philosophique et plus morale ; elle vaut mieux, sous ce rapport, que la plupart des autres religions. Mais, comme la sagesse des Grecs, qui a contribué à sa naissance, était composée de quelques dogmes orientaux, et d'une morale humaine, et qu'elle existait avant le christianisme, puisqu'elle a changé en chrétiens des sectaires juifs (qui, sans cela, l'Évangile à la main, n'eussent jamais été que des juifs réformés), on voit que la philosophie du christianisme était connue des hommes avant le grand avènement. Si même cette religion était dans sa morale la plus sage de la terre, cela *prouverait* seulement que les autres sont plus mauvaises ; un tableau pourrait être le moins défectueux d'une galerie, sans que pour cela on dût l'attribuer à un pinceau surnaturel.

« Et quelles récompenses pour la vertu que ces banquets et ces danses, dont l'éternelle durée suffirait pour en faire un des tourments du tartare » ! – Il fallait effectivement supposer que les hommes, transférés de la terre dans l'Élysée, changeaient de penchants, sous quelques rapports, et recevaient des facultés nouvelles ; c'est ce qu'il faut supposer aussi pour expliquer l'éternel *hosanna* répété au milieu des anges. Au reste, c'est avec raison que l'auteur trouve simple et noble la conception du paradis chrétien. « Le bonheur du juste consistera dans l'autre vie à posséder Dieu avec plénitude ». – La possession, l'intuition d'un objet infini peut suffire à l'éternité.

Mais si l'âme du juste doit posséder Dieu avec plénitude, si c'est pour elle une félicité suprême, comment faut-il entendre ce que l'auteur a dit dans le premier chapitre de ce même livre ? « Si l'âme obtenait de Dieu une vue distincte, elle la dédaignerait ». – L'âme aussi serait donc changée : avec une telle supposition, les banquets perpétuels ne seraient pas un tourment pour les ombres dans l'Élysée.

MÊME CHAPITRE. « Ce que les plus beaux génies de la Grèce ont trouvé par un dernier effort de raison (les hommes l'avaient donc trouvé) s'enseigne publiquement aux carrefours de nos cités ; et le manœuvre peut acheter pour quelques deniers… les secrets les plus sublimes des sectes antiques. » – Dans tout ce qu'il a d'incontestablement louable, le christianisme n'est autre chose que la sagesse humaine devenue populaire ; ce que le temps devait opérer. Les secrets dont il s'agit pouvaient déjà être regardés comme publics avant le christianisme ; et c'est l'*impression*, bien plus que la religion, qui fait aujourd'hui qu'on peut les acheter pour quelques deniers.

CHAPITRE VII. « Il est juste que le corps et l'âme qui ont commis ou pratiqué ensemble ou la faute ou la vertu, souffrent ou soient récompensés ensemble. » – Si la pensée n'a rien de commun avec la matière, si l'âme est un être distinct du corps, comment cette matière vile, ce corps que l'âme maîtrise, a-t-il participé à la faute ou à la vertu ? Quelle moralité y a-t-il dans le corps ? Il est juste… dites-vous. La religion déclare que cela est juste, puisqu'elle déclare que Dieu l'ordonne ainsi ; mais, hors de la religion, rien ne montre que cela soit juste : comment donc en tirer une induction favorable à la religion ?

MÊME CHAPITRE. « Explique-moi comment tu es, dit Tertullien, et je te dirai comment tu seras. » – Cette réponse est superflue, si on la fait à des chrétiens ; déjà convaincus de l'infaillibilité de l'église, ils n'ont point d'objections à proposer. Si on la fait à d'autres, elle n'a point de sens ; elle équivaut à ceci : Explique-moi les choses que tu vois, mais qu'il n'est pas donné à l'homme de comprendre ; si non, crois tout ce qu'il me plaira de te dire, bien que jamais tu n'en aies rien vu.

Seconde partie

La seconde et la troisième partie du *Génie du Christianisme* m'arrêteront moins. Que l'on regarde comme juste ou comme paradoxal le sentiment de l'auteur sur la poétique du christianisme, c'est, je crois, une chose assez indifférente. Si l'ouvrage entier ne contenait que ces deux parties, l'idée ne me serait pas venue de l'examiner.

LIVRE PREMIER

Chapitre premier. « L'influence de cette religion a, pour ainsi dire, changé l'esprit humain, et créé dans l'Europe moderne des peuples tout différents des peuples antiques ». – Ce ne serait pas l'esprit humain, ce serait européen. Mais pourquoi voir la cause de tout dans la religion ? Un autre auteur également prévenu en faveur de son sujet, verra tout dans la navigation, ou dans les arts en général : cette partialité fait qu'on ne peut s'entendre ; et que la plupart des livres se réduisent à d'inutiles amas de phrases. Si les Athéniens furent si différents des Pélasges[51], est-ce l'effet de leur mythologie ? fut-elle révélée ? Est-ce le culte saint du soleil qui donna aux Péruviens tant de supériorité sur les hordes voisines de leur empire ? La civilisation orientale ébauchée en Europe par les colonies Phéniciennes et Égyptiennes, y prit naturellement un nouveau caractère, lorsque la Syrie et les Gaules se trouvèrent sous une même domination. M. de Chateaubriand pense-t-il que nous ressemblerions aux Celtes, si les Galiléens étaient restés juifs ? Les grands changements opérés en Russie depuis un siècle sont-ils dus à une recrue de prêtres chrétiens, ou à des artistes et des livres ? Pour changer sa nation chrétienne, mais demi-sauvage, Pierre Ier eut soin de multiplier les communications entre ses vastes états et des pays qui dès longtemps avaient été civilisés, soit par le voisinage des Romains, par le commerce, par les guerres en Palestine, soit par le temps, et aussi par quelques

51 [N. D. E.] Habitants primitifs de la Grèce avant l'arrivée des Hellènes.

institutions antiques que le christianisme avait contribué à transmettre à l'Europe, les ayant adoptées lui-même, afin de n'être plus le judaïsme.

Il faut remarquer, en lisant les premiers livres de cette seconde partie, que l'auteur choisit dans l'esprit des modernes ce qu'il y a de bon, pour l'attribuer expressément à l'influence du christianisme, laissant tout ce qu'il y a de mauvais sur le compte de la dégénération des siècles, ou même, autant que possible, sur celui de la philosophie. Cette manière d'observer est des plus commodes pour le triomphe de sa cause. Si, par exemple, Godefroi de Bouillon est un héros d'épopée plus moral que le chef des chefs de la Grèce, cette différence est due au christianisme, et non pas, comme je l'aurais cru, à l'ancienneté de civilisation qui devait distinguer le temps du Tasse de celui d'Homère. Cependant l'auteur dit lui-même que les poètes « toujours *cachant* et *choisissant*, retranchant ou ajoutant, se trouvèrent peu-à-peu dans des formes… plus parfaites, et que les artistes appelèrent ces formes le beau idéal. » – Il est donc certain qu'après vingt-cinq siècles, les poètes devaient s'approcher davantage de ce beau idéal, et que si le christianisme y eut quelque part, c'est comme résultat de l'ancienne civilisation de l'Asie[52]. Pourquoi ne pas sentir que nous avons une littérature de trois mille ans, et qu'ainsi, indépendamment du christianisme, il est assez simple que des règles sages s'y soient introduites pour *corriger la nature sauvage et l'insuffisance des vertus primitives ?* La philosophie, comme la religion, oppose aux penchants naturels *cette barrière qui augmente le jeu des passions dans le drame.* (Voyez chapitre XI du livre deuxième, et chap. Ier du livre troisième.)

L'auteur s'est emparé de tout ce qui lui a plu dans l'état présent des sociétés, ainsi que dans la morale philosophique ; il y a joint ce qui fait le charme des idées religieuses, et les avantages que peut promettre une religion déterminée : confondant tout cela avec les résultats réels de la religion de Saint-Paul, il dit : Voilà le Génie du Christianisme ; et il l'oppose à l'enfance de l'Europe. De cette manière, le christianisme aurait effectivement des titres à l'admiration même des infidèles.

---

52 [N. D. A.] Des sophistes *haïssables* par leur persévérance, disent encore que la religion chrétienne est un choix retouché assez lentement de ce que les orientaux connaissaient. Platon, ajoutent-ils, y a contribué à quelques égards. La tentative faite sous Tibère pour réaliser l'attente du Messie des juifs, en a été l'occasion. Paul était instruit et entreprenant ; il empêcha l'anéantissement de cette réforme et la dispersion des apôtres, Des Nazaréens il fit pour ainsi dire des *Éclectiques* ; et avec le temps, les disciples de Jésus, qui n'avaient formé qu'une secte juive, devinrent des *chrétiens*. Pythagore, Zoroastre, les Gymnosophistes, etc., ont été plus que Jean, et surtout bien plus que Moïse, les précurseurs de Jésus et de Paul.

L'auteur devrait être embarrassé dans ce système pour expliquer cette infériorité des modernes qui fait aussi partie de sa manière de voir ; mais il se contente de ne pas parler du christianisme dans les endroits où il remarque cette infériorité. Cependant, lorsqu'il y a plus de convenance dans nos écrits, un sentiment plus éclairé de la faiblesse humaine, et une grande *science de la tristesse*, alors c'est *la nature plus belle, la nature évangélique.* (Voy. chap. 6 du livre II, et chap. 3 du livre III.) « Les modernes sont, en général, plus savants, plus délicats, plus déliés, souvent même plus intéressants dans leurs compositions que les anciens. Mais ceux-ci à leur tour sont plus simples, plus augustes, plus tragiques, plus abondants, et surtout plus vrais que les modernes. Ils ont un *goût plus sûr*, une imagination plus noble, etc. (Chap. 2 du liv II.) » – Comment conclure de ceci que le christianisme ait rendu la poésie plus noble, plus parfaite ? Peut-être s'avisera-t-on de dire, au contraire, que le christianisme amenant les disputes, soit à cause de ses dogmes qui doivent réunir l'exactitude et l'obscurité, soit à cause de l'intolérante infaillibilité de l'église, a pu altérer promptement la simplicité dont les anciens avaient senti le mérite.

CHAPITRE III. « Adam tombe dans le désespoir... (l'Adam de Milton) ; si la mort ne lui était d'aucune ressource ! ... Peut-on demander un genre de beautés plus élevées et plus graves ». – Tout cela n'est pas le christianisme. Non seulement un juif pouvait faire un poème sur la chute de l'homme, mais les Indiens et beaucoup d'autres le pouvaient, comme l'auteur le fait voir lui-même dans le chap. Ier du livre III de la première partie, et plus particulièrement dans la longue note qui dépend de ce chapitre[53]. Tout se rattache à l'idée de la naissance du genre humain dans un lieu favorable (soit Chorcam, soit Eden), et aux funestes effets d'une industrie qui, dans le principe, nous avait été en quelque sorte interdite. Il est possible que cette parabole antique, prise à la manière des théologiens dans un sens littéral, soit plus commode pour les arrangements poétiques ; mais certainement elle est beaucoup moins belle.

CHAPITRE V. « Ainsi, lorsque M. de Voltaire s'écrie dans l'invocation de son poème : Descends du haut des cieux, auguste Vérité[54] ; il est

53 [N. D. E.] Voir *Génie du christianisme*, p. 1133-1147. Senancour donne un examen de cette note à la fin des *Observations critiques*.

54 [N. D. E.] *La Henriade*, 1728, chant I.

tombé, ce nous semble, dans une grande méprise. La *poésie* épique se soutient par la fable, et *vit de fictions...* Aussitôt qu'il (Voltaire) a touché à la *religion, source de toute poésie*, la source a immédiatement coulé. » – À ces deux passages, joignez celui-ci : « L'incertitude que demandent les *Muses* naturellement un peu *menteuses.* » Vous aurez un sens complet en faveur de cette source des fictions de M. de Chateaubriand ; et je n'ai besoin de rien ajouter à ses propres paroles.

LIVRE SECOND

CHAPITRE PREMIER. « La morale était séparée de la mythologie. » – La morale est mieux unie à la religion chrétienne, qu'elle ne l'était au culte des Grecs : mais l'auteur me paraît établir une différence beaucoup trop grande. Les furies appartenaient et au culte et à la morale. La note même à laquelle ce passage renvoie, me confirmerait dans mon opinion. Voyez aussi une autre note de l'auteur, la Ire du chap. 7 du même livre.

« Quant à ceux qui font un crime au christianisme d'avoir ajouté la force morale à la force religieuse... » – Je crois aussi qu'ils ont tort ; je ne sais trop ce que c'est qu'une religion sans morale, ou ce que ce peut être que la crainte des dieux, si elle n'est pas destinée à prévenir le crime : mais je vois que la crainte religieuse est morale chez les musulmans, etc., etc.

CHAPITRE III. « Adam... est tel que le peignent les livres saints, digne... de se promener dans la solitude avec son créateur. » – Nous ne connaissons point d'hommes dignes de cette promenade, et même nous ne connaissons point d'hommes qui aient vu Dieu se promener. Un paysan qui avait aperçu Louis XIV dans le parc de Versailles, s'écriait : Je l'ai vu ce grand roi ; il marchait lui-même. Mais Adam n'était pas de ces hommes facilement ébahis ; rien ne paraît l'avoir surpris dans sa familiarité avec Dieu.

Un homme se promener avec Dieu ! Il fallait alors que l'auteur se gardât de rire des tapis de soie sur lesquels les musulmans doivent être assis à l'ombre des palmiers d'or. Cependant il a ri (chap. 6 du livre VIe

de la première partie) ; c'est qu'*il y a dans l'erreur un certain vice de nature qui fait que quand cette erreur n'est pas la nôtre, elle nous choque et nous révolte à l'instant*.... (Chap. Ier du livre V, première partie.)

MÊME CHAPITRE. « Il faut donc toujours dans nos tableaux, unir le bonheur à l'infortune, et faire la somme des maux un peu plus forte que celle des biens, comme dans la nature. » – Ainsi, les chrétiens avouent quelquefois l'existence du mal, quand cela ne dérange pas leurs phrases ; ainsi les chrétiens, voyant dans la nature *plus* de maux que de biens, ont grand tort de reprocher aux incrédules d'y voir *autant* de maux que de biens ; ainsi les incrédules ne sont pas les seuls qui *enrôlent* la lèpre ou la peste, et ce n'est pas avec sincérité qu'on a pu dire (fin du chap. 5. du liv. VI de la première partie) : « L'athéisme ne vous apporte que de honteuses *exceptions* ; il n'aperçoit que des désordres.... La religion ne se sert que de preuves générales... elle ne voit que les grâces de la nature... » – Il paraît aussi que la Bible parle d'autre chose que des grâces de la nature. L'auteur dit, en citant un passage de Job, que jamais les entrailles de l'homme n'ont fait sortir de leur profondeur un cri plus douloureux (chap. 2 du liv. VI). Et il est dit (chap. 2 du liv. Ier de la troisième partie) que toute la force de l'homme gît dans la douleur.

CHAPITRE VII. « Alvarès, commandant à son fils comme père, et lui obéissant comme sujet, est un des traits de haute morale aussi supérieur à la morale des anciens... » – Cette haute morale n'avait rien d'inouï ; une morale semblable pouvait être tous les jours en pratique dans les républiques où l'autorité des magistrats était très respectée, où l'autorité des pères était très grande.

CHAPITRE XI. « On ne s'avise pas de peindre le beau idéal d'un... lion. » – On s'en est avisé pourtant. « Ceci nous fait entrevoir une preuve merveilleuse de la grandeur de nos fins. » – La mobilité de notre intelligence nous rend effectivement plus propres à être le sujet d'une peinture idéale ; mais, quoique l'instinct des animaux connus soit presque fixe, on peut peindre, on peint *le beau idéal physique* d'un aigle, et même *le beau idéal moral* d'un lion.

CHAPITRE XII. « Les vertus religieuses ont des ailes, elles sont passionnées ; les vertus purement morales sont froides par essence... C'est l'absence du vice plutôt que la présence de la vertu. » – Le dévouement de Curtius, la résolution de Leonidas n'étaient pas l'absence du vice plutôt que la présence de la vertu. Que si l'on fait entrer dans ces actes héroïques des considérations religieuses, ce qu'on ne peut, je crois, ni affirmer, ni contester, du moins il faudra dire que des vertus qui ne sont pas chrétiennes peuvent avoir des ailes ; et nous ne verrons pas pourquoi un Pythagoricien, par exemple, n'aurait pas été capable de se passionner, en quelque sorte, pour la vertu, ni comment le trait du Nérestan de la tragédie serait d'un ordre plus élevé que celui du Régulus de l'histoire. Si d'ailleurs on veut que les vertus soutenues par la crainte des châtiments éternels soient plus sûres, parce que l'intérêt individuel en est plus visiblement la garantie, c'est une nécessité de reconnaître en même temps que les autres vertus sont plus désintéressées et plus nobles, ou de prétendre, contre toute expérience, que ces autres vertus n'existèrent jamais.

LIVRE TROISIÈME

CHAPITRE Ier. « Pourquoi avons-nous donné d'autres proportions à la valeur, et transformé un mouvement brutal en une vertu. C'est par le mélange de la vertu chrétienne directement opposée à ce mouvement, l'humilité ? » – Il ne paraît pas que la valeur ait toujours été brutale chez les anciens ; cependant elle a pu changer, comme tout le reste : l'usage de la poudre contribue à la rendre moins orgueilleuse. Il n'y a plus d'Alcides ; les héros doivent à la fortune de n'être pas blessés. On a prétendu d'ailleurs que les chevaliers exerçaient d'une manière un peu *brutale*, cette charité chrétienne qui, selon M. de Chateaubriand, les portait à courir le monde pour y chercher des aventures de plus d'un genre.

CHAPITRE II. « Ce que nous appelons proprement amour parmi nous, est un sentiment dont la haute antiquité a ignoré jusqu'au nom. » – Et apparemment pour confirmer cette assertion dans le même chapitre, l'auteur y peint avec son talent ordinaire la passion de Didon qui ne différait point de ce que nous appelons proprement amour. Il eût pu dire seulement que cet amour était plus rare chez les anciens, parce qu'ils vinrent avant nous.

Didon n'appartient par réellement à la haute antiquité ; mais il est plus sûr encore qu'elle n'appartient pas aux siècles chrétiens.

CHAPITRE IV. L'auteur transcrit une page de la *Nouvelle Héloïse*, et il y trouve un mélange très vicieux d'expressions, etc. Il voudrait que Julie n'eût pas écrit *la source de l'Être* ; et qu'elle eût dit, le Tout-Puissant, ou le Seigneur. Mais dans cet endroit, le Seigneur, ou le Tout-Puissant n'eussent été que des expressions communes et insignifiantes ; au contraire, la source de l'Être a un grand sens, et c'est précisément le mot qu'il fallait employer. Voici le passage de Rousseau. « Ne trouvant donc rien ici-bas qui lui suffise, mon âme avide cherche ailleurs de quoi la remplir ; en s'élevant à la source du sentiment et de l'être, elle y perd sa sécheresse… elle y puisse une nouvelle vie[55] ».

Cette observation s'écarte de mon objet principal ; mais je veux rappeler de temps à autre combien de détails je néglige à dessein, combien de concessions je fais à l'auteur.

CHAPITRE V. « Si la philosophie est bonne à quelque chose, ce n'est sûrement pas à la peinture des troubles du cœur, puisqu'elle est directement inventée pour les apaiser. » – Ou bien : Si la religion chrétienne est bonne à quelque chose, ce n'est sûrement pas à la peinture des troubles du cœur, puisqu'elle est directement inventée pour les apaiser.

Trouve-t-on mauvaise et scandaleuse la manière dont j'emploie ici le mot « inventée » ? j'observe alors, que l'auteur ne devait pas l'employer pour la philosophie, attendu que la philosophie ayant pour fondement nécessaire la nature, a pu être développée, mais n'a pas été inventée.

Si, au contraire, et comme M. de Chateaubriand le pose en principe, la philosophie apaise les troubles du cœur, et que la religion ne les apaise pas, la philosophie paraîtra préférable, non pas poétiquement, mais moralement ; ce qui mérite bien autant d'attention.

Ordinairement on parle du calme que la religion seule peut donner (il en est aussi parlé dans le *Génie du Christianisme*) ; mais ici l'auteur, voulant que la religion soit bien dramatique, fait observer que l'épouse d'Abélard *se brûlait avec lenteur* sur l'autel de la religion[56] ; que les cloîtres, en contraste avec l'amour, en doivent augmenter la force, etc., etc. Au reste, si l'auteur

55 [N. D. E.] *La Nouvelle Héloïse*, dans *Œuvres complètes*, Paris, Gallimard, Bibliothèque de la Pléiade, t. II, 1984, p. 694.

56 [N. D. E.] *Génie du christianisme*, p. 698. Séduite par son précepteur Abélard (théologien, 1079-1142) qui l'épousa en secret, Héloïse entra au couvent après son émasculation

préfère décidément ce point de vue, s'il dit (chap. Ier) « La qualité essentielle du christianisme étant de poser une barrière aux passions de l'homme, il augmente nécessairement le jeu de ces passions dans le drame » ; ce *grand* avantage sera partagé par la philosophie. La partie morale du christianisme ne peut être essentiellement distinguée de la philosophie morale qui, seule, mérite le nom de recherche de la sagesse. Ce qui distingue le christianisme de la philosophie, c'est qu'il propose comme articles de foi des dogmes incompréhensibles, des traditions incertaines. Il serait philosophique, s'il n'ajoutait pas à la philosophie tant de choses que la raison, abandonnée de la grâce, ne peut admettre. Tout ce qui, humainement parlant, est raisonnable dans le christianisme, ne devrait pas lui être attribué exclusivement, comme M. de Chateaubriand le fait sans cesse ; car, dans cela, il n'y a rien qui n'appartienne, soit aux idées religieuses naturelles ou à la morale philosophique, soit à l'antiquité ou au progrès pour ainsi dire inévitable des lumières.

Chapitre viii. « Ces paroles de M. Rousseau, qui sont très remarquables dans la bouche d'un philosophe : Le fanatisme, quoique sanguinaire et cruel[57], (la philosophie l'est-elle moins)… » – M. de Chateaubriand paraît n'avoir pas évité cette erreur commune, mais surprenante, qui fait de Rousseau un philosophe opposé au christianisme. En ce sens, Rousseau n'était pas au nombre des philosophes. Il s'est élevé plusieurs fois justement, et quelquefois amèrement, contre l'espèce de faction, dite philosophique, qui dominait alors. Il a toujours été religieux ; il était même chrétien. Parce qu'il n'était pas catholique, on l'a souvent confondu avec les écrivains qui n'étaient point chrétiens. Il est étrange qu'on ait dit : Rousseau lui-même a fait un grand éloge de l'évangile. C'est comme si l'on disait : M. de Chateaubriand qui ne confesse pas la *présence réelle*, et qui se sert de ces termes *pâture spirituelle*, M. de Chateaubriand lui-même a fait le *Génie du Christianisme.*

Cette note : La philosophie l'est-elle moins (sanguinaire et cruelle) ? cette note est l'effet de la partialité. Il faudrait que Rousseau eût dit de la religion, ce qu'il a dit du fanatisme. Le fanatisme n'étant que l'abus de la religion, vous pouviez dire, tout au plus, l'abus de la philosophie n'est pas moins sanguinaire. Mais si vous permettez, contre toute justice, d'attribuer

mais échangea avec lui une correspondance passionnée et d'une grande élévation spirituelle.

57 [N. D. E.] *Émile ou De l'éducation*, dans *Œuvres complètes*, Paris, Gallimard, Bibliothèque de la Pléiade, t. IV, 1969, Livre IV, p. 632-633.

à la philosophie même les excès de la révolution, que répondrez-vous à ceux qui, par représailles, ne distinguant plus l'abus de la chose même, vous diront que c'est conformément à l'esprit du christianisme, qu'on a égorgé, persécuté tant d'hérétiques, d'infidèles, etc. ? Certainement, c'est le fanatisme (ou une fureur plus hypocrite qu'on ne peut éviter de confondre avec le fanatisme), en termes généraux, c'est donc le fanatisme qui a fait les maux qu'on lui reproche ; certainement aussi n'est pas la philosophie, mais un abus d'une prétendue philosophie, abus politique dans ses prétextes, et insensé dans ses moyens, qui a fatigué la France de ces désordres où Cromwell et autres avaient précipité l'Angleterre au nom de la religion.

CHAPITRE IX. « Il reste à parler d'un état de l'âme.... Plus les peuples avancent en civilisation, plus cet état du vague des passions augmente... Il reste encore des désirs, et l'on n'a plus d'illusions. L'imagination est riche... l'existence désenchantée. L'amertume que cet état d'âme répand sur la vie, est incroyable... Les anciens ont peu connu cette inquiétude secrète... C'est dans le génie du christianisme qu'il faut surtout chercher la raison de ce vague des sentiments répandu chez les hommes modernes. » – Je croirais, au contraire, que la première des causes indiquées est la plus forte. Et je croirais d'ailleurs que le christianisme a moins de part que la philosophie, soit à ce qu'il y a de mauvais, soit à ce qu'il y a de bon dans cette espèce d'habitude des besoins rêveurs, et du vague des sentiments. La religion remplace par un objet déterminé, les objets vulgaires des passions ; comment, avec ses promesses positives et infinies, jetterait-elle le cœur dans cet ennui qui vient de ce qu'on ne voit rien d'assez grand, de ce qu'on n'attend rien d'assez probable ? Au contraire, la philosophie, qui est également propre à faire que de certains esprits soient frappés du néant de toute chose terrestre, et qui n'annonce point à la place une félicité impérissable, me paraît très suffisante pour empêcher qu'on ne se rende malheureux en devenant coupable ; mais elle est impuissante, lorsqu'il s'agit de satisfaire l'imagination.

Si quelqu'un dit : Vous avouez donc ici que la religion vaut mieux que la philosophie, ce sera puissamment raisonner.

MÊME CHAPITRE. « Cet épisode (René) sert encore à prouver la nécessité des abris du cloître pour certaines calamités de la vie, auxquelles il ne resterait que le désespoir et la mort, si elles étaient privées des retraites de la religion. » – La vie monastique, mais sans vœux irrévocables, est, à mon avis, une excellente institution. C'est encore un fruit de la civilisation orientale.

LIVRE CINQUIÈME

CHAPITRE PREMIER. « En peuplant l'univers d'élégants fantômes, la mythologie ôtait à la création sa gravité, sa grandeur, sa solitude et sa mélancolie... Le vrai Dieu, en rentrant dans ses œuvres, a donné son immensité à la nature. » – Je crois cette observation neuve et profonde. Mais, sans être chrétiens, beaucoup de modernes eussent abandonné cette étroite mythologie, et les Grecs auraient également cessé d'être pour eux les interprètes de l'univers. En connaissant mieux l'Orient, le Nord et les pays sauvages, nous aurions préféré la manière de sentir de presque toute la terre, à l'habitude de revenir sans cesse sur les idées de deux ou trois poètes de l'Archipel. Cette mythologie n'était pas reçue partout avant le christianisme ; pourquoi donc dire : « Il a fallu que le christianisme vînt chasser tout ce peuple de faunes, etc. »

Il m'a toujours semblé que l'on vantait trop cette mythologie. Mais n'est-ce pas aussi se hasarder un peu loin, que d'attribuer positivement le genre descriptif aux effets du christianisme ? Puisque Pline venu plus tard qu'Aristote, puisque Xénophon et Platon « se font déjà remarquer par quelques beaux tableaux », il paraît, d'après l'auteur même, que la marche de l'esprit humain le conduisait naturellement à la partie descriptive de la poésie. « Les naturalistes furent aussi sobres que les poètes, et suivirent à-peu-près la même *progression.* » – En plusieurs endroits, il échappe à l'auteur de confirmer cette vérité, que tout pouvait se perfectionner, indépendamment du christianisme. « Une grande différence, dit-il (chapitre 3 du livre Ier), existait déjà entre les temps de Virgile et ceux d'Homère, et au siècle du premier, tous les arts avaient acquis plus de perfection. » – Si, d'un côté, l'auteur ne prouve point que le christianisme soit d'origine divine ; et si, de l'autre, il avoue que le temps seul devait perfectionner les choses sociales, le *Génie du Christianisme* est un livre nul en faveur du christianisme, excepté dans l'esprit de ceux qui croient apercevoir des choses, quand ils voient une quantité de mots agréables.

MÊME CHAPITRE. « Mais, comme les nations infidèles ont toujours mêlé leur fausse religion, et par conséquent, leur *mauvais goût*[58] à leurs ouvrages,

---

58 [N. D. A.] Voy. précisément le contraire, ici, p. 130, l. 17. – [N. D. E.] Voir *supra*, p. 135.

ce n'est que sous le christianisme qu'on a su peindre la nature dans sa vérité ». – Il paraît qu'à d'autres égards, les Grecs avaient puisé, dans leur fausse religion, un goût aussi peu *mauvais*, que les Goths dans la véritable.

CHAPITRE III. « La solitude avait été regardée comme affreuse ». – Elle n'avait pas été regardée comme affreuse dans l'Orient. « Les nouveaux chrétiens lui trouvèrent mille charmes ». – À tous égards, le christianisme est une suite du Génie Oriental.

Ce n'est point parce qu'ils sont chrétiens, que les Anglais, les Français, etc., ont une poésie descriptive, mais parce qu'ils connaissent l'esprit de tous les peuples, et les sites des deux mondes sous toutes les latitudes. Quant aux Romains, ils savaient à peine qu'il y eût des Orientaux.

MÊME CHAPITRE. « Quand l'esprit humain fait un pas, il faut que tout marche avec lui… Ainsi, il lui fait peine à présent d'admettre de petites divinités là où il ne voit plus que de grands espaces… » – C'est effectivement ce progrès des choses humaines[59] qui a produit le genre descriptif. Quant à cette grandeur de la nature que les anciens paraissent avoir peu sentie, le temps aussi l'a manifestée. L'homme sauvage ne voit d'abord dans la fécondité de la nature, que les objets de ses besoins ; lorsque les tribus commencent à connaître les arts, c'est une sorte de nécessité qu'on s'occupe presqu'uniquement des hommes ; il en est de même au milieu des sollicitudes politiques d'une *cité.* Mais quand tout est devenu et commode et illusoire, quand les grands états fleurissent, on a recours aux êtres inanimés pour se défendre contre la tristesse que bientôt l'on trouve au-dedans de soi ; et, comme ce n'est plus l'instinct, mais la pensée, qui interroge la nature, on étudie, en quelque sorte, d'une manière abstraite le monde visible ; on en découvre alors les vraies beautés qui sont des indices de cet infini auquel on aspire. Sans doute, il est bon de n'y plus trouver de Naïades, l'esprit seul pourrait s'avancer sur ces traces rebattues : il faut à l'imagination plus de liberté, il faut que le silence des lieux nous force à les peupler à notre manière ; c'est quand le désert est vide, que le génie entreprend de le féconder.

59 [N. D. A.] M. de Fontanes a très bien dit : Quand le télescope recule les immensités du ciel, il faut bien que l'olympe s'abaisse, et c'est alors que la muse de l'épopée, s'égarant avec Newton dans des mondes sans fin, s'écrie : Par delà tous ces cieux, le Dieu des cieux réside. – [N. D. E.] *Mercure de France*, 25 germinal, an X (15 avril 1802).

Chapitre iv. « Il n'est pas rigoureusement vrai que *les divinités* poétiques des chrétiens soient privées de toute passion. » – Malheureusement les poètes, et plus malheureusement encore les interprètes sacrés se sont permis de donner des passions à la Divinité même. Quant aux *divinités* du christianisme, je ne sais pas bien ce que c'est. « Le Dieu de l'Écriture se repent. » – Tant pis. « Il est jaloux. » – Tant pis. « Il aime. » – Ce ne devrait pas être là le mot. « Il hait. » – Tant pis. « Sa colère monte comme un tourbillon. » – Vulgairement : le sang lui monte à la tête ; ou bien : il ne se possède plus. « Il n'est pas tout-à-fait vrai que les divinités chrétiennes soient ridicules dans les batailles. » – Tant pis encore.

Chapitre v. « C'est une chose bien merveilleuse que le Dieu de Jacob soit aussi le Dieu de l'Évangile… » – C'est une chose bien embarrassante que la loi de Jacob ne soit plus la bonne loi, et qu'il n'y ait point d'unité dans le drame saint : c'est ce qui fait que les Musulmans croient en être au troisième et dernier acte. Les chrétiens, disent-ils, ont tort de s'arrêter si longtemps au second ; quand veulent-ils que cela finisse ?

Chapitre vi. « Il faut que… dans une tempête excitée par l'*enfer*… les nuages ne se meuvent qu'au souffle impur de la haine ». – Cela ne suffira point pour faire distinguer ce qui vient du Très-Haut, de ce qui vient des Puissances infernales ; votre ciel souffle aussi la haine. Nous venons de voir que, dans l'Écriture, *Dieu hait* ; et c'est parce qu'il hait, que les chrétiens savent haïr, et que, par exemple, ils doivent haïr les sophistes, comme il est dit dans la première partie (ch. 2 du livre VI).

Chapitre xvi. « Le christianisme a une certaine poésie de l'âme, une sorte d'imagination du cœur, dont on ne trouve aucune trace dans la mythologie ; et les beautés touchantes qui émanent de cette source, seraient seules une ample compensation pour les ingénieux mensonges de l'antiquité. Tout est machine et ressort, tout est extérieur, tout est fait pour les yeux dans les tableaux du paganisme ; tout est sentiment et pensée, tout est intérieur, tout est créé pour l'âme dans les peintures de la religion chrétienne. Quel charme de méditation ! quelle profondeur de rêverie ». – Écartez pour un moment l'idée du christianisme, et vous verrez que les idées, à-la-fois religieuses et philosophiques (déjà introduites en Europe du temps de Platon), conserveront cet avantage sur la mythologie superstitieuse de quelques peuples brusquement civilisés. On s'aperçoit à la longue, et l'auteur l'a très bien senti, que la mythologie des Grecs a quelque chose d'étroit et d'aride ; mais il en sera de même de toutes les suppositions, fussent-elles plus modernes ; il en sera toujours ainsi de toute poésie fondée sur le mensonge. Il n'y a de grandeur que dans la vérité, parce que la vérité seule est inépuisable.

LIVRE SIXIÈME

CHAPITRE PREMIER. Je crois que l'on ne pourrait répondre aux assertions vagues de ce chapitre, sans y consacrer trop d'espace. À celui qui prétendrait que « toutes les sortes de styles de la Bible n'ont aucune ressemblance avec les styles des hommes, » – on opposerait ceux qui trouvent dans la Bible tant de choses mauvaises. « L'étonnante originalité de la Bible, » – serait une occasion féconde d'inutiles disputes.

CHAPITRE II. « Quand on songe… quand on remarque… quand on considère… lorsqu'on vient à penser…. lorsqu'on fait réflexion… enfin quand on voit… alors on est prêt à s'écrier… » – Il est vrai que si nous voyons tout cela, nous voyons de fort belles choses ; mais il faut avoir exprès disposé ses yeux d'une certaine manière. On peut rencontrer des choses admirables dans la Bible, et y rencontrer aussi d'autres choses : or, il serait plus naturel d'attribuer les premières aux hommes, que les secondes à Dieu ; il est naturel de se dire, si mon jugement fait autorité, lorsque je pencherais à croire que certains passages sont supérieurs à ce que l'homme fait ordinairement, il n'a pas moins de poids, lorsque j'en vois d'autres s'écarter absolument de l'idée qu'on peut se former de l'inspiration céleste. Les Musulmans prétendent aussi que jamais les hommes n'ont rien écrit de semblable au Coran : c'est qu'ils savent d'avance que toutes les lignes en doivent être sublimes ; c'est qu'en le lisant, ils songent aussi, ils font aussi réflexion, ils viennent aussi à penser, enfin, ils voient aussi, et toujours avec des yeux favorablement disposés ; voilà comment ils sont toujours *prêts à s'écrier.*

CHAPITRE III. « On suppose… que c'est un homme malheureux, et, par conséquent, le favori de Jupiter. » – Aussi, l'auteur a écrit avec beaucoup de légèreté les pages où il prétend que le *paganisme* n'offrait aux infortunés aucun appui, qu'il n'avait rien de moral, etc.

SUPPLÉMENT DE LA SECONDE PARTIE
Sur la Fête-Dieu de Lyon[60]

« C'était une insigne erreur de croire que l'Évangile était détruit, parce qu'il n'était plus défendu par les heureux du monde. » – Cette erreur paraît avoir été dans le temps celle de l'auteur d'un live publié à Londres, et contenant un chapitre sur cette question : Quelle sera la religion qui remplacera le christianisme, lorsqu'il sera tombé dans un discrédit total ?

« Disons plus : si un homme tout-puissant retirait sa main aujourd'hui, demain le philosophisme livrerait les prêtres au glaive de la tolérance, ou rouvrirait pour eux les *philanthropiques déserts* de la Guyane. » – La prévention aveugle singulièrement l'esprit, quand elle permet d'achever de semblables lignes, quand on n'est pas aussitôt arrêté par le souvenir que l'Asie, l'Amérique et l'Europe conservent des *charitables actes de foi*, etc., etc. Peut-on d'ailleurs se dissimuler que la philosophie, que même le philosophisme n'a jamais eu ni une autorité réelle, ni même une influence claire et directe : tandis que l'église usant d'une puissance reconnue, effective, durable et fortement instituée ; l'église qui n'a point d'excuses, puisque les mobiles considérations humaines ne peuvent l'entraîner ; l'église qui, au sentiment de l'*univers*, est infaillible, a autorisé l'inquisition que les nonces du pape établissaient dans les royaumes. Au reste, ce saint tribunal n'a fait brûler dans l'Espagne seule, selon un historien espagnol, que cent trente mille individus de la génération même qui l'a vu s'établir.

60 [N. D. E.] Le texte de Chateaubriand est paru dans *Le Mercure de France* du 25 juin 1803 (6 messidor an XI), puis dans le *Bulletin de Lyon* du 16 juillet 1803 (27 messidor an XI) avant d'être annexé aux éd. de Lyon, Ballanche, 1804 et 1809 du *Génie du christianisme*. Il est reproduit dans la Bibliothèque de la Pléiade, p. 1674-1676.

Troisième partie

LIVRE PREMIER

Chapitre premier. « Le christianisme a sauvé la musique dans les siècles barbares ; où il a placé son trône, là s'est formé un peuple qui chante naturellement comme les oiseaux ». – Le christianisme ayant malheureusement joui de sa principale force dans les temps barbares, des incrédules, ces hommes qui ne chantent pas naturellement, ponctueront ainsi : Le christianisme, dans les siècles barbares où il a placé son trône, etc.

Même chapitre. « O religion de paix ! vous n'avez pas, comme les autres cultes, dicté aux humains des préceptes de haine et de discorde ». – Plusieurs cultes n'ont dicté aucun précepte de haine ; et, quant à la discorde, il y en eut beaucoup chez les chrétiens, malgré la quantité des bourreaux dominicains et autres.

Chapitre III. « L'école chrétienne (il s'agit de la peinture) a cherché un autre maître ; elle le reconnaît dans ce grand artiste, qui, pétrissant un peu de limon entre ses mains puissantes, dit ces paroles du peintre : Faisons l'homme à notre image. Donc, pour nous, le premier trait du dessin a existé dans l'idée éternelle de Dieu, et la première statue que vit le monde, fut cette fameuse argile animée du souffle du Créateur. » – Je relis ce passage, et c'est en vain ; j'y reviens encore ; mais je me dis toujours : Ou il n'a aucun sens, ou Dieu a des bras et des cuisses.

Même chapitre. Les Raphaël, les Le Sueur, les Le Poussin ne font point autorité en faveur du christianisme. La liste des Bacon, des Leibnitz, des La Bruyère, présentée au chapitre 3 du livre suivant, n'amène pas de meilleures conclusions. Si l'on voulait en inférer seulement que le christianisme n'a pas étouffé les talents, je l'accorderais sans difficulté ; mais on nous dit : Voilà des hommes qui sont grands, et qui portent habituellement des habits bleus, reconnaissez qu'un habit bleu procure une haute taille ? Les adversaires du christianisme paraîtraient-ils raisonnables, s'ils lui attribuaient la différence qu'on trouve entre les Athéniens actuels et les contemporains d'Alcibiade ? Les siècles favorables aux arts, aux sciences, à la philosophie, le sont par des causes qui tiennent peu aux religions. L'Europe occidentale a une très grande influence sur le reste de la terre : mais il ne faut chercher dans la religion que cette contrée professe depuis douze ou quatorze cents ans, ni le principe de son génie récent, ni même la légère apparence d'université que le commerce et l'activité valeureuse de deux ou trois peuples ont prêtée à cette religion. Lorsque les Européens l'ont presque universellement embrassée, non-seulement ce n'était pas un effet de leur lumières supérieures, car ils étaient barbares, mais, en outre, ils n'ont pas même choisi ; ils ont adopté ce qu'ils ont trouvé, comme les Tatars[61] ont fait à la Chine. Ce ne sont pas non plus les lumières de Rome qui la rendirent chrétienne ; mais la politique de Constantin qui, voulant être fort contre Rome même, songea à se concilier les dernières classes dans cette partie orientale de l'empire où il voulait établir sa nouvelle capitale, et où le christianisme s'était introduit en consolant les esclaves, et aussi en amusant les discoureurs grecs.

Selon M. Ferrand (*Esprit de l'Histoire*[62]), la puissance a été donnée à Rome, pour que la religion du Christ s'établît plus facilement : peut-être aussi l'étendue des relations commerciales, et la facilité d'aborder chez les tribus les plus sauvages, ont-elles été données à l'Angleterre, pour que l'hérésie se propageât plus rapidement ?

MÊME CHAPITRE. « Les professeurs furent brûlés vifs, et ce ne fut qu'au péril de leurs jours, que des *chrétiens* parvinrent à sauver la peau de dragon… où les œuvres d'Homère étaient écrites ». – Dans le texte original, le mot « chrétiens » est en *italique*, afin de bien faire sentir que ces gens, zélés pour les arts et les lettres, étaient des chrétiens. Mais, malheureusement, ceux qui, avec un zèle contraire, *brûlaient* ces chrétiens, étaient aussi des chrétiens. Il paraît que leur charité, leur *philanthropie* valait au moins celle

61 [N. D. E.] Peuple turc descendant des tribus nomades vivant autrefois en Mongolie et qui, au XIIIe siècle, a envahi la Russie.

62 [N. D. E.] Antoine François Claude Ferrand (comte), *L'Esprit de l'Histoire, ou Lettres d'un père à son fils sur la manière d'étudier l'Histoire*, Paris, 1802, 4 vol.

que l'auteur reproche aux hommes de la fin du dix-huitième siècle morceau *sur la Fête-Dieu de Lyon*. Ces iconoclastes, qui firent brûler vifs des professeurs, étaient, il est vrai, des hérétiques (le temps des orthodoxes n'était pas venu) ; mais n'oublions point que l'auteur enrôle des hérétiques toutes les fois qu'ils peuvent le servir, comme les impies *enrôlent la peste*.

CHAPITRE IV *et chapitres suivants*. Les *fonds sacrés* peuvent avoir été aussi favorables aux grands maîtres que les fonds profanes ; mais presque partout l'auteur exagère. Les circonstances ont fait que plusieurs grands peintres ont traité avec plus de soin des sujets chrétiens : *Le temps où ils ont vécu mettait leurs talents au couvent*, dit l'auteur des *Notes critiques*. Et de même, si Athalie est au-dessus d'Andromaque, il faut se souvenir que le talent de Racine était dans toute sa maturité, lorsqu'il fit parler le petit ancêtre du fils promis à David.

« Les costumes de l'Orient, la grande nature des animaux de l'Asie » – n'ont qu'un rapport accidentel avec le christianisme. Sans être chrétien, l'on eût peint des scènes asiatiques, ainsi que des paysages ; ou bien, c'est au christianisme que nous sommes redevables des feux d'artifice, du chocolat, et des bretelles ; car enfin, les *païens* n'avaient pas tout cela.

Le lecteur doit être fatigué du peu d'importance de mes observations ; mais je n'en puis faire que sur ce que l'auteur a trouvé à dire en faveur de sa cause.

Il emploie continuellement ces moyens vagues que tout système fournit presqu'également quand on a de l'esprit, et qu'on veut en abuser. Je vois toujours avec lui que la religion moderne n'a pas détruit les arts, mais je ne vois rien de plus. Les sujets qu'elle a fournis aux arts eussent été convenablement remplacés par des sujets relatifs à une autre croyance. La protection accordée aux arts par des princes chrétiens, d'autres princes l'auraient accordée. Avant les Léon X, étaient venus les Périclès ; et, selon la juste remarque de M. G..., ce n'est pas comme chefs de la religion que les papes ont protégé les beaux-arts. Pourquoi affirmer que les trois chefs-d'œuvre de l'architecture moderne sont des monuments religieux ? Le *Louvre* est-il inférieur, est-il certainement inférieur à *Saint-Sophie*, à *Saint-Paul* ? Il est naturel que les temples de tous les cultes soient au nombre des plus beaux monuments, surtout dans les pays où les autres bâtiments publics n'intéressent guère le public.

« Nos temples, moins petits que ceux d'Athènes et moins gigantesques que ceux de Memphis, se tiennent dans ce sage milieu où règnent le goût et le beau par excellence. » – Moins que nous, ce n'est pas assez à notre jugement ; et plus que nous, c'est trop ! Assurément quand nous aurons ainsi décidé que nos ouvrages sont parfaits, nous trouverons imparfait ce que les autres feront dans un goût différent.

« On dirait que l'*Hôtel des Invalides* fait montrer ses voûtes dans le ciel à la voix de la religion, et que l'*École militaire* s'abaisse vers la terre à la parole du siècle athée. » – Je transcris une phrase risible, j'en demande pardon à M. de Chateaubriand ; mais je regarde comme un devoir de citer ici ses arguments les plus vigoureux.

« La peinture, l'architecture, la poésie et la grande éloquence ont toujours dégénéré dans les siècles philosophiques. » – Preuve : Le siècle de Platon, d'un côté ; de l'autre, le dixième siècle. Je sais que lors de la décadence, il y a encore de la philosophie ; et c'est exactement comme si l'on disait, l'homme arrive toujours à la caducité dans l'âge de la raison ; donc, c'est la raison qui le fait mourir. Peut-être ai-je déjà fait une réflexion semblable, l'auteur m'en fournit souvent l'occasion. Il dit dans le chap. 2 du livre suivant : « Toujours les siècles de philosophie ont touché aux siècles de destruction. » Il dit encore, chap. 3 du livre IV de la première partie : « Les siècles savants ont toujours touché aux siècles de destruction. »

LIVRE SECOND

CHAPITRE PREMIER. « … Ces principes rigoureux, ces vérités absolues qui bouleversent la société. » – Les principes rigoureux, les vérités absolues seraient très propres à établir dans la société l'ordre et le repos : mais il peut d'abord en résulter effectivement de grands troubles, parce qu'à plusieurs égards on a donné, pour base à la société, la mensonge et l'absence des principes. Quand par hasard l'inflexible raison s'y fait entendre, elle peut exciter par sa nouveauté même une dangereuse fermentation. Prolonger le règne de l'erreur, ce ne serait pas mettre un terme à ce danger, mais travailler à le perpétuer. Il est étrange l'ordre social que doivent bouleverser les principes rigoureux et les vérités absolues !

MÊME CHAPITRE. « Les législateurs antiques… s'opposaient aux philosophes, et comblaient d'honneur les artistes ». – Ils pouvaient s'opposer aux philosophes, sans être réellement d'une opinion qui leur fût contraire. Il est assez naturel aux hommes d'aimer que l'on suive sans examen, la règle qu'ils ont établie. Mais, pour trouver ces institutions mêmes, la philosophie avait été nécessaire. Quelques législateurs ont pu favoriser les artistes ; mais quelques autres, comme Lycurgue, ont agi très différemment. Les hommes d'état savent, comme les Médicis, que les arts contribuent beaucoup à la docilité des peuples. Je ne vois en cela aucune preuve de l'opinion réelle que se sont formé des arts, je ne dis pas les plus grands esprits, mais les plus grands génies.

MÊME CHAPITRE. « Le même tribunal ecclésiastique, qui condamna d'abord le système de Copernic, permit, six ans après, de l'enseigner comme hypothèse. D'ailleurs, pouvait-on attendre plus de lumières astronomiques d'un prêtre romain, que de Ticho-Braé qui continuait à nier le mouvement de la terre ? » – Il ne s'agit pas ici de lumières ; mais précisément parce que le prêtre romain n'était pas obligé d'avoir des connaissances astronomiques, il ne devait point prononcer dans de semblables matières ; et le meilleur parti à prendre, dès le premier moment, eût été celui qu'on prit six ans plus tard. Il importe assez peu à la cause de la religion qu'un tribunal ecclésiastique se soit bien ou mal conduit dans un cas particulier ; mais il serait bon que l'auteur ne le justifiât point par des raisons étrangères aux reproches qu'on lui fait.

MÊME CHAPITRE. « Nous attribuons faussement à nos sciences, ce qui appartient au progrès naturel de la société. » – Si cette réflexion paraît juste, combien plus certainement celle-ci le serait-elle : Nous attribuons faussement au christianisme, ce qui appartient au progrès naturel de la société. Cette erreur se retrouve presqu'à chaque page dans le *Génie du Christianisme*, et il se compose presqu'entier des subtilités qui la déguisent.

J'aurais d'autres observations à faire sur plusieurs passages relatifs à la science ; mais elles ont déjà été faites pour la plupart, dans une *Lettre à M. de Chateaubriand sur deux chapitres du Génie du Christianisme*[63] ; Genève, 1806.

Pour abréger, je ne ferai non plus aucune remarque sur le mauvais dialogue entre le prince Eugène, Marlborourg[64], etc.

MÊME CHAPITRE. « Les âges irréligieux conduisent nécessairement aux sciences, et les sciences amènent nécessairement les âges irréligieux. » – Plusieurs chrétiens, sans doute, auront trouvé cet aveu fort indiscret. Il est malheureux que ce soit précisément ce qu'il y a de moins vague, de moins voisin de l'arbitraire dans les notions humaines, qui paraisse si fatal, non pas aux idées religieuses, mais à une révélation, et spécialement à la révélation chrétienne. L'auteur a soin de confondre mille fois cette révélation avec les sentiments religieux que la nature même semble inspirer. Il se peut que les savants cherchent mal la vérité : mais enfin, c'est un moyen bien suspect de les ramener au vrai, que de leur en interdire la recherche ; et il est trop difficile de distinguer des imposteurs, ceux qui, en prêchant la vérité, anathématisent la science. Il y a deux vérités, selon M. de Chateaubriand : il adore l'une, et proscrit l'autre. La première est celle qu'on sent et qu'on ne prouve pas : malheureusement les infidèles la *sentent* à Médine, à Lassa, ou à Jedo, tout autrement que les bons fidèles de Madrid, de Rome, de Toulouse, ou les mauvais fidèles de Londres, de Berlin, d'Amsterdam. Quant à la seconde, c'est une vérité qui est trop vraie, ou bien qui n'est pas vraie ; vérité si originale dans le *Génie du Christianisme*, que l'auteur a seul le talent nécessaire pour la définir. « C'est, dit-il, je ne sais quelle vérité qui n'est pas la véritable vérité (chap. 5 du livre IV) » – ou bien ce sont des vérités *absolues* « qui bouleversent la société (chap. Ier du livre II) ; » – et ailleurs (même chapitre) : « Qu'y a-t-il, grand Dieu ! de moins *positif* que les sciences ? »

CHAPITRE II. « Toujours les siècles de philosophie ont touché aux siècles de destruction. » – Comme dans l'homme, avons-nous déjà dit, l'âge de la raison touche à l'âge de la décrépitude. Au reste, mon intention

63 [N. D. E.] Par Georges-Marie Ra(y)mond.

64 [N. D. E.] Frédéric II, *Dialogue des morts entre le prince Eugène, mylord Marlborough et le prince de Lichtenstein*, dans *Œuvres posthumes de Frédéric le Grand*, Amsterdam, 1789, t. VI.

n'est assurément pas de défendre cette manie de toujours apprendre, qui n'ajoute rien au contentement, et qui ajoute beaucoup aux difficultés de la vie. Mais, outre que la manie des arts devient aussi fatigante, je voudrais que le cœur ne fût pas le seul guide de l'homme, parce que les mouvements du cœur étant passionnés, orageux, fanatiques, il ne resterait aucun espoir de rétablir l'ordre dans les sociétés humaines.

CHAPITRE IV. « Si l'on s'occupe encore d'écrits de politique, ce qu'à Dieu ne plaise… » – Ainsi, les destinées des États seront livrées au hasard, ou à quelque chose de pis que le hasard ! Que l'on fasse des livres de politiques (à Téhéran et à Maroc on en fait peu) ; dans les bons livres de politique on montrera l'erreur des mauvais, et le danger des principes qui conduisent à la licence, qui font désirer les troubles. L'expulsion de Tarquin, les proscriptions de Sylla ne furent pas l'effet des écrits politiques. C'est par la faiblesse, par l'indolence, par le désordre que les États sont bouleversés : il est plus facile de remédier aux inconvénients des livres que de contenir les factieux ou d'écarter les intrigants, et surtout que de changer en hommes les flatteurs des rois.

MÊME CHAPITRE. « Remarquons que les publicistes modernes ont vanté le gouvernement républicain, tandis que les écrivains politiques de la Grèce ont généralement donné la préférence à la monarchie. Pourquoi cela ? parce que les uns et les autres haïssaient ce qu'ils avaient, et aimaient ce qu'ils n'avaient pas : c'est l'histoire de tous les hommes. » – La chanson le disait : Ce que l'on a, cesse de plaire, etc.

La plupart des auteurs aiment assez naturellement un ordre de choses propre à maintenir une classe d'hommes riches et puissants ; c'est un appui pour la mollesse, pour les habitudes uniformes de la vie du cabinet. Si plusieurs modernes ont néanmoins préféré la république, c'est peut-être en général parce que l'imprimerie les entraînait à écrire pour la multitude ; chez les Grecs, au contraire, les premiers d'entre les citoyens, ceux qui, pour la plupart, aspiraient à devenir *tyrans*, lisaient presque seuls les manuscrits.

« La philosophie (des sages de la Grèce) s'appuyait sur la religion… La Grèce, avec de tels sentiments, fut heureuse. » – M. de Chateaubriand a besoin ici que la Grèce ait été heureuse. M. Ferrand[65], qui défendait en

65 [N. D. E.] Antoine Ferrand (1751-1825), historien, homme d'état, membre de l'Académie française (1816) et de la Chambre des pairs, fut un des grands écrivains de

général la même cause, mais qui avait besoin, dans son système, que la Grèce eût été malheureuse, a fait un tableau effrayant des divisions et des mauvaises mœurs de la Grèce. C'est ainsi que l'on arrange tout selon ses vues; les lecteurs prévenus par leurs propres opinions, examinent avec une douce indulgence les arguments favorables à leur parti. Pour moi, je pense que la plupart des républiques furent très imparfaitement constituées. La Grèce me paraît avoir été beaucoup plus brillante qu'heureuse; et pourtant il convenait mieux aux Grecs qu'à beaucoup d'autres, de s'attacher aux formes républicaines, parce qu'il n'était pas impossible qu'ils en eussent de bonnes. Je pense aussi que la philosophie de plusieurs Grecs ne s'appuyait pas sur la religion chrétienne, mais sur la crédulité, qui pouvait paraître presque nécessaire dans un temps où l'on n'avait ni police, ni imprimerie. Enfin, je pense, et je le répète, que le titre de Génie de la Crédulité, eût convenu à quarante chapitres du *Génie du Christianisme.*

CHAPITRE VI. Ce chapitre est un éloge de Pascal. Pascal fut certainement un homme peu ordinaire; mais on pourrait avoir aperçu les bornes de la science aussitôt que Pascal, et avoir tourné ses pensées vers la religion, non pas pour se confirmer dans l'idée qu'elle est divine, mais pour chercher à savoir si elle l'est, ou si elle ne l'est pas.

Dans notre siècle Pascal n'aurait point de célébrité. Il faut maintenant écrire des choses agréables à une classe d'hommes qui aient ou qui cherchent à avoir beaucoup d'influence. Il faut, comme M. de Chateaubriand l'a fait, profiter de l'à-propos[66], et prendre de certains soins[67]. On a dit, je le sais : Le *Génie du Christianisme* n'est pas un ouvrage de circonstances, puisqu'il est en cinq volumes. Cette preuve m'a beaucoup frappé; elle est certainement d'une grande force.

« Pascal, Bossuet, Fénelon, etc., etc. » – Les hommes d'un talent supérieur ne sont point formés par la religion du pays où ils naissent;

---

la Contre-Révolution avec Bonald. Auteur de *L'Esprit de l'Histoire, ou Lettres d'un père à son fils sur la manière d'étudier l'Histoire*, Paris, 1802, 4 vol.

66 [N. D. A.] M. de Bonald a dit dans le *Publiciste*, que le *Génie du Christianisme* joignait à tous les genres de mérite, celui de l'*à-propos.*

67 [N. D. A.] L'auteur dit dans sa *Défense* : « C'est *Atala* qui a annoncé et qui peut-être a fait lire le *Génie du Christianisme*... N'est-il pas probable que tel lecteur n'eût jamais ouvert le *Génie du Christianisme* s'il n'y avait cherché *René*, et *Atala*... Ces épisodes étaient une amorce, etc. »

mais souvent ils emploient leur talent à disserter sur la religion, lorsque leur siècle met de l'importance à ces sortes de discussions. C'est en faveur de la religion qu'ils écrivirent : soit ; c'est en faveur de la religion que plusieurs d'entre eux écrivirent. Retranchez les effets de l'éducation, la force de l'habitude, le danger auquel on s'exposait en manifestant des opinions contraires ; en un mot, remettez la balance dans sa véritable situation, et vous la trouverez pour le moins égale.

Le pays des Héraclides a eu plus d'hommes de génie que le pays d'Israël ; donc selon la manière de raisonner de M. Chateaubriand, le culte de Jupiter était préférable à celui de Jehovah. Les livres sacrés de ce dernier peuple, qui a fait si peu d'autres livres, paraissent avoir été écrits sous l'influence d'un génie étranger. Tout rappelle que Moïse naquit sur les bords du Nil, et que Jésus a pu être conduit en Égypte.

Le christianisme n'a pas plus donné à l'Europe le génie dont elle se vante, qu'il ne lui a donné son commerce, et les autres résultats d'une activité qui s'éloigne sensiblement de l'esprit de l'Évangile.

Dans une note qui dépend de ce chapitre, l'auteur cite cette phrase de Pascal : *La raison de l'homme seule ne peut arriver à une démonstration parfaite de l'existence de Dieu.* À plus forte raison ne pourrait-elle seule arriver à une démonstration des dogmes du christianisme. Ainsi Pascal, dans l'ouvrage qu'il avait entrepris, aurait admis la révélation comme source de toute connaissance des choses divines, et ce qu'il se serait d'abord proposé de prouver, c'est que la religion chrétienne a été révélée. Il est bien malheureux que Pascal n'ait pas prouvé cela ; qui est-ce qui le prouvera maintenant ?

LIVRE TROISIÈME

CHAPITRE Ier. On voit dans ce chapitre que la révolution (dont il ne doit pas être question dans le *Génie du Christianisme*, selon la préface de la première édition d'Atala) « éteignit parmi nous la magnificence particulière au cœur de l'homme, et ramena l'empire de la tache originelle, *comme au jour de Caïn.* » – Mais, ajoute l'auteur, tandis que chacun de nous se consacrait à sa propre corruption, « tandis que cet esprit dévorait intérieurement la France, d'où lui venait cet esprit de salut qui la défendait au dehors ? Au dedans tout est abattu, à l'extérieur tout triomphe… Une telle combinaison de choses n'a point de principe naturel dans les événements humains…. Dieu vit l'iniquité des < ?>… » – Voilà comme M. de Chateaubriand trouve des *bases historiques certaines*, et néanmoins M. Ferrand, qui a écrit à la même époque et dans le même esprit, et qu'on choisit, par cette raison, pour l'opposer ici à M. de Chateaubriand, M. Ferrand, au contraire, observe qu'un peuple très agité au dedans, est *naturellement* fort au dehors. Voyez le commencement de la lettre quinzième de l'*Esprit de l'histoire*, et dans la même lettre, le paragraphe, *Que leur fût-il donc arrivé*… etc., etc.

CHAPITRE IV. L'auteur qui paraît toujours avoir contre le vrai quelque antipathie, prétend, dans une note, que le vrai le plus pur renferme un mélange de faux. « La vérité humaine est semblable au triangle qui ne peut avoir qu'un seul angle droit ; comme si la nature avait voulu graver une image de notre insuffisante rectitude, dans la seule science réputée certaine parmi nous. » – Dans une lettre critique datée de Genève, et que je crois avoir déjà citée, l'on demande avec raison ce qu'il y a de faux dans un angle aigu, dans un angle obtus. En effet, c'est bien abuser du double sens du *rectum* des latins, que de trouver, dans les desseins de la nature, un rapport entre le vrai et un angle qui a 90 degrés, au lieu de 91 ou de 89 : mais ôtez du *Génie du Christianisme* ce vague de l'expression, et ces petits arrangements plus ou moins adroits, il n'y restera pas même, dans la plupart des chapitres, l'apparence du raisonnement. Cette comparaison est tout-à-fait malheureuse, car la nature ayant donné quatre angles droits à de certains quadrilatères, aurait donc voulu en même temps *graver une image de notre* suffisante *rectitude dans la science* réputée *certaine parmi nous.*

Dans ce même chapitre, M. de Chateaubriand rend ainsi raison de la supériorité des historiens du paganisme sur les historiens inspirés par le génie de la loi sainte. « C'est au changement des affaires humaines, à un autre ordre de choses et de temps, à la difficulté de trouver des routes nouvelles en morale, en politique et en philosophie, que l'on doit attribuer le peu de succès des modernes en histoire. » – Ainsi, je le répète, quand les modernes sont inférieurs aux anciens, on en donne des raisons naturelles ; mais quand ils sont supérieurs, il n'y a d'autre cause que le christianisme. On aurait cru pourtant, d'après le système de l'auteur, d'après sa manière de voir ou de parler, que les historiens chrétiens n'eussent pas été embarrassés pour trouver des routes nouvelles en politique, en morale, puisque, selon lui-même, le christianisme en a ouvert de nouvelles ; on aurait pensé que le christianisme *donnant tout* au monde moderne, n'aurait pas eu moins d'influence sur ses historiens que sur ses paysagistes, sur les choses importantes que sur celles d'un ordre secondaire.

LIVRE QUATRIÈME

CHAPITRE PREMIER. « Les modernes doivent à la religion cet art du discours qui, en manquant à notre littérature, eût donné au génie antique une supériorité décidée sur le nôtre. » – On en conclurait volontiers qu'à l'aide du christianisme les modernes ont plus d'*art* dans leur éloquence ; mais que, malgré le christianisme, les infidèles ayant eu plus de *génie*, la supériorité leur reste ; et qu'enfin, d'après l'aveu de l'auteur, le génie antique est assez près d'avoir cette supériorité décidée sur le génie chrétien.

« L'éloquence morale n'a paru sur la terre qu'avec la loi évangélique. » – L'éloquence morale est plus répandue en Occident depuis le siècle de Socrate ; mais on ne peut dire que des Gentils venus avant Saint-Paul ne l'aient point connue. Cessons d'ailleurs d'attribuer au christianisme *ce qui appartient au progrès naturel de la société.*

« Massillon et Bossuet peuvent être comparés à Démosthène et à Cicéron. » – Sans cela le génie antique aurait la supériorité sur le nôtre, selon l'auteur. Or, c'est le christianisme qui nous a donné notre génie ; « il a modifié le caractère des nations, et créé en Europe des hommes totalement différents des anciens. » (Chap. 5 du *livre précédent.*) – Cette croyance des modernes qui les a faits ce qu'ils sont, n'est pas parvenue à les rendre les égaux des anciens ; donc, et ce n'est pas le plus faible raisonnement de l'auteur[68], le christianisme est supérieur de beaucoup aux institutions humaines qui avaient fait les anciens ce qu'ils étaient.

On cite, dans ce chapitre, un Marat pour justifier ce qu'on y dit des *lambeaux l'éloquence*. En choisissant ce qu'il y a d'odieux ou de petit chez ses adversaires, en l'opposant à ce qu'il y a de meilleur dans son propre parti, l'on a facilement l'avantage. Il est possible que Marat le cède à Bossuet.

« Au reste, c'est la religion qui, dans tous les siècles et dans tous les pays, a été la source de l'éloquence. » – Du moins ce n'est pas la religion chrétienne ; distinction qu'il ne faudrait pas avoir soin de ne jamais faire, quand on écrit sur le *Génie du Christianisme*.

Chapitre ii. « Sans le renversement des faux dieux, et l'établissement du vrai culte, l'homme aurait vieilli dans une enfance interminable... » – On n'aurait que des écrits dictés par « les raisons de passion et de circonstance » – on n'aurait que les livres des Platon, des Marc-Aurèle, des Confucius, et l'*éloquence morale n'aurait point paru sur la terre.*

Chapitre iii...... « Comment citer aux lecteurs des merveilles qui leur soient inconnues ? Ne grossirions-nous pas trop ces pages, en les chargeant de ces illustres *preuves* de la beauté[69] du christianisme ? » – Or, ces merveilles sont telles que, sans *l'art du discours, le génie des modernes aurait une infériorité décidée, etc.* (chap. Ier de ce même livre).

« Nous n'emploierons pas toutes nos armes, nous n'abuserons pas de nos avantages, de peur qu'en pressant trop l'évidence, nous ne finissions

68 [N. D. A.] Ceux qui auront bien lu le *Génie du Christianisme*, seront peut-être surpris que j'attribue à l'auteur des raisonnements ; mais il emploie lui-même ce terme dans le chapitre 3 de ce même livre quatrième. – [N. D. E.] voir *infra*, p. 158 et *Génie du christianisme*, p. 859.

69 [N. D. A.] Peut-être l'auteur dirait-il ici, selon son plan général de défense, qu'il ne parle que des *beautés* du Christianisme. Mais du moins ces beautés seraient d'origine céleste, et l'on *prouverait* la vérité de la loi nouvelle si on établissait qu'elle a fait ce que des institutions humaines n'auraient pu faire. Le christianisme est excellemment beau, donc le christianisme a été révélé ; tel est l'objet de M. de Chateaubriand. Le christianisme, comme toute grande institution, peut avoir de très belles parties ; mais il est loin d'avoir, à des yeux non prévenus, une perfection surnaturelle, et rien ne montre qu'il ait été révélé : telle est ma pensée. Voilà de part et d'autre le point de vue général. Même lorsque M. de Chateaubriand ne dit pas, je prétends prouver, il faut encore l'arrêter dans ses fausses conclusions ; car il dit ensuite : J'ai prouvé.

par jeter les ennemis du christianisme dans l'obstination, dernier refuge de l'esprit de sophisme poussé à bout. Ainsi, vous ne paraîtrez point à l'appui de nos *raisonnements*, Fénelon si suave.... ni vous non plus, grand Bourdaloue, force et victoire de la doctrine évangélique..., orateurs dont les seuls noms embarrassent beaucoup certaines gens. » – Je pense qu'ici la dénomination de certaines gens ne concerne pas les seuls athées, mais tous ceux qui doutent ; la maxime, *Qui non mecum, contra me*, paraît être, parmi les maximes évangéliques, celle que la plupart des chrétiens oublient le moins : je déclare donc que Bossuet *qui foudroie*, et Bourdaloue *force et victoire*, ne raisonnent pas, à mon avis, d'une manière *embarrassante*. Si, de plus, M. de Chateaubriand veut, en s'appuyant sur Bossuet, sur Bourdaloue, et même sur Leibnitz (et en appelant à lui M. Fr... et M. de Bo...) soutenir une discussion, non de mots, mais de choses ; je serai seul, je tâcherai de lui prouver que l'*obstination* ne sera pas mon *dernier refuge*, et je l'inviterai à *employer toutes ses armes*. J'y mets une condition, pour que ceci ne se réduise pas à une verbeuse dispute d'érudition, et qu'on ne se perde pas dans des détails de controverse, comme dans ces anciennes conférences après lesquelles on a pu, des deux côtés, prétendre également avoir conservé l'avantage. La discussion, dont je parle, aurait lieu par écrit ; on l'imprimerait ensuite, et on l'enverrait dans toutes les villes et dans tous les bourgs des diverses communions chrétiennes. Celui qui a fait une proposition semblable, il y a sept ou huit ans, désire sincèrement être convaincu, et s'attache peu, comme l'on sait, à d'autres succès. Dès qu'il sera convaincu, sa *conversion* le fera voir.

CHAPITRE V. « Quand on ne crut plus rien à Athènes et à Rome, les talents disparurent avec les dieux. » – C'est la centième fois que l'auteur se saisit, en faveur de la religion chrétienne, de ce qu'on peut dire en faveur des idées religieuses quelconques. Une fausse religion excitait donc les talents, ainsi que le fait la religion chrétienne selon M. de Chateaubriand. Presque tout ce qu'il dit d'un peu remarquable, en faveur du christianisme, savoir qu'il est antique, poétique, mélancolique, romantique ; tout cela n'affaiblit pas même cette supposition que le christianisme est une sorte de copie des institutions humaines connues antérieurement chez les Orientaux. J'accorderai sans peine que les fictions fournissent de nombreux moyens à l'éloquence, et particulièrement à la poésie. *La poésie se nourrit de fictions*, comme M. de Chateaubriand l'a observé en célébrant la poésie chrétienne, et nous devons sentir que la description des jardins d'Armide serait plus brillante que celle de nos vergers.

Si l'auteur change un jour la division de son ouvrage, il pourra mettre plusieurs passages de ce chapitre-ci dans l'un des livres de la section étendue qu'il intitulera, Génie de la Superstition.

MÊME CHAPITRE. « Tout écrivain qui refuse de croire en un Dieu, juge des hommes dont il a fait l'âme immortelle… referme sa pensée dans un cercle de boue. » – Hélas ! c'est dans un cercle ou une enveloppe de boue, que Dieu lui-même a placé notre âme, selon l'Église ; et de plus, c'est avec un peu de boue, disent les évangélistes, que Jésus a fait une partie de ses miracles. « Il ne voit rien de noble dans la nature…, le ciel n'est plus qu'une étroite voûte. » – Lalande ne regardait pas le ciel comme une étroite voûte. Quand on lit froidement le *Génie du Christianisme*, quand le prestige de l'art est tombé, l'on ne trouve plus guère que des idées fausses, et des mots dont la valeur est altérée.

MÊME CHAPITRE. « M. Rousseau est un des écrivains du XVIIIe siècle dont le style a le plus de charmes, parce que cet homme, bizarre à dessein, s'était au moins créé une ombre de religion. Il avait foi en quelque chose qui n'était pas le Christ, mais qui pourtant était l'Évangile… » – Nous ne savons pas si *cet homme* était bizarre *à dessein*. Il ne s'était pas *créé une ombre de religion* ; il suivait plus ou moins exactement celle que sa naissance lui avait donnée, et qu'il n'avait quittée momentanément dans l'âge voisin de l'enfance, que par une faiblesse qu'il se reprocha toujours. Pourquoi dire : *Cet homme avait foi en quelque chose qui n'était pas le Christ.* Il avait foi en quelque chose qui n'était pas le Christ des catholiques, mais le Christ des réformés : et peut-être n'était-ce pas sa faute, si le Christ n'ayant que faiblement réformé lui-même la religion des Juifs, on a tant de peine aujourd'hui à deviner ce qu'il a voulu qu'on fit après sa mort, et à savoir quel est le vrai christianisme. J'ignore si c'est *à dessein* que M. de Chateaubriand se montre très faible dialecticien, et adversaire impitoyable ; je ne suis pas établi pour juger les intentions de cet homme.

Défenseur du christianisme depuis le commencement du dix-neuvième siècle, il avait, à la fin du dix-huitième, parlé en termes différents de *cet homme* qui, n'étant pas catholique, poussa la bizarrerie jusqu'à s'écarter de la foi catholique. « Émile, disait-il à cette époque, est autant au-dessus des hommes de son siècle, qu'il y a de différence entre nous et les premiers Romains. Que dis-je ? Émile est l'homme par excellence… Le sage doit regarder cet écrit de Jean-Jacques, comme son trésor. Peut-être n'y a-t-il dans le monde entier que cinq ouvrages à lire, l'*Émile* en est un… Si j'eusse vécu du temps de Jean-Jacques, j'aurais voulu devenir son disciple… Le sublime discours sur l'inégalité des conditions, etc., etc.[70] »

MÊME CHAPITRE. Je supprime d'autres observations. Un passage admirable me fait oublier tout : j'y apprends qu'aujourd'hui les Français sont d'une petite taille ; que ceux du siècle de Louis XIV étaient tout autrement grands ; que les Français actuels, en perdant la piété, ont perdu l'*air classique* et la *noblesse de l'habit* ; que les hommes qui ont triomphé de l'Europe, (et dont on a vanté la gloire dans une forte page du chapitre 5 du livre VI, première partie), sont de *petits hommes inconnus* qui *se promènent comme des pygmées sous les hauts portiques des monuments de la grande race* dont ils paraissent être les *baladins*, etc.

M. de Chateaubriand a des heures comme cela ; c'est sûrement quand il se rappelle qu'il a cru en pleurant[71], comme M. Werner en apercevant des cierges[72] : ensuite, son esprit se remet ; une expression, digne de son talent, se présente et le ranime ; une belle image la suit ; enfin, le poète reparaît dans des nuages brillants, mais qui ne sont toujours que des nuages ; car il manque au raisonneux qu'Homère ait été chrétien. « Le génie des Bossuet et des Racine aura le sort de cette grande figure d'Homère… qui s'est encore agrandie pour dominer les ruines nouvelles. »

---

70 [N. D. A.] *Essai historique, politique et moral sur la révolution*, etc. etc., par F. A. Chateaubriand. Londres, 1797.

71 [N. D. A.] C'est peut-être ce que dans le *Journal des débats*, 20 floréal an 10, on a appelé une foi antique.

72 [N. D. A.] Voyez *Journal général*, 15 février 1815, et *Journal des débats* 29 janvier 1815. Après s'être ainsi converti, sans s'adresser à la vérité qui *flétrit l'imagination*, on convertit les autres comme faisait St.-Adelme. Ce dernier, dit M. de Marchangy, avait une voix mélodieuse ; il se plaçait sur un pont, et séduisait les voyageurs idolâtres par ses doux accents – [N. D. E.] Voir Louis-Antoine-François de Marchangy, *La Gaule poétique*, Paris, Patris, 1813-1817, t. II, p. 282.

LIVRE CINQUIÈME

CHAPITRE VI. « Il faut placer, au premier rang des harmonies morales du christianisme, ces dévotions populaires qui consistent en de certaines croyances et de certains rites pratiqués par la foule, sans être ni avoués, ni absolument proscrits par l'Église. » – Sans doute, la superstition et la poésie s'accordent assez facilement ; sur cette harmonie, on peut s'en rapporter à l'auteur. « Quand le peuple croit entendre la voix des morts dans les vents, quand il parle des fantômes de la nuit… ; plus un culte a de ces dévotions populaires…, etc. » – Les *revenants* eussent été surpris de ne pas trouver, dans un tel ouvrage, quelques lignes d'un obligeant accueil. Au reste, l'auteur ne les reçoit pas sans un peu de réserve, et ils semblent eux-mêmes ne se montrer qu'avec une sorte de honte, comme des gens qui ont perdu l'habitude du monde ; dans le chapitre des *cloches*, ils n'osent pas les sonner, seulement ils les agitent.

« Pour l'homme de foi, la nature est une constante merveille. Souffre-t-il ? il prie sa petite image, et il est soulagé. » – Pour peu qu'on fût heureusement né, quelle foi l'on rapporterait *des royaumes de la solitude* !

« On a des devins quand on n'a plus de prophètes, des sortilèges quand on renonce aux cérémonies religieuses, et l'on ouvre les antres des sorciers quand on ferme les temples… » – Est-ce que ces choses diverses auraient entre elles une véritable analogie ? Souvent on a reproché à des personnages qui avaient quitté la religion de leurs pères, une sorte de curiosité superstitieuse : on ne s'est pas aperçu qu'une faiblesse ou une simple fantaisie qui s'attache à quelques pressentiments, ou qui calcule le retour périodique de quelques circonstances, diffère beaucoup de l'aveuglement qui admettrait ces choses inconnues, comme des articles de foi.

Quatrième partie

LIVRE PREMIER

CHAPITRE PREMIER. « Étrange religion ! s'écrie l'auteur à l'occasion des cloches : étrange religion qui, au seul coup d'un airain magique, peut changer en tourments les plaisirs, ébranler l'athée, et faire tomber le poignard des mains de l'assassin ! » – Une voix, appelant à la prière du haut d'un minaret, peut de même ranimer de pieuses espérances, ou suspendre le délire de la passion. Cette idée de Mahomet, que la voix humaine, si puissante sur le cœur de l'homme, est seule digne d'annoncer les moments consacrés à Dieu, cette idée serait déclarée sublime dans un chapitre du Génie de l'Islamisme.

CHAPITRE II. « On ne cesse de se récrier sur les institutions de l'antiquité, et l'on ne veut pas s'apercevoir que le culte des chrétiens est le seul débris de cette antiquité, qui soit parvenu jusqu'à nous. » – On reconnaît, au contraire, cette imitation, et je ne saurais dire combien cela fait mauvais effet. On comprend difficilement que Dieu n'ait rien trouvé de mieux pour son Église, que les débris du paganisme. L'auteur, en voulant confirmer la beauté du culte chrétien, en rendrait suspect l'origine surnaturelle ; et cet oubli de l'objet principal ne serait pas même favorable à l'objet secondaire. Si l'on doit admirer les débris des rites et des institutions de l'antiquité, il y avait, sans doute, une beauté plus grande dans l'ensemble de ces rites, de ces institutions ; l'ouvrage du ciel ne serait qu'une copie imparfaite de l'ouvrage des hommes.

MÊME CHAPITRE. « La croix est l'objet le plus ridicule à de certains yeux. Les Romains s'en étaient moqués, ainsi que les nouveaux ennemis du christianisme, et Tertullien leur avait montré qu'ils employaient eux-mêmes ce signe dans leurs faisceaux d'armes. » – Ce n'est assurément pas la forme de la croix que ces anciens infidèles trouvaient ridicule ; mais il y avait pour eux quelque chose de trop imprévu dans l'association de ces deux mots, gibet divin. Il est donc fort inutile à l'auteur, qu'une famille entière de fleurs appartienne à cette forme, et que « cette famille se distingue par une inclination à la solitude ». – Il remarque aussi que l'on voit cette forme « parmi les soleils. » – Rien de surprenant, qu'une forme aussi simple se retrouve dans les dispositions apparentes des astres : si la *croix du Sud* se montrait au zénith de Galgata[73], M. de Chateaubriand ferait, sur cette miraculeuse rencontre, une page ou deux ; mais, comme la croix du sud, est précisément dans l'autre hémisphère, il n'a pas jugé à-propos d'insister.

Chapitre III. « Nous croyons qu'une langue antique et mystérieuse, une langue qui ne varie plus avec les siècles, convenait assez bien au culte de l'Être éternel, incompréhensible, immuable. » – Alors, c'eût été le langage des prophètes d'Israël qui eût convenu, et non celui des vainqueurs d'Israël. On n'a pas pris ce qui *convenait*, mais ce qui était offert et par le hasard et par des motifs très humains : les Nazaréens ont adopté la langue des Romains, parce qu'ils étaient sujets de Rome, et parce qu'ils étaient pleins d'animosité contre leurs frères de Jérusalem.

« Puisque le sentiment de nos maux nous force d'élever, vers le Roi des rois, une voix suppliante, n'était-il pas tout simple qu'on lui parlât dans le plus bel idiome de la terre, et dans celui-là même où les nations prosternées adressaient leurs humbles prières aux Césars. » – Il eût été beaucoup plus simple, ou beaucoup plus naturel de s'adresser au Dieu de Nazareth dans la langue que Jésus même avait parlée. L'idiome latin n'était pas le plus beau de la terre, il n'était pas même le plus beau de ces contrées ; l'idiome grec était plus beau, et peut-être plus *antique*. Précisément parce que les nations adressaient en latin leurs humbles prières aux Césars, les chrétiens, qui se séparaient de tous ces Gentils, et qui n'étaient humbles que devant celui dont le royaume n'est pas de ce monde, devaient choisir une langue qui ne fût pas consacrée à ces pompes charnelles. Quel rapport entre la servitude prosternée devant Héliogabale, et la piété invoquant l'Éternelle Justice ?

Jusque dans les choses accessoires, on est rappelé à cette alternative : ou l'auteur, dont l'imagination est si belle, n'a aucune justesse d'esprit, ou sa cause ne pouvait être soutenue que par un continuel sophisme.

---

73 Autre graphie de Golgotha (étymologiquement en grec, tiré de l'araméen, « lieu du crâne »), colline située à l'extérieur de Jérusalem sur laquelle Jésus fut crucifié.

Je supprime presque partout le plus grand nombre des observations que j'aurais à faire. Ainsi, l'on dit à l'occasion de la prière dominicale : « Celui qui a fait la nature humaine, pouvait seul la connaître aussi bien. » – Voici pourtant un simple mortel qui la connaît tout aussi bien; s'il ne la connaissait pas aussi bien, il ne pourrait pas juger que c'est la connaître parfaitement, que de la considérer de cette manière.

« Il était réservé au christianisme de réaliser tous ces beaux songes de vertu que rêvaient les sages de Rome et d'Athènes. » – Singulière institution divine qui n'est autres chose qu'un choix entre les conceptions humaines ! *Rêvaient* n'est pas juste : avant le christianisme, on n'avait pas seulement rêvé, on avait établi la confession, les retraites monastiques, etc., etc.

CHAPITRE IV. L'auteur de la lettre déjà citée[74], écrite de Genève, a parfaitement montré combien est vaine la page poétique de M. de Chateaubriand sur le nombre sept, à l'occasion du dimanche. « Le six, dit l'auteur genevois, dérive du sept, en supprimant le jour du repos, c'est fort bien. Or, la décade, aux mêmes conditions, donnait le neuf, qui, comme l'on voit, rentre de plein droit dans l'ordre seximal.... Voilà dix, associé directement à tous les avantages dont le sept peut jour. Ensuite, que peuvent prouver, en faveur du nombre sept, les 360 degrés de la circonférence, qui sont une affaire de pure convention ? ... Que fait au nombre sept, et même au nombre six, plus qu'au nombre de dix, le carré des distances auquel est assujettie la loi de la gravitation ? Et si cela pouvait avoir quelque valeur, nous dirions que le neuf l'emporte ici à juste titre, étant lui-même un carré... On ne voit pas que le sept divise plus heureusement que le dix ou le cinq, les 365 jours de l'année solaire, ou les 30 jours du mois. L'année de douze mois égaux, suivis de cinq jours surnuméraires, est plus *antique* que l'année composée des mois irréguliers de 30, de 31 et de 28 jours ; or, cette année égyptienne serait le triomphe du dix et du cinq. On pouvait admirer le nombre sept, lorsqu'on lui supposait des propriétés mystérieuses, d'après le nombre des planètes..., celui des métaux... ; mais tout ce merveilleux a disparu... »

Il est vrai que la division du mois par décades, quoique régulière, n'est pas bonne, parce que ce n'est pas assez de trois jours de repos dans

74 Voir *supra*, p. 152.

un mois. Il y avait un moyen de faire mieux ; de diviser exactement le mois, d'obtenir assez de travail en accordant le repos que le manœuvre peut désirer, de conserver même le mot semaine, et de faire concourir les jours de cette nouvelle semaine avec le retour de tant d'actes de la vie active qui ont lieu tous les deux jours, et tous les trois jours. Voyez, *Mercure*, n° 652, 15 janvier 1814[75].

« Le bœuf ne peut labourer neuf jours de suite ; au bout du sixième, ses mugissements semblent demander les heures marquées par le Créateur pour le repos général de la nature. » – Qui ne croirait, d'après ce repos général, que les plantes ne croissent pas le dimanche, que le renard ne chasse point, que le ver ne file point, que les volcans, le tonnerre et les flots s'arrêtent ? Mais, au contraire, il n'y a, dans la nature, aucun indice connu de ce repos *général* ; et il semble permis de rire, même le dimanche, de tout ce fatras agréablement écrit. Probablement les mugissements des bœufs venaient de leurs habitudes, et non des heures prescrites par le Créateur. Quelque effet que des remarques de cette force puissent faire dans les campagnes, elles seront moins bien reçues des *bonnes* dans les grandes villes, tant qu'elles verront les chevaux des voitures de place marcher sans difficulté tous les dimanches.

Ce chapitre est terminé par de très grandes phrases, dans lesquelles nous découvrons, avec une religieuse horreur, que la sagesse des incrédules voulait faire ressembler en quelque chose le peuple Français au peuple de Dieu, « en faire (*comme les Juifs*) une caste ennemie du genre humain[76] ».

CHAPITRE V. « Il y a un argument si simple et si naturel en faveur des cérémonies de la messe, que l'on ne conçoit pas comment il est échappé aux catholiques dans leurs disputes avec les protestants... Pour la conservation du culte extérieur, il fallait un signe, symbole de la victime morale. » – Ceux qui, sans la *présence réelle*, conservent ce signe, ont dès lors ce qu'il faut pour la conservation du culte extérieur. Cet argument *si simple, si naturel*, n'aurait donc pas été bien favorable aux catholiques dans leurs disputes contre les protestants. Jamais la fortune lettrée ne poussera le caprice jusqu'à fournir à M. de Chateaubriand un

75 [N. D. E.] Voir p. 132-134 du *Mercure*.

76 [N. D. A.] Le peuple juif a été *séparé des autres peuples*, non pas en cessant d'être le peuple choisi ; mais au contraire dès le principe, et par l'effet direct des lois de Jehovah.

argument solide, inconnu auparavant. Celui-ci donnerait lieu à plusieurs autres remarques ; mais si l'on voulait entièrement réfuter une page, il faudrait presque toujours en écrire quatre. Je ne puis entreprendre de détruire tous les sophismes, ou de montrer toutes les erreurs de ce livre brillant ; je cherche seulement à en indiquer une partie.

Chapitre vii. À ce chapitre appartiennent deux notes. L'une est formée d'un passage de Diderot[77]. On sait que chez Diderot l'imagination était la faculté dominante. On sait aussi que dans les parties méridionales de l'Europe, le peuple croit dès qu'on l'amuse. On peut voir encore dans Isaac Weld[78], et dans d'autres voyageurs combien les Indiens du Canada montrent de goût pour les cierges, les tableaux, les bannières, tous les petits agréments du culte romain, et combien les Indiennes ont de tendresse pour l'immaculée reine des anges.

Une lettre compose la seconde note. Cette lettre, recueillie par les éditeurs du *Génie du Christianisme*, apprend aux lecteurs que le *Génie du Christianisme* est un ouvrage immortel, etc., etc.

Chapitre viii, *et chapitres suivants.* Diverses cérémonies du culte romain y sont décrites avec un talent très aimable. C'est le propre de l'art poétique d'altérer pour embellir, et de rendre enchanteur ce qui n'avait qu'un beau côté, ou ce qui même n'avait rien d'heureux. Les mœurs des bergers sont aussi fort gracieuses, dans Gessner[79] ; et leurs costumes très jolis, à l'Opéra.

Chapitre xii. « L'indigent de l'évangile, en exhalant son dernier soupir, devient soudain (chose sublime !) un être auguste et sacré. À peine le mendiant, couvert de haillons, qui languissait à nos portes, objet de nos dégoûts et de nos mépris, a-t-il quitté cette triste vie, que la religion nous force à nous incliner devant son cercueil[80]. » – Il peut suffire aux

77 [N. D. E.] Denis Diderot, *Salon de 1765, Essais sur la peinture*, éd. Else Marie Bukdahl et Annette Lorenceau, dans *Œuvres complètes*, Paris, Hermann, t. XIV, 1984 [1re éd. 1797-1798].

78 [N. D. E.] Isaac Weld, *Voyage au Canada dans les années 1795, 1796, et 1797*, Paris, impr. de Munier, chez Lepetit jeune, an VIII, 3 vol. in-8°.

79 [N. D. E.] Salomon Gessner (1730-1788), poète suisse, auteur d'*Idylles et poèmes champêtres* (Paris, F. Nicolai, 1762) représentant des bergers et bergères beaux, vertueux et sensibles.

80 [N. D. E.] *Génie du christianisme*, p. 922. Voir la parabole du mendiant Lazare et de l'homme riche, Évangile de Luc, 16, 19-22.

intérêts des prêtres qu'on s'incline devant le cercueil de l'indigent ; mais il eût été plus utile à l'indigent que les prêtres n'attendissent pas sa mort pour nous forcer à ne le point mépriser. Puisque la religion peut nous *forcer* à nous incliner, qu'elle empêche donc (chose plus sublime !) que jamais un homme irréprochable ne soit pour nous un objet de *dégoût*, etc.

LIVRE SECOND

CHAPITRE V. L'auteur qui paraît avoir pour premier désir, que *tout* soit *comme autrefois*, oppose aux raisons de salubrité et même de convenance, qui ont éloigné les cimetières du centre des villes, des considérations religieuses, et des considérations pittoresques. Les premières sont nulles, parce que les espérances religieuses, et même les cérémonies funéraires du culte se retrouvent à l'extrémité du faubourg comme dans les quartiers les plus populeux. Les secondes ne sont point déplacées, je l'avoue, dans un ouvrage sur le christianisme pittoresque : l'auteur ne veut pas qu'on dérange des « gazons nourris depuis tant de siècles des biens de la tombe » ; il invoque, à cet égard, l'opinion du peuple, de ce peuple dont les erreurs, la stupidité, les travaux et surtout la misère excitent ailleurs tout son courroux. Voyez *des Bourbons*[81], 1814.

Ce chapitre est l'un de ceux où on ne trouve rien qui ait été écrit avec réflexion. « Voyez l'énormité de la sagesse humaine… on bâtit des cachots sur l'emplacement des cimetières, sur le champ où Dieu avait décrété la fin de l'esclavage. » – Il est temps que l'on ne bâtisse plus de *cachots*, parce que la vraie justice n'en a jamais besoin. Mais s'il fallait qu'il en existât encore, de quelle importance serait le choix du lieu ? Les victimes de cette justice qui bâtit des cachots, souffriraient-elles davantage dans le champ où s'élevaient jadis des *ifs caducs* ; et Dieu avait-il *décrété*, dans ce champ-là plus particulièrement que dans un autre, la fin de l'esclavage pour les hommes de chair blanche ?

---

81 [N. D. E.] Chateaubriand, *De Buonaparte et des Bourbons* (Paris, Mame Frères, 1814), brochure dirigée contre l'empereur Napoléon 1er.

LIVRE TROISIÈME

Chapitre Ier. « Celui qui a pu faire adorer une croix, celui qui a offert pour objet de culte aux hommes l'humanité souffrante, la vertu persécutée ; celui-là, nous le jurons, ne saurait être qu'un Dieu. » – Quand une assertion dépend d'une manière de voir particulière, on peut jurer qu'on la croit fondée ; mais on ne peut pas jurer qu'elle est telle. On affirme par le serment un fait, mais non pas une conséquence arbitraire des faits ; ce qu'on sait être vrai, mais non pas ce qui paraît l'être. En se « déclarant, de préférence, le Dieu des misérables », serait-il donc surprenant qu'on se fît des prosélytes.

Le culte de la douleur était-il nouveau sur la terre[82] ? l'esprit de pénitence était-il inconnu dans l'Orient ? En opposant aux grands le néant des grandeurs ; en consacrant des principes d'égalité, ne pouvait-on *naturellement* se concilier la classe inférieure, celle qui la première a suivi la doctrine nouvelle dans l'empire romain ? Elle aimait mieux voir

82 [N. D. A.] L'auteur lui-même parle de la *puissance du malheur* dans le chapitre suivant. Dans le chapitre quatrième, il observe que, « de toutes les règles monastiques, les plus rigides ont été le mieux observées » et que « plus le législateur combat les penchants naturels, plus il assure la durée de son ouvrage ». Et de plus, dans ce même chapitre premier, il avait fait voir que les temps étaient favorables à l'introduction d'une *nouvelle doctrine* ; il avait même ajouté, par mégarde, que l'on n'aurait pas eu besoin du christianisme pour reconnaître l'unité de Dieu et l'immortalité de l'âme. « D'un côté la religion et les mœurs sont parvenus à ce degré de corruption qui produit de force les changements ; de l'autre, les dogmes de l'unité de Dieu et de l'immortalité de l'âme commencement à se répandre. Ainsi les chemins s'ouvrent de toutes parts à la nouvelle doctrine, qu'une langue universelle va servir à propager, etc. » – Il est vrai que ces circonstances ne sont pas naturelles, selon l'auteur ; il trouve dans cette unité de la langue, dans cette *corruption* des mœurs, « les voies du fils de l'homme préparées par le ciel. » Chacun prétend que ce qui est favorable à sa cause a été conduit par le doigt de Dieu. Les protestants parlent de même ; ils assurent que le doigt de Dieu a détruit le catholicisme dans plusieurs contrées. Partout la foi s'exerce de cette manière. À l'occasion du traité de Passau, qui fut le triomphe des protestants, Robertson dit dans son histoire de Charles V d'Autriche, vers la fin du dixième livre : « C'est une circonstance singulière que la réformation ait dû son rétablissement, et sa solidité en Allemagne, à la même main qui, peu de temps auparavant, l'avait portée jusque sur le penchant de sa ruine, et que l'un et l'autre événement ait été l'ouvrage des mêmes artifices, et de la même dissimulation… La ligue qui devait porter un coup si fatal à l'église romaine, fut négociée et signée par un évêque catholique ; tant sont merveilleuses les voies par lesquelles la Sagesse Divine dirige les caprices des passions humaines, et les fait servir à l'accomplissement de ses desseins ! ».

dans l'humble Jésus que dans Vespasien, dans son égal que dans son maître, le personnage annoncé par une prophétie que le juif Joseph[83] trouve équivoque.

« Ah ! si la morale la plus pure, et le cœur le plus tendre ; si une vie passée à combattre l'erreur et à soulager les maux des hommes, sont les attributs de la Divinité, qui peut nier celle de Jésus-Christ ? » – Ainsi, tout homme dont la morale sera très pure, dont le cœur sera tendre et qui passera sa vie, etc. ; par cela seul sera Dieu ! Ces choses sont très belles dans l'homme, mais elles ne sont pas les *attributs* de la Divinité.

L'auteur reconnaît dans son deuxième volume que la poésie vit de fictions ; mais peut-être pense-t-il, en ne rimant pas, n'avoir rien à craindre de son imagination féconde, et parler sérieusement parce qu'il parle en prose.

MÊME CHAPITRE. « Jésus-Christ renverse toutes les notions communes de la morale ; il établit des relations nouvelles entres les hommes.... Il préfère l'esclave au maître, le pauvre au riche, etc. » – Il n'est pas exact, ou pour mieux dire, il est exactement faux que Jésus ait renversé les notions communes de la morale. Toutes les parties de la morale des évangiles se trouvent dans Confucius, ou chez les Indiens et les Grecs. Dans la morale, dans les dogmes, dans les rites du christianisme, il n'y avait rien de nouveau ; cela est trop connu maintenant pour que ce *choix* humain, qui a formé le christianisme, puisse paraître une *création* divine aux yeux de tout homme qui n'est pas ignorant ou prévenu.

CHAPITRE II. Ce qu'on allèguera pour justifier la richesse et le faste du haut clergé, sera toujours insuffisant. L'autorité d'une religion divine, d'une religion qui *a triomphé des Césars* par des moyens surnaturels, devrait être assez grande pour qu'un prêtre, sans sortir de son palais avec un superbe attelage, fût écouté des princes, et pour qu'il *osât les instruire de leurs devoirs*, sans les *suivre dans les habitudes de leur vie.*

---

83 [N. D. E.] Il s'agit de l'historien juif Flavius Josèphe (37-vers 100), auteur des *Antiquités judaïques* qui comportent un passage (18, 3, 3) – probablement interpolé – sur les miracles, la crucifixion et la résurrection de Jésus. Au début de ce chapitre I, Chateaubriand renvoie au chap. XXI du liv. VI des *Flavii Josephi Opera* (1820) où Josèphe rapporte que les Juifs furent « poussés à la révolte contre les Romains par une obscure prophétie, qui leur annonçait que, vers cette époque, *un homme s'élèverait parmi eux*, et *soumettrait l'univers* » (*Génie du christianisme*, p. 940).

MÊME CHAPITRE. « Lorsqu'un philosophe moderne a dit au pauvre qui lui demandait au nom de Dieu : Eh, mon ami, tu me glaces la main ; que ne me demandes-tu au nom de l'humanité ! ce philosophe a dit un mot horrible. » – Je ne vois rien d'horrible dans ce mot, que toutefois je n'aurais pas dit. Le philosophe moderne confondait vraisemblablement avec la superstition, ce qu'il y avait de populaire dans la religion du pauvre ; peut-être aussi voulait-il dire : J'aimerais mieux te voir attribuer ce que je te donne au désir de te soulager, qu'à l'espoir d'en être récompensé au centuple ; la bienfaisance désintéressée vaut plus à mes yeux que celle des dévots. Ainsi interprété, ce mot n'a rien d'horrible. La *charité* catholique n'y devait pas voir, sans aucune nécessité, une sorte de blasphème ; elle ne devait pas y voir une intention qui serait aussi insensée que révoltante, celle de ne point faire pour la Divinité, ce que la Divinité demanderait de nous.

MÊME CHAPITRE. « On voulait que l'évêque hait le péché et non le pécheur… ». – Aujourd'hui, ce n'est plus cela ; on hait, non pas les sophismes, mais les sophistes : c'est un perfectionnement qu'on doit en partie à M. de Chateaubriand. (Voyez chap. 2 du liv. 6 de la première partie.)

MÊME CHAPITRE. Après un éloge des paysans chrétiens armés entre Nantes et la Rochelle, on lit cette question : « Qui de nous, superbes philanthropes, voudrait, durant les rigueurs de l'hiver, être réveillé au milieu de la nuit, pour aller administrer au loin dans les campagnes, le moribond expirant sur la paille ? » – Un médecin dans les campagnes, un chirurgien qui n'assiste point au prône, se lève au milieu de la nuit, selon le devoir de son état : il va porter au loin des secours, et il le fait sans murmurer ; d'autant plus que c'est une jouissance de soulager des maux qu'on pourrait un jour éprouver soi-même. Beaucoup d'hommes zélés se hâtent trop de prétendre qu'eux seuls font le bien. Cependant ils peuvent être en cela de bonne foi : dès leur enfance, on ne leur parle de la morale qu'en la faisant dériver de la religion, en sorte que leur aveuglement devient très grand ; quiconque ne partage pas leur opinion, ne peut avoir à leurs yeux aucun principe ; quiconque rejette leur croyance, ne s'y soustrait que pour se débarrasser de toute gêne, et se livrer à des penchants déréglés.

CHAPITRES III et IV. « Mais on dira peut-être que les causes qui donnèrent naissance à la vie monastique, n'existant plus parmi nous, les couvents étaient devenus des retraites inutiles. Et quand donc ces causes ont-elles cessé ? N'y a-t-il plus d'orphelins, d'infirmes, de voyageurs, de pauvres, d'infortunés ? Ah ! Lorsque les maux des siècles barbares se sont évanouis, la société, si habile à tourmenter les âmes, et si ingénieuse en douleurs, a bien su faire naître mille autres raisons d'adversité, qui nous jettent dans la solitude ! Que de passions trompées, que de sentiments trahis, que de dégoûts amers nous entraînent chaque jour hors du monde ! C'était une chose fort belle que ces maisons religieuses où l'on trouvait une retraite assurée contre les coups de la fortune, et les orages de son propre cœur. » – Malgré la longueur de ce passage je le transcris, parce que les choses justes qu'il contient peuvent être utiles à dire, et à répéter.

Mais je n'approuverai pas de même les *hautes raisons* que l'auteur présente ensuite, d'une manière spécieuse, pour justifier la perpétuité des vœux. Ces hautes raisons auraient la même force en faveur de la servitude absolue. Les hommes, en général, ont besoin d'une règle ; mais cela ne prouve nullement qu'un joug uniforme et perpétuel soit pour eux le moyen ordinaire du bonheur. Il faut se défier de l'arrangement que les mots prennent comme d'eux-mêmes pour favoriser le sentiment qu'on a entrepris de faire prévaloir. « Ainsi, le serment indissoluble, dit M. de Chateaubriand, nous prive tout au plus de quelques années de désirs, pour faire ensuite la paix de toute notre vie. » – Or, cet espace de *quelques années* est la partie de notre vie souvent la plus importante, toujours la plus sûre, et assez ordinairement la moins triste : et, au contraire, ce qu'on appelle *toute notre vie*, ne contient guère que la vieillesse, et cet âge de *réflexion* où déjà beaucoup d'hommes n'attendant plus rien de séduisant sur la terre, examinent la vanité de leurs anciennes espérances. Si la vie future est parfaitement connue, sans doute on doit, sans regret, consacrer le présent aux intérêts de l'avenir ; mais si l'habitant de la terre pouvait n'avoir en partage que la vie terrestre, il faudrait regarder comme une sorte d'attentat l'institution par laquelle on s'exposerait, sans aucune nécessité, à sacrifier toute l'existence de plusieurs milliers d'hommes à un seul objet qu'on aurait en vue, à la régularité d'un plan particulier, à l'exécution d'un projet plus ou moins ingénieusement conçu. La volonté d'un homme ne peut-elle être soumise aux diverses convenances des choses, sans être asservie pour toujours et tout entière à une seule de ces convenances, à l'une des plus douteuses ou des plus arbitraires ?

CHAPITRE VI. « Telles sont les mœurs et les coutumes de quelques-uns des ordres religieux de la vie contemplative ; mais… ôtez le nom, la présence de Dieu de tout cela, et la charme est presque détruit. » – Le nom de la Divinité pourrait rester uni à ces mœurs et à ces coutumes, sans qu'elles fussent chrétiennes : d'un autre côté, le charme pourrait diminuer, sans qu'elles en fussent moins estimables. Des vertus désintéressées ne vaudraient pas moins que les mérites chrétiens auxquels de si riches récompenses sont promises : ces vertus désintéressées seraient plus rares peut-être ; mais quand elles existent il ne faut pas en nier la valeur, comme on l'a fait si souvent. Sans doute, nous trouverons plusieurs choses très belles dans les usages et dans les lois du christianisme ; mais je répète encore ici, et toujours en y changeant un seul mot, cette phrase qui est de l'auteur : « Nous attribuons faussement (au christianisme) ce qui appartient aux progrès naturels de la société. »

Avant l'existence du christianisme, ces sortes de congrégations philosophiques existaient, comme l'auteur lui-même le remarque dans un des chapitres précédents (lorsque cela lui convient). Il est à présumer que vingt siècles les auraient perfectionnées. Ce qui est d'institution humaine semble plus susceptible d'amélioration ; les hommes peuvent réformer ce que les hommes ont fait : mais les établissements qui paraissent sacrés dégénèrent ; car on n'ose pas toujours entreprendre de les corriger, et si tout ce qui est dans nos faibles mains, partage notre inconstance, là où notre raison ne peut établir un ordre nouveau, nos passions introduiront le désordre.

MÊME CHAPITRE. « Voici un des plus hauts spectacles de la terre : aux deux coins de cet échafaud, les deux justices sont en présence : la justice humaine et la justice divine : l'une, implacable et appuyée sur un glaive, est accompagnée du désespoir ; l'autre, tenant un voile trempé de pleurs, se montre entre la pitié et l'espérance ; l'une a pour ministre un homme de sang, l'autre un homme de paix… » – Pour pendant à ce tableau de l'une des deux justices chrétiennes, de celle qui est surtout religieuse, prenez dans un auteur catholique espagnol, le récit d'un *acte de foi*, c'est cela qui appartient exclusivement à la justice du midi de l'Europe[84].

84 [N. D. A.] Il n'est pas parlé dans le *Génie du Christianisme* de la sainte inquisition établie par l'Église infaillible. Dans ce prudent ouvrage il n'est fait mention que du génie de la religion naturelle et des agréments de la partie du christianisme qu'on peut couvrir d'un vernis

LIVRE QUATRIÈME

CHAPITRE Ier. L'auteur exalte le prosélytisme qui tient au caractère des modernes, à l'état de la navigation et à d'autres circonstances. Cette ardeur chrétienne peut avoir en effet un beau côté ; mais, en ne regardant que celui-là, en choisissant ainsi, rien n'empêcherait, par exemple, de vanter les flibustiers comme les premiers des hommes. Les missionnaires vont, dit-il, *semer* la concorde et la paix. Si c'est leur intention, du moins cela ne leur réussit pas toujours ; et, d'après ce qui s'est passé au fond de l'Asie et vers l'Uruguay, ils ne peuvent ignorer qu'ils sèmeront aussi les divisions et la guerre.

« Qu'un homme, à la vue de tout un peuple, sous les yeux de ses parents et de ses amis, s'expose à la mort pour sa patrie, il change quelques jours de vie pour des siècles de gloire, il illustre sa famille, il l'élève aux richesses et aux honneurs ; mais le missionnaire qui meurt sans applaudissements, etc. de quel nom faut-il appeler cette mort, ce sacrifice ! » – L'auteur ne juge pas à propos de s'apercevoir que la récompense céleste réservée au missionnaire, explique naturellement son courage et son zèle[85]. En disant exactement le contraire de ce que dit l'auteur, on serait plus près de la vérité. Voici à-peu-près sa phrase ainsi rectifiée. Qu'un fidèle renonce aux espérances de la terre, quand déjà elles lui échappent ; qu'il abandonne le soin de quelques années pleines d'incertitude ; que pour mériter une gloire céleste, il brave les jugements du monde, qu'il entreprenne les travaux des missions, qu'il affronte des périls d'un jour pour obtenir cette félicité sans fin qui n'est promise qu'aux efforts du zèle ; on ne voit rien là de surprenant, et puisqu'il croit, s'il est conséquent, il doit faire ainsi[86] : mais quand un homme, à

poétique. – N'ayant sous les yeux aucun historien du saint office, je prends ce qui suit dans le *Journal de Paris*, 13 février 1815 : « Don-Juan-Antonio Llorente a fait un relevé exact des victimes immolées en Espagne par la sainte Inquisition dans les vingt-huit premières années de son établissement ; et il a trouvé que dans ce court espace de temps, on a brûlé 130,400 malheureux en personne, 70,980 en effigie, qu'on en a mis en pénitence 1.405,071… ».

85 [N. D. A.] Et si l'on répond, la foi excite donc le zèle, on n'en sera pas plus avancé ; personne ne conteste les effets de la foi ; mais on veut que la foi ait la vérité pour objet : l'on demande si la foi des disciples d'Odin n'était pas efficace, et néanmoins funeste ou insensée ; on demande s'il y avait la *quelque chose de plus que l'humanité* ?

86 [N. D. A.] Dans le chapitre suivant, on lit ce passage tiré des *Lettres édifiantes* : « La vue de ces grottes… inspire… de la *compassion* pour ces âmes sensuelles et mondaines qui

qui cette heureuse perspective est refusée, sacrifie son existence entière, quand un guerrier, un citoyen s'expose volontairement à la mort pour ses parents qu'il ne verra plus, pour son pays qui ne pourra faire autre chose que d'accorder à ses cendres une stérile gloire ; de quel nom faut-il appeler cette mort, ce sacrifice !

Ce qui manque dans la plupart des dissertations, c'est que l'objet soit d'abord considéré dans son véritable jour : de l'esprit et quelque érudition ne suffisent pas pour cela.

CHAPITRE II. Après avoir commencé ce chapitre par une belle page, M. de Chateaubriand cite quelques réflexions d'un missionnaire ; il ajoute : « Cela nous semble parfait, et comme style, et comme sentiment. » – Tant qu'il ne s'agira que de style et même de sentiment, M. de Chateaubriand risquera peu en citant des passages choisis ; plusieurs des siens seront toujours au nombre des plus remarquables.

CHAPITRE IV. « Ainsi la religion chrétienne réalisait dans les forêts de l'Amérique, ce que la fable raconte des Amphion et des Orphée. » – Ou bien : nos missionnaires inspirés faisaient alors, ce que des législateurs profanes doivent avoir fait quinze ou dix-huit siècles avant notre ère.

CHAPITRE V. « Les missions ont confirmé sous nos yeux cette grande vérité connue de Rome et de la Grèce, que c'est avec la religion, et non avec des principes abstraits de philosophie qu'on civilise les hommes, et qu'on fonde les empires. » – Rome et la Grèce n'ayant connu que des religions *abominables*, il est visible que l'imposture est très bonne pour soumettre les hommes. Leur crédulité fournit sans doute de grands moyens aux législateurs : il faut faire le magicien pour civiliser des sauvages ; mais on pourrait, sans charlatanisme, fonder des empires dans les contrées où l'on a l'imprimerie. Les moyens que le législateur doit employer dépendent de la situation des esprits chez le peuple qu'il veut instituer. Moïse a fait des miracles ; Lycurgue n'en a point fait. Deux mille ans plus tard, Lycurgue n'aurait pas consulté l'oracle.

---

préfèrent quelques jours de joie et de plaisir à une éternité bienheureuse. » – [N. D. E.] Dans le chap. II, Chateaubriand renvoie en note au t. I, p. 285 des *Lettres édifiantes et curieuses, écrites des missions étrangères, par quelques missionnaires de la Compagnie de Jésus*, Paris, J. G. Merigot le jeune, 2e éd. corr. et augm. 1780-1783, 26 vol. in-12 (1re éd. Paris, Mérigot, 1703-1776, 34 vol. in-12).

MÊME CHAPITRE. « Les Guarinis étaient cultivateurs sans avoir d'esclaves, et guerriers sans être féroces. » – C'est le conseil de la *philosophie* comme de la religion. « Immenses et sublimes avantages qu'ils devaient à la religion chrétienne, et dont n'avaient pu jouir, sous le polythéisme, ni les Grecs, ni les Romains. » – Il faut encore répéter ici : Nous attribuons (au christianisme) ce qui est dû aux progrès naturels de la société.

Les chrétiens, étant beaucoup plus puissants que les *philosophes*, ont eu l'occasion de faire des choses excellentes que ces derniers n'ont pu réaliser ; mais aussi l'abus même de la philosophie n'a jamais été la véritable occasion d'autant de maux et de désordres, que le fanatisme de tant de chrétiens, ou la superstition de tant d'autres chrétiens.

MÊME CHAPITRE. « Les sauvages rassemblés avec tant de fatigues, sont errants de nouveau dans les bois, ou plongés vivants dans les entrailles de la terre. On a applaudi à la destruction d'un des plus beaux ouvrages qui fût sorti de la main des hommes… » – Ce sont des chrétiens qui ont dispersé les chrétiens des Réductions, ou qui les ont plongés vivants dans les entrailles de la terre : ceux qui « faisaient des courses sur les terres de la république chrétienne, et enlevaient tous les jours quelques malheureux qu'ils réduisaient en servitude, » étaient aussi des chrétiens. Il paraît que parmi les chrétiens quelques hommes font le bien, et beaucoup d'hommes font le mal ; c'est comme chez les infidèles. Mais les chrétiens, quoiqu'ils ne paraissent pas moins vicieux que les autres, ont de certains avantages qui tiennent au degré des lumières sur le sol de l'ancien empire d'Occident ; c'est-à-dire, que cette partie du monde qui est la plus active et l'une des plus éclairée, se trouve chrétienne. Quand les Grecs se montrèrent supérieurs aux autres peuples, cela pouvait-il que la doctrine de Vénus et le culte de Jupiter leur eussent été révélés ? Des chrétiens ont fait autant de bien qu'ils ont pu à quelques milliers d'Américains ; mais des chrétiens ont fait tout le mal possible à quelques millions d'Américains. On opère le bien, dira-t-on, en suivant l'esprit du christianisme ; on ne commet le mal qu'en s'en écartant. Il en est de même de la philosophie : si quelques apprentis philosophes ont participé aux crimes de la révolution, de mauvais chrétiens ont dévasté l'Amérique, etc. Il ne serait pas surprenant que la sagesse humaine eût fourni de faux prétextes aux premiers, puisque les autres en ont pu trouver dans les préceptes divins. On voit que les passions ne se soumettent pas toujours à l'autorité des lois humaines ; on voit aussi que la puissance d'une loi divine ne leur impose pas toujours un frein suffisant.

CHAPITRE VII. « Avec de grands mots on a tout perdu ; on a éteint jusqu'à la pitié ; car, qui oserait encore plaider la cause des noirs, après les crimes qu'ils ont commis ? » – Quelle logique ! quelle charité ! Parce que des noirs se sont montrés féroces, d'autres noirs pourraient être plongés dans une effroyable misère, sans que nul osât plaider leur cause ! Qui oserait, dites-vous, plaider cette cause ? Celui-là devrait l'oser peut-être, qui, dans cette même région que les chrétiens d'Espagne ont couverte de sang, forma le projet de plaider la cause du christianisme. D'autres chrétiens, pourrait-on me répondre, ne sont pas responsables des crimes de ces chrétiens là. Comment donc d'autres noirs seraient-ils livrés à tous les maux, uniquement parce que des noirs, transportés à Saint-Domingue, vengèrent avec une atrocité nouvelle, l'atrocité qui avait ôté de dessus la terre l'ancienne race de cette contrée d'Haïti[87] ?

CHAPITRE VIII. « Les sages diront qu'après tout, les missionnaires étaient victimes de leur fanatisme ; ils demanderont avec une pitié superbe, ce que ces moines allaient faire dans les déserts de l'Amérique ? » – Ces hommes là ne seraient pas des sages. Le sage respecte indistinctement tout homme qui, fût-il dans l'erreur, travaille et souffre dans des intentions louables.

CHAPITRE IX. À la fin de ce chapitre l'auteur montre bien l'influence des idées religieuses sur le plus grand nombre des hommes ; mais cela peut s'appliquer également à d'autres religions, et même à toutes les superstitions. Dans presque tous les temps on fera plus facilement écouter

87 [N. D. A.] Ce n'est pas ainsi que M. N. parla des noirs dans le *Journal de Paris* (Janvier 1815). Ces différences dans la manière de s'occuper du sort d'une multitude d'hommes qui ne sont pas tous chrétiens, peut tenir au plus ou moins de penchant à la *dévotion*. Quoi qu'il en soit, voici le passage de l'écrivain profane : « La question de l'esclavage des noirs peut être agitée aujourd'hui sans inconvénients ; ils sont libres, et ils ne paraissent pas disposés à renoncer à leur liberté. Je ne sais s'il existe un seul être raisonnable qui puisse leur en faire un crime. Tout en gémissant sur les malheurs qui ont affligé Saint-Domingue ; tout en plaignant l'infortune des colons expropriés, qui pourrait reprocher à des esclaves d'avoir brisé leurs chaines, relevé leurs fronts vers le ciel, et ressaisi des droits dont la perte n'est jamais que l'abus de la force, et le crime du pouvoir ? Sans doute... il eût mieux valu, par une émancipation graduelle, les amener à un ordre de choses plus conforme aux préceptes de la religion, aux lois de la justice et de l'humanité, etc. »

des contes de revenants que les maximes de Confucius. Les jongleurs, les sorciers entraînent la multitude.

Sans doute les simples idées religieuses se concilient très bien avec la sagesse ; mais tout ce que le charme de ces idées nobles et consolantes, peut fournir à l'auteur, il le détourne en faveur du culte spécial dont il veut célébrer le génie. Les idées religieuses sont-elles donc inconnues de tant d'hommes qui ne connaissent point, ou qui ne suivent point le christianisme ? Souvent ce qu'un auteur n'oserait dire expressément, il se borne à le faire entendre ; et l'on ne sait comment réfuter ces sortes de conclusions vagues qu'il indique, sans en être précisément responsable. Elles agissent sur l'esprit de ceux qui admettent presque tout sans examen, et qui font dépendre leur conviction d'une quantité de pages écrites seulement avec assez d'art pour ne les pas ennuyer.

LIVRE CINQUIÈME

CHAPITRE III. Il n'était pas indispensable d'appeler les disciples du Coran, *bêtes féroces*. Quel malheur, si quelqu'un, s'avisant de faire le Génie du Mahométisme, allait se croire autorisé à dire des injures aux Croisés, par exemple, aux Croisés qui ne furent jamais sots, et jamais féroces.

LIVRE SIXIÈME

CHAPITRE PREMIER. La fin de ce chapitre contient une supputation trop pompeuse des vertus et des actes charitables dans la vaste république de la chrétienté. Au reste, le plus ou le moins importe ici assez peu ; si l'on cherchait à évaluer le bien que la simple raison naturelle a pu faire depuis qu'il existe des hommes, l'*esprit s'y perdrait* également.

CHAPITRE II. « La charité, vertu inconnue des anciens…, etc. » – Le mot de charité peut être nouveau ; mais ce qui ne l'est pas, c'est la bienfaisance recommandée à l'égard même des ennemis. M. de Chateaubriand paraît fort disposé à ne reconnaître d'autre monument de l'antiquité profane, que la mythologie d'Anacréon et d'Ovide.

MÊME CHAPITRE. « Les anciens avaient deux moyens que les chrétiens n'ont pas, de se défaire des pauvres et des infortunés ; l'infanticide et l'esclavage. » – Cette manière de s'exprimer a plus de force que d'exactitude. 1.° L'infanticide est-il universel, excepté chez les chrétiens ; et les enfants, sacrifiés chez les anciens, appartenaient-ils généralement à des familles pauvres ou malheureuses ? 2.° Le christianisme a-t-il réellement aboli l'esclavage ? Il le tolère, ou quand les esclaves ne sont pas chrétiens[88], ou quand les esclaves ont la peau noire ; et de plus, les serfs chrétiens sont des esclaves dans le sens dont il s'agit ici. Le christianisme pouvait avoir diminué l'esclavage ; mais il ne l'avait pas détruit. Si le christianisme *tombait*, selon la prédiction faite jadis par M. de Chateaubriand, rétablirait-on, pour cela en Europe, l'esclavage que les Européens ont maintenu dans leurs colonies, tant qu'ils ont été de zélés chrétiens ? La raison, le temps n'eussent-ils produit aucun changement à cet égard, sans le christianisme ? La religion actuelle de l'Occident a dû opérer beaucoup de bien, parce que ce fruit de la civilisation orientale était parvenu à une certaine maturité, lorsqu'on le transplanta : mais cette antique philosophie aurait fait dans nos contrées presqu'autant de bien, et moins de mal, si elle y avait introduit l'esprit d'ordre et de charité, sans les dogmes nombreux et l'intolérance qui caractérisent spécialement les sectes des modernes.

MÊME CHAPITRE. L'auteur dit qu'on a calomnié la religion, en l'accusant de la perte des Caraïbes et autres Américains. Je ne pense pas qu'il faille attribuer à la religion les excès des Espagnols, en Amérique ; mais enfin, cette loi céleste n'a pas rendu bons et justes les peuples chrétiens. Si, entre les religions qui se partagent la terre, il en était une qui empêchât le mal que les autres blâment seulement, les défenseurs de cette religion-là n'auraient pas besoin de si longs efforts ; les signes divins, qu'ils prétendraient montrer, nous paraîtraient moins équivoques ; et, après tant de siècles, il ne faudrait pas essayer de nouvelles méthodes pour tâcher de faire discerner enfin l'œuvre de lumière parmi les œuvres de ténèbres.

88 [N. D. A.] Voyez une note du chapitre onze de ce livre VI. – [N. D. E.] Voir *Génie du christianisme*, 4e part., liv. 6, chap. XI, p. 1069, note B : « Le décret de Constantin, qui déclare libre tout esclave qui embrasse le christianisme », et *supra*, p. 184.

L'auteur recommande de lire avec attention un fragment de Robertson qu'il transcrit[89]. Je ne devine pas ses motifs : je vois dans ce fragment que les ministres de la religion eurent de bonnes intentions en faveur des Indiens ; mais qu'ensuite, ils y renoncèrent, vu la *nécessité* de faire prospérer les colonies ; j'y vois encore que Las Casas[90] *travaillait à rendre esclaves* des Africains, pour délivrer des Américains ; enfin, je n'y vois rien d'essentiel ni de fort édifiant.

C'est une étrange *nécessité*, que celle de la prospérité des colonies, pour des chrétiens qui regarderaient comme un péché de faire un mensonge dans le dessein de sauver la vie à mille hommes.

Dans une note, qui appartient à ce chapitre, M. de Chateaubriand paraît avouer que ce n'est pas la philosophie qui a élevé les échafauds de 1793. Les auteurs chrétiens n'ont pas toujours cette raison et cette modération. Plusieurs ne se lassent pas de répéter (avec ceux ou celles qui redoutent le vendredi et le nombre 13), que c'est la philosophie qui a fait la révolution. Il s'est glissé même dans le *Génie du Christianisme*, plusieurs passages qui paraissent peu d'accord avec cet endroit-ci, et dont je donnerai la liste, si cela devient convenable.

MÊME CHAPITRE. « Combien ne peut-on pas reprocher d'actes de cruauté et d'intolérance à ces mêmes protestants qui se vantent de pratiquer seuls la philosophie du christianisme ? Les lois, contre les catholiques d'Irlande…, égalent en oppression, et surpassent en immoralité tout ce qu'on a jamais reproché à l'Église romaine. » – Ici, les protestants sont, en quelque sorte, sacrifiés à la justification des catholiques ; mais, en divers autres endroits, quand l'auteur voit quelque chose de bon chez les protestants, il ne les trouve pas moins chrétiens que les orthodoxes, et jusqu'à la charte d'un royaume hérétique fait partie des beautés de la religion (chap. II du même livre VI).

CHAPITRE VI. « Certes, c'est une grande gloire pour l'Église, qu'un pape ait donné son nom au siècle qui commence l'ère de l'Europe

89 [N. D. E.] *Génie du christianisme*, IVe part., liv. VI, chap. II, p. 1036-1037. Dans la note B, Chateaubriand s'appuie sur l'*Histoire de l'Amérique* de William Robertson pour dénoncer la « calomnie » selon laquelle la religion serait responsable des horreurs commises par les Européens en Amérique, en renvoyant à la fin du *Génie du christianisme* où le long fragment de Robertson est reproduit (note LVI, p. 1232-1245).

90 [N. D. E.] Bartolome de las Casas [Barthélemy de Las Casas] (1474-1556), missionnaire dominicain qui a dénoncé la colonisation espagnole et pris la défense des Amérindiens au détriment des esclaves noirs. Voir *Histoire admirable des horribles insolences, cruautés et tyrannies exercées par les Espagnols ès Indes Occidentales*, s. l., 1582 (éd. originale en espagnol, 1552-1553).

civilisée… » – Avant le siècle de Léon X, celui de Périclès avait paru commencer l'ère de l'Europe civilisée : Périclès ne connaissait pas le Messie ; ce sera donc une grande gloire pour Minerve.

MÊME CHAPITRE. « Ceux qui représentent le christianisme, comme arrêtant les progrès des lumières, contredisent manifestement tous les témoignages historiques. Partout la civilisation a marché sur les pas de l'Évangile, au contraire des religions de Mahomet, de Brama et de Confucius qui ont borné les progrès de la société, et forcé l'homme à vieillir dans son enfance. » – Il n'est pas jute, ce me semble, de dire que, dans le temps où elles ont été en vigueur, la religion de Brama, et la religion ou plutôt la doctrine de Confucius, bornèrent les progrès de la société.

MÊME CHAPITRE. « Rome chrétienne recueillait tous les débris des naufrages des arts. » – Parce que c'était une ancienne habitude étrangère aux effets du christianisme, de regarder la ville éternelle comme la métropole de l'Europe. « L'imprimerie, proscrite en France, trouve une retraite ». – Ce n'est donc point parce que l'Italie était chrétienne, que l'imprimerie y trouvait un asile ; on la proscrivait dans des pays également chrétiens. « L'Église protégeait les sciences et les arts. » – Rome, à la fois soumise aux *barbares* et remplie des monuments de son ancienne puissance, devait aimer les arts, et saisir le seul moyen de dominer qui lui restât : le culte de la croix paraît n'y avoir aucune part, et il paraît naturel de penser que si les chefs de l'Église ont souvent montré du goût pour les arts, cela fut occasionné par leur séjour à Rome. Quoique l'Islamisme soit peu favorable aux beaux-arts, les chrétiens des Asturies et de l'Estramadure auraient pu s'instruire dans ces superfluités de la civilisation chez les Maures de Grenade et de Cordoue : et de même, Israël, le peuple choisi, eût beaucoup appris, sous ce rapport, chez de misérables gentils, près de l'Euphrate ou du Gange. Diverses causes concourent aux progrès des arts, et la religion doit être bien rarement l'une des principales. « Rome chrétienne a été, pour le monde moderne, ce que Rome païenne fut pour le monde antique, le lien universel ». – Il paraît que, pour briller ainsi, et pour être le lien universel, il n'est pas indispensable d'être éclairé par la vraie doctrine : l'ambition de Rome ancienne avait obtenu ce que l'ambition de Rome catholique obtint ensuite, en parodiant l'œuvre de l'esprit de ténèbres.

CHAPITRE IX. « Ces délicatesses du cloître, si exagérées, se réduisaient, même de nos jours, à une étroite cellule, des pratiques désagréables et une table fort simple, pour ne rien dire de plus. » – Exagérer soi-même à ce point, c'est un mauvais moyen d'ôter tout crédit à l'exagération de ses adversaires. À Clairvaux, par exemple, la table était-elle plus simple qu'une table fort simple ? Était-ce pour le service d'une table plus simple qu'une table fort simple, que l'abbaye de Saint-Urbain avait des ananas, dans un pays assez froid et assez pauvre ? etc.

MÊME CHAPITRE. « On ne peut se dissimuler que la marine et le commerce modernes ne soient nés de ces fameuses expéditions (les croisades). Ce qu'il y eut de bon en elles appartient à la religion, le reste aux passions humaines ». – Les avantages que la marine ou le commerce ont pu retirer des croisades, sont dus au hasard, et la religion n'a pas dit à l'ermite Pierre : En allant conquérir Golgotha, tu introduiras l'esprit de commerce dans les villes de la Méditerranée.

« Au reste, quand le christianisme a marché *seul* aux expéditions lointaines, on a pu juger que les désordres des croisades n'étaient pas venus de lui… Nos missionnaires n'ont versé de sang que le leur… » – Il est vrai que les missionnaires ont eu assez de modération pour ne pas entrer en conquérants dans les pays où ils avaient beaucoup de peine à obtenir la permission d'entrer ; et que, se trouvant presque partout deux ou trois, contre cinquante mille, cent mille, six cent mille, et se souvenant alors de toute la douceur du christianisme, ils ont beaucoup plus employé la prière que la menace. M. de Chateaubriand voudrait qu'on attribuât au christianisme, la création du *paysage*, le goût des arts dans l'Italie moderne, etc., etc., et qu'on n'attribuât qu'un peu les croisades au christianisme ; de cette heureuse manière, il n'est point de cause en faveur de laquelle on ne puisse arranger quelques volumes.

CHAPITRE X. Les remarques, fort justes d'ailleurs, qui composent ce chapitre, montrent seulement que, dans les siècles où la civilisation était beaucoup plus avancée en Orient qu'en Occident, l'introduction d'une doctrine orientale a dû produire en Europe quelque bien réel.

CHAPITRE XI. « Ce sont eux (les papes) qui, en réveillant les rois, en faisant des ligues, ont empêché l'Occident de devenir la proie des Turcs. Qu'on songe à ce qu'eût été l'Europe sous de pareils maîtres, pour quel nombre incalculable de siècles elle eût été replongée dans la barbarie, et qu'on dise si ce seul service rendu au monde par l'Église, ne mériterait pas des autels. » – Aucun service ne mériterait que l'on se mît à croire ce qui serait faux ; la foi n'a pas de rapport avec la reconnaissance. Il résulte donc uniquement de ce passage et de beaucoup d'autres, que si le christianisme a pu faire du mal, des hommes qui professaient le christianisme ont pu aussi faire du bien ; et c'est ce qu'il serait difficile de contester. Quant au salut temporel opéré par le christianisme ; quant à ces siècles incalculables que l'Europe eût passés dans la barbarie, cela est prodigieusement exagéré. Si même ou supposait que les Turcs eussent pris et conservé l'Europe, on devrait sentir que leur joug moral, en s'étendant, se serait affaibli. Si le peuple conquis est très nombreux, il ne prend pas le caractère de ses maîtres ; le peuple chinois est resté chinois sous la domination des Tartares. La farouche insouciance des Turcs peut tout contenir dans la Syrie, ou même auprès de Constantinople ; mais la vivacité d'esprit des Européens aurait fini par en triompher. Le Coran n'a pas ôté aux Maures toute industrie, et n'a pas rendu les Arabes inhabiles aux sciences. L'Évangile aussi conseille de renoncer aux choses de la terre ; mais cette maxime indienne fait peu d'impression dans nos climats. Les peuples d'Occident qui, bien que chrétiens, ne renoncent nullement aux pompes du monde, et qui, par habitude, plantent la croix dans leurs colonies, auraient également arboré le croissant sur tous les rivages, en y portant leur avidité.

MÊME CHAPITRE. « En général, le christianisme est surtout admirable pour avoir converti l'homme physique en l'homme moral. » – Ce que le christianisme a fait en cela est visiblement l'ouvrage de la partie philosophique du christianisme. On doit croire que le temps eût suffi à la philosophie pour faire reconnaître la prééminence des qualités morales ; premièrement, parce que Pythagore, Socrate, Confucius, et tant d'autres, avaient commencé, avant Jésus-Christ, cette conversion de l'homme physique en l'homme moral ; secondement, parce que, d'après la publicité et l'influence de la philosophie depuis Platon, etc., il était presqu'inévitable qu'elle s'unît à la religion qui s'introduirait dans la partie orientale du bassin de la Méditerranée, à moins que cette religion ne fût précisément telle que l'Islamisme, qui, en s'établissant par la conquête, a rejeté d'abord tout autre livre que le livre descendu du ciel. Une nouvelle religion ne pouvait s'établir alors que par le cimeterre, ou en se conformant aux idées philosophiques déjà répandues. La religion chrétienne, formée entre la Perse et la Grèce, devait naturellement, pour se propager, changer en dogmes la métaphysique des platoniciens, et *spiritualiser* le culte du soleil[91]. C'est ce qu'il y a de philosophique dans la religion chrétienne qui l'a rendue convenable aux peuples opprimés, et à la classe opprimée du peuple oppresseur. N'en concluez pas qu'alors la philosophie devrait recevoir le christianisme : il n'y a rien de philosophique dans une partie essentielle de cette religion, dans ses dogmes pris à la lettre, et tels que la foi les admet. La philosophie ne rejettera pas généralement la morale du christianisme : mais elle fera de grandes difficultés sur le dogme, quelque rapport qu'il ait souvent avec les abstractions platoniciennes ; d'abord, parce que les dogmes chrétiens vont plus loin, et confondent davantage la raison ; ensuite, parce qu'il est très différent de chercher à s'approcher du vrai par des hypothèses, ou de recevoir ces hypothèses comme des vérités sur lesquelles le plus léger doute serait criminel. Ceci répond à un passage du chapitre XIII : « Si les détracteurs du christianisme soutiennent que la doctrine évangélique n'est que la doctrine philosophique des anciens, pourquoi donc ces philosophes la rejettent-ils ? » – Cette question est faite avec toute la légèreté qui caractérise le *Génie du Christianisme*, légèreté qu'on devrait perdre dans *les royaumes de la solitude*, puisqu'on y dépouille le vieil homme.

Ce chapitre contient de très bonnes choses ; mais on y trouve aussi des passages qui surprennent. En voici un sur lequel toute réflexion serait superflue. « Le dernier des chrétiens honnête homme est plus *moral* que le premier des philosophes de l'antiquité. »

À la fin du chapitre. « L'abolition de l'esclavage. » – Voyez ici, page 214[92].

CHAPITRE XI. *Récapitulation.* Un seul coup d'œil jeté sur ce chapitre, fait voir que l'auteur n'a pas moins prétendu établir la vérité que les beautés du christianisme. Je n'ai donc pas dû me borner à dire qu'il *imaginait* en grande partie les beautés du christianisme ; mais j'ai dû montrer aussi qu'il en *supposait* la vérité, lors même qu'il paraissait croire en donner des preuves.

---

91 [N. D. A.] Il est dit dans un des chapitres suivants, le chap. 13 : « Platon avait presque deviné la religion chrétienne. Non seulement la morale, mais encore la doctrine du disciple de Socrate a des rapports frappants avec celle de l'Évangile. » – [N. D. E.] *Génie du christianisme*, p. 1087.

92 [N. D. E.] Page 214 des *Observations critiques*, éd. 1816.

CHAPITRE XIII *et dernier.* « Auguste parvint à l'empire… ne pouvant être un grand homme, etc. » – Auguste me paraît bien jugé[93].

Ce portrait est suivi du tableau d'une des faces, en quelque sorte, du peuple romain. Pour juger ce peuple, il faut voir aussi l'autre face qui n'est pas sans beauté ; mais celle que M. de Chateaubriand considère est importante, et je ne sais si l'on pouvait exprimer, avec plus d'énergie, l'aversion qu'elle inspire. D'ailleurs, il ne dissimule pas ce qu'on vit d'estimable dans Rome : « Elle n'eut de beau que son génie ; son caractère fut odieux. »

« Il ne fallait rien moins (est-il dit ensuite en parlant des solitaires chrétiens), pour conserver ces étincelles qui ont rallumé, chez les modernes, le flambeau des sciences. » – Ce flambeau, qui avait été allumé avant que le christianisme existât, aurait donc pu se rallumer sans le christianisme, etc., etc., etc. – Sans le christianisme, nous serions des esclaves turcs, ou quelque chose de pis encore ; car le mahométisme a du moins un fond de morale qu'il tient de la religion chrétienne dont il n'est, après tout, qu'une secte très éloignée. – Si les Musulmans tiennent leur morale des chrétiens, les chrétiens tiennent la leur des Parsis[94], des Indous, et de quelques Grecs. Le mahométisme a, sans doute, des rapports avec le christianisme ; mais il s'en écarte aussi d'une manière essentielle. Ce qui constitue le christianisme, c'est le Christ, le Messie. Quelques réformes dans l'Islamisme pourraient suffire pour lui assurer une très longue durée. Certainement les chrétiens ne reconnaissent qu'un Dieu ; cependant il leur faut de longues discussions, non pas pour expliquer le mystère de la Trinité, puisqu'un mystère est inexplicable ; mais pour paraître expliquer comment, ayant la Trinité, ils n'ont qu'un Dieu. C'est bien autre chose encore, quand il faut faire entendre que Dieu est fils de l'homme. Nous craignons que cela ne fournisse de grands prétextes aux Musulmans.

« Dans toutes les hypothèses imaginables, on trouve toujours que l'évangile a prévenu la destruction de la société. » – De toutes les exagérations *imaginables*, c'est, je crois, la plus forte. Néanmoins, j'avoue que M. de Chateaubriand a pour lui l'effrayante dépopulation de la Chine, etc.

---

93 [N. D. A.] Il l'est bien aussi dans l'*Esprit de l'histoire.* Semblable à Charles Quint, il a été trop vanté pour ce que la fortune avait fait sans lui. Devenus l'objet des munificences d'Auguste, les poètes oublièrent la conduite du triumvir ; et cet Octave paraît grand dans l'histoire, parce qu'il a payé des vers. – [N. D. E.] L'*Esprit de l'histoire* de A. F. C. Ferrand.

94 [N. D. E.] Voir *supra*, p. 101, n. 30.

« Tacite prétend qu'il y avait encore des mœurs au fond des provinces ; mais ces provinces commençaient à devenir chrétiennes. » – Tacite, dit-il qu'il y avait *déjà*, ou bien, dit-il qu'il y avait *encore* des mœurs dans ces provinces où le christianisme *commençait* ? « Pline se plaint qu'on ne trouve plus d'acheteurs pour les victimes sacrées. » – Mais cela n'était pas l'effet de la seule propagation du christianisme ; il faut l'attribuer aussi à cette sorte d'impiété que la philosophe répandait, comme l'auteur le dit quelques lignes plus haut. Tous ceux qui n'allaient plus dans les temples, n'étaient pas chrétiens pour cela ; et ceux qui n'allaient ni dans les temples, ni dans les églises, n'étaient pas *menacés d'une dissolution épouvantable :* il y avait *encore des mœurs dans les provinces*, quoique les temples fussent déserts.

« Il est certain que les nations païennes étaient dans une espèce d'enfance morale, par rapport à ce que nous sommes aujourd'hui. » – Il est certain que les Grecs, au temps de Thésée, étaient dans une espèce d'enfance morale, par rapport à ce qu'ils furent du vivant de Phocion, etc., etc., etc.

« Le christianisme est le culte naturel à l'âge présent du monde. » – I.° Il aurait donc pu s'établir sans avoir été révélé ; 2.° peut-être dans un autre âge, une autre révélation déclarera-t-elle que ce culte-ci est suranné, comme l'est aujourd'hui le culte jadis révélé aux Juifs.

« Au ciel le christianisme n'a placé qu'un Dieu. » – Il a rendu, en effet, plus commune l'ancienne idée de l'unité de Dieu ; mais les musulmans et d'autres prétendraient qu'il l'a considérablement altérée, du moins chez le vulgaire. « Sur la terre, il a aboli l'esclavage. » – M. de Chateaubriand répète souvent cette proposition ; mais le *noir* prosterné en Amérique sous le fouet du chrétien, sera difficile à convaincre.

« Les vérités du christianisme, loin de demander la soumission de la raison, en réclament au contraire l'exercice le plus sublime ». – Je ne sais trop si cela est orthodoxe ; mais je crois savoir qu'effectivement les mystères du christianisme donneraient à la raison beaucoup d'exercice.

« Les détracteurs du christianisme sont dans une position dont il leur est difficile de ne pas reconnaître la fausseté. S'ils prétendent que la religion du Christ est un culte formé par des Goths et des Vandales, on leur prouve aisément que les écoles de la Grèce ont eu des notions assez distinctes des dogmes chrétiens. S'ils soutiennent, au contraire, que la doctrine évangélique n'est que la doctrine philosophique des anciens, pourquoi donc ces philosophes la rejettent-ils ? » – Les défenseurs du christianisme sont dans une position dont il est difficile de ne pas reconnaître la fausseté : s'ils prétendent que les écoles de la Grèce (qui connaissaient, ainsi que les Orientaux, la morale et la philosophie du christianisme) eurent aussi des notions assez distinctes de ces dogmes, on leur demande comment il se fait que les hommes aient d'abord trouvé d'eux-mêmes[95] ce qu'ensuite Dieu leur révéla ; et s'ils soutiennent qu'il faut admettre sans examen la doctrine du christianisme, parce qu'elle n'est autre chose que la doctrine philosophique de l'antiquité, les *philosophes* leur répondront que si c'est la même doctrine, il n'est pas étonnant qu'ils l'examinent depuis qu'on la dit d'origine divine, comme ils avaient coutume de faire dans les temps antérieurs, et lorsque, selon les chrétiens mêmes, elle était d'origine humaine.

« Ceux mêmes qui ne voient dans le christianisme que d'antiques allégories du ciel, etc., ne détruisent pas la grandeur de cette religion. » – Ils lui donnent une origine terrestre, ce qui est certainement en détruire la grandeur comme religion. « Il en résulterait toujours qu'elle serait profonde et magnifique, etc. » – Il en résulterait qu'elle ne serait point divine ; or, une religion inventée par les hommes ne serait ni profonde, ni magnifique ; elle serait superstitieuse et funeste. Je n'oublie point que l'auteur n'a pas pour objet direct de prouver la divine origine du christianisme ; mais j'observe, pour la dernière fois, que nécessairement il la suppose, puisque son ouvrage serait ridicule dans la supposition contraire, attendu que rien ne serait plus déplacé qu'un gros livre en faveur des *beautés* de l'imposture.

« Chose étrange sans doute, que toutes les interprétations de l'incrédulité ne puissent parvenir à donner quelque chose de petit ou de médiocre au christianisme ! » – Il en serait de même, avec moins de doute, de la raison qu'on appelle philosophique ; et il n'y aurait dans cela rien d'étrange.

« Le paganisme n'ayant pas assez d'excellence pour rendre le pauvre vertueux, était obligé de le laisser traiter comme un malfaiteur. » – C'est moins le christianisme que le temps qui manquait à la civilisation des Grecs, des Romains, etc.

---

95 [N. D. A.] Platon avait presque deviné la religion chrétienne, dit l'auteur lui-même dans la page précédente. – [N. D. E.] Voir *supra*, p. 184, n. 91.

« Dans l'état présent des choses, qui réprimera une masse énorme de paysans libres ? » – Ces vues auraient beaucoup de justesse comme simples considérations, mais les conséquences que l'on en tire sont fausses, parce quelles sont exclusives et extrêmes.

« Si… les autels des dieux passionnés du paganisme se relevaient chez les peuples modernes… c'en serait fait du genre humain. Nous ne voulons qu'une seule preuve… Qu'on jette les yeux sur le règne de la terreur. » – Il faudrait pourtant d'autres preuves ; ce que vous alléguez n'en est pas une. Premièrement : on ne juge pas de ce que les lois pourraient faire étant seules, par les excès qui se commettent dans les révolutions, lorsque les lois morales n'ont pas de force, lorsque, pour ainsi dire, elles n'existent pas. Secondement : si on se trouvait dans le même état que les Romains, ce serait, à la vérité, un grand malheur, mais on ne peut pas dire que c'en serait fait de l'espèce humaine. Si l'on n'a plus en Europe l'esclavage, on a l'imprimerie et d'autres effets du temps. Quand on avait recours à la servitude, c'est qu'on ne savait pas établir l'ordre.

« Personne ne nie qu'il y ait un Dieu, dit Bacon, si ce n'est celui à qui il importe qu'il n'y en ait point. » – Bacon a tort ; on a vu des athées hommes de bien, on a vu des scélérats qui ne niaient pas qu'il y eût un Dieu. Ce serait d'ailleurs un signe de démence de l'admettre ou le nier, selon ses passions. Celui qui se mettrait à nier l'existence de la Divinité, soit parce qu'il aurait commis des crimes, soit parce qu'il voudrait se livrer à quelque vice, pourrait-il se persuader que, par son assertion, il ferait que Dieu ne fût pas. Mais, pourra-t-on dire, on a vu des gens changer de religion pour en suivre une plus commode, ou une plus favorable à leurs intérêts. Le cas est très différent. Ou ils croyaient qu'on peut être *sauvé* dans toute religion, ce que disent beaucoup de gens ; ou ils ne croyaient à aucune religion, mais ils affectaient d'en suivre une, par des raisons temporelles qui, bien souvent, semblent le conseiller ; ou enfin ils avaient la tête dérangée : je ne vois pas d'autre alternative. Ceux qui réellement se feraient athées pour l'intérêt de leurs passions, seraient absurdes à un tel degré, que leur imbécillité les rendrait étrangers à la question[96].

96 [N. D. A.] Je suis très loin de vouloir prononcer en faveur de l'athéisme. Mais je n'écris pas ces remarques pour établir mes opinions ; je les fais pour combattre de faux raisonnements dans des matières graves.

« Écoutons M. de Voltaire : La religion, dites-vous, a produit des milliasses de forfaits ; dites la superstition[97]... » – Ce passage de Voltaire aurait dû faire sentir à M. de Chateaubriand et à plusieurs autres, que ce n'était point de la religion, mais de la superstition que Voltaire disait, *écrasez l'infâme*. (Voyez dans le *Génie du Christianisme* le chapitre intitulé, *la Henriade*[98].)

« Enfin, s'écrie J.-J. Rousseau, fuyez ceux qui, sous prétexte d'expliquer la nature, sèment dans les cœurs des hommes de désolantes doctrines[99]. » – J'ai déjà observé que J.-J. était chrétien. Il y avait même un peu de passion dans son juste éloignement pour le *métier* de philosophe que faisaient quelques auteurs avec lesquels il avait eu des liaisons (Voyez page 140.)

« La religion, continue Rousseau... a donné plus de douceur aux mœurs. Ce changement n'est point l'ouvrage des lettres ; car partout où elles ont brillé, l'humanité n'en a pas été plus respectée ; les cruautés des Athéniens, etc., en font foi[100]. » – Ici, Rousseau me paraît dans l'erreur. Aux cruautés des Athéniens, des Égyptiens, etc., on peut, certes, opposer d'autres cruautés plus récentes ; quant à celles des Romains, il faudrait, pour les renouveler, qu'un nouveau peuple de soldats eût dépouillé une partie de la terre. Mais ce qu'il convient d'observer surtout, c'est que dans l'antiquité, les lettres, je veux dire les lettres utiles, n'avaient pas eu le temps de produire entièrement des effets, d'autant plus incertains quand l'imprimerie n'existait pas, qu'un demi-siècle alors valant à peine une année actuelle, quelquefois les lettres étaient déjà vers leur déclin avant que cette influence devînt sensible. Autrefois les lettres introduisaient une différence de plus entre les hommes ; mais depuis l'usage de l'imprimerie, c'est un résultat précisément contraire. Je ne dis point que le christianisme n'ait pas contribué au changement des mœurs ; mais je dis que les mœurs ont été adoucies par plusieurs causes indépendantes du christianisme. Il en est de même de la stabilité des gouvernements chez les modernes ; l'hérédité du trône et l'établissement des troupes réglées y eurent beaucoup plus de part que l'esprit de soumission du christianisme.

97 [N. D. E.] Article DIEU, DIEUX, *Questions sur l'*Encyclopédie, *Œuvres complètes* de Voltaire, Oxford, Voltaire Foundation, t. 40, 2009, p. 452.

98 [N. D. E.] Voir *Génie du christianisme*, p. 1342-1347.

99 [N. D. E.] *Émile ou De l'éducation*, dans *Œuvres complètes*, Paris, Gallimard, Bibliothèque de la Pléiade, t. IV, 1969, livre IV, p. 632.

100 [N. D. E.] *Ibid.*, p. 634 n.

« Nous devons tout au christianisme, lettres, sciences, agriculture, beaux-arts. » – Comme Athènes devait au polythéisme ses orateurs, ses sculpteurs, ses poètes, sa marine et la culture des oliviers.

Je ne sais si l'on trouverait, à l'exception de M. de Chateaubriand, un seul homme d'un esprit distingué, qui poussât le mépris pour l'intelligence de ses lecteurs jusqu'à leur proposer des assertions semblables à celles qu'on rencontre çà et là dans cette apologie du christianisme.

« Quand on nierait même au christianisme toutes ses preuves surnaturelles, il resterait encore de quoi prouver qu'il est le culte le plus divin, le plus pur… » – Si ce culte n'est pas surnaturel, il n'est pas même un peu divin. Un culte n'est pas plus ou moins divin ; il est divin, ou méprisable. On peut supposer qu'il existe une religion prescrite par la Divinité, mais seulement une : ainsi tout autre culte, tout culte qui manquera de *preuves surnaturelles* sera rejeté comme n'ayant rien de divin ; la morale pourrait en être respectable ; mais c'est le dogme qui constitue les religions positives : or, tout dogme imaginé par les mortels n'a rien de *pur*. Le comparatif est ici très déplacé ; le seul ouvrage possible de l'Esprit-Saint ne doit jamais être comparé, même avec le moins hideux ou le mieux déguisé des fruits de l'imposture.

Il paraît donc que le mot divin est pris ici, mais à tort, dans une acception tout-à-fait poétique : au reste, il n'est pas surprenant que l'auteur s'exprime en poète ; ses suppositions et ses conclusions ne peuvent rester exposées à la clarté du discours ordinaire.

« À ceux qui ont de la répugnance pour la religion, dit Pascal, il faut commencer par leur montrer qu'elle n'est point contraire à la raison ; ensuite qu'elle est vénérable, et en donner respect ; après, la rendre aimable, et faire souhaiter qu'elle fût vraie ; et puis montrer par des preuves incontestables qu'elle est vraie, etc.[101] » – Cette marche ne serait bonne que dans le plaidoyer d'un homme qui voudrait séduire. Ces détours, ces précautions rendent suspects tous vos raisonnements. Puisque vous devez montrer, par des preuves incontestables, que la religion est *vraie*, je ne vois dans le reste qu'un soin très superflu. Les *preuves incontestables* suffiront pour *en donner respect*. Si *elle est vraie*, certainement *elle n'est point contraire à la raison :* si elle est vraie, il n'y a rien de plus à faire, chacun doit se prosterner.

101 [N. D. E.] Pascal, *Pensées* (Lafuma 12, Sellier 46).

« Le christianisme est parfait... or... donc le christianisme est une religion révélée. » – Ce raisonnement sera juste (en entendant le mot parfait comme on devrait ici l'entendre), si l'on montre que le christianisme est *parfait*. « *Donc* le christianisme est une religion révélée. » – Il me semblait bien que l'auteur croirait un jour avoir prouvé que le christianisme a été révélé[102].

Un rapprochement se présente. Cette question du dernier chapitre, cette sorte de conclusion du *Génie du Christianisme* : Quelle serait aujourd'hui l'état de la société si le christianisme n'eût point paru sur la terre ? rappelle une autre question, une autre conclusion d'un autre ouvrage publié dans un autre temps. À la fin de cet autre ouvrage, M. de Chateaubriand demandait : Quelle sera la religion qui remplacera le christianisme... lorsque le christianisme sera tombé dans un discrédit total ? Le christianisme tombé ! remplacé ! on voit qu'il ne s'agissait pas alors d'une religion divine. L'auteur, voulant absolument considérer le christianisme sous plusieurs faces, commença par en faire une fausse religion ; et il en fit une religion divine peu de temps après.

Fort peu de temps après. Dans son livre publié à Londres en 1797, M. de Chateaubriand est revenu d'Amérique, et n'est point chrétien[103]. Ici les dates sont embarrassantes. Il est dit dans un article du *Mercure*, article transcrit à la suite du *Génie du Christianisme* (tom. 9 de l'édition de Lyon), que cet ouvrage fut publié, pour la première fois, à Londres en 1798. En admettant donc que l'édition de l'*Essai sur les révolutions* (Londres, 1797), ait été faite en l'absence de l'auteur, et qu'on ne doive lui attribuer formellement que celle de 1795, il ne lui restera toutefois que trois ans pour retourner en Amérique pour s'y convertir, ou, comme l'on sait, recevoir la foi dans une lettre[104], enfin pour composer d'après

102 [N. D. A.] Une jeune personne disait que M. de Chateaubriand, au lieu d'étayer l'édifice du christianisme, l'avait badigeonné.

103 [N. D. A.] Il y a donc des exceptions à toutes les règles, même à celle qui fait que l'on croit *tout* quand on revient de royaumes de la solitude. Sur ce principe moral découvert par M. de Chateaubriand, voyez au chap. 4 du liv. 5 de la première partie. – Que si le livre portant le nom F. A. Chateaubriand, et la date 1797, se trouvait sensiblement altéré, ce serait à M. de Chateaubriand à prouver cette altération. Jusque-là on doit le croire de lui, puisqu'il porte son nom, et qu'on y retrouve sa manière souvent très forte, et très souvent brillante.

104 [N. D. A.] Un historien s'est aperçu que les Pères d'un concile œcuménique recevaient chaque semaine le Saint-Esprit par le courrier. La conversion de M. de Chateaubriand ne s'éloigne donc pas des voies ordinaires de la grâce.

cela un ouvrage que nul homme n'aurait été capable de faire avec une très grande précipitation, et qui d'ailleurs est le fruit d'un travail de plusieurs années, selon les termes même de l'auteur.

Encore une phrase (remarquable en elle-même) de ce qui portait le nom de M. de Chateaubriand, non pas en 1798, mais en 1797. « Ne serait-il pas possible que les peuples atteignissent à un degré de lumières et de connaissances morales suffisant pour n'avoir plus besoin de culte ? La découverte de l'imprimerie ne change-t-elle pas à cet égard toutes les anciennes données ? » (*Essai sur les Révol. chap. 55 de la deuxième partie.*)

Selon M. de Chateaubriand, les révolutions religieuses et les révolutions politiques sont étroitement liées ; en changeant la croyance d'un pays, on en change le gouvernement. Je ne veux pas en conclure que dans le temps où M. de Chateaubriand regardait comme assez probable, comme tout-à-fait vraisemblable de la chute entière du christianisme, il ait aussi pensé que l'ancienne monarchie française ne serait jamais rétablie : on serait exposé quelquefois à imputer à un auteur ce qui fut toujours loin de sa pensée, si on se chargeait de conclure de ce qu'il a dit, ce qu'il a négligé ou évité de dire. Il faut donc ne s'arrêter qu'aux choses positives. À la fin de 1814, M. de Chateaubriand avait des idées de stabilité bien consolantes[105] ; il ne pensait plus, sans doute, à faire des conjectures sur la croyance destinée à remplacer la croyance chrétienne. Sachant que ses aperçus étaient infaillibles, il bravait même, à d'autres égards, toute *puissance humaine*, défiant les conspirateurs, de la même plume qui, dit-on, avait écrit trois ans auparavant : « Je quitte à peine les contrées où dorment les nations ensevelies, et j'aperçois un berceau… Les peuples racontent… Que feront les enfants tranquilles des Muses ? Ils marcheront à la suite… pour présenter[106], etc. »

Ce discours dont, comme on voit, j'abrège beaucoup le dernier passage, commençait par une supposition gratuite relative à Milton. La voici. « Lorsqu'il publia le Paradis Perdu, les Anglais pour punir le poète de la part qu'il avait prise à leur révolution, se gardèrent bien de l'admirer[107]. » – Ainsi, l'on se concertait d'une extrémité à l'autre de

105 [N. D. E.] Allusion au retour des Bourbons et à la Restauration.

106 [N. D. E.] Citation approximative du discours que Chateaubriand rédigea, en mars 1811, pour sa réception académique. Il ne le prononça pas, mais des copies circulèrent. Voir sa reproduction dans l'Appendice du tome II des *Mémoires d'outre-tombe*, éd. Jean-Claude Berchet, Paris, Classiques de Poche, 1992, p. 783-790.

107 [N. D. A.] M. de Chateaubriand explique de cette manière neuve et originale le peu de succès du poème de Milton sous le règne de Charles II. Mais si on désire en voir les

la Grande-Bretagne pour vanter un ouvrage, ou pour le condamner ; et on faisait, tout d'une voix, ce raisonnement un peu compliqué : Si nous l'admirons maintenant, Milton ne sera pas puni ; si nous ne l'admirons jamais, l'Angleterre n'aura point de poème divin : prenons un milieu ; pour l'exemple, attendons que l'auteur soit mort, alors nous le lirons à notre aise, et nous trouverons d'autant plus de plaisir à l'exalter, que nous aurons d'abord assez manifesté de haine et d'indignation.

Biographe ou théologien, historien ou moraliste, presque toujours M. de Chateaubriand, au lieu de regarder et de décrire avec fidélité, ferme les yeux, imagine, et peint agréablement. Il faudrait avoir l'esprit bien aride pour ne pas aimer à le lire ; pour l'écouter, il faudrait avoir le jugement bien faible.

S'il m'est arrivé, dans ces notes, d'offenser, sans une sorte de nécessité[108], l'auteur du *Génie du Christianisme*, je lui en fais des excuses ; mais je ne lui en devrais aucune, si j'étais sûr d'avoir dit seulement ce que l'examen de ces questions me parut exiger.

Il eût été possible sans doute de le combattre avec des ménagements plus exacts ; mais il eût fallu consacrer trop de temps à des remarques aussi simples, ou y mettre plus d'art que je n'en possède. On pourra donc ne pas attribuer à d'autres causes les expressions dont je suis peu content moi-même.

Je dois penser, en dernier résultat, que M. de Chateaubriand a cherché la vérité : si tel fut son principal objet, il en croira d'autant plus facilement que je n'ai pas moi-même un autre but.

Entreprendre d'écrire sur des matières sérieuses, c'est prendre l'engagement de ne sacrifier à aucun autre intérêt, celui de ce qui paraît être la vérité. S'il arrive que l'on s'oublie un moment jusqu'à céder à d'autres vues, on doit, après la réflexion, se condamner soi-même, et poser pour jamais une plume déshonorée.

---

vraies causes bien développées, on les trouvera dans *le Glaneur*. – [N. D. E.] *Le Glaneur ou Essais de Nicolas Freeman* par A. Jay, chap. 18 (Paris 1812).

108 [N. D. A.] Il est des lignes que je préférerais supprimer : mais quand on a cru devoir entreprendre l'examen sérieux d'un tableau, comment éviter de se demander, s'il est d'un artiste qui, *en général*, s'attache à la vérité du dessin, ou seulement au prestige du coloris.

PREMIER SUPPLÉMENT

Examen d'une note du chapitre premier du livre cinquième de la première partie du *Génie du Christianisme*

La première partie du *Génie du Christianisme* traite du dogme. Elle a, pour complément, une note destinée à prouver métaphysiquement l'existence de Dieu et l'immortalité de l'âme. Cette note contient des choses excellentes ; mais, dans ce genre particulièrement, il faut que tout soit juste, pour que les conclusions ne soient pas fausses ou hasardées. Si quelques endroits seulement sont faibles, l'édifice s'écroule ; que sera-ce, si plusieurs des principaux soutiens ne sont qu'apparents ?

Je ne cherche pas à établir que l'âme est mortelle, ou que Dieu n'existe pas ; mais à montrer que M. de Chateaubriand n'a prouvé métaphysiquement ni l'immortalité de l'âme, ni l'existence de Dieu. Les arguments, employés dans cette note, sont tirés des *Lectures* de Clarke, traduites en français, sous le titre de *Traité de l'Existence de Dieu*[1]. Ces raisonnements, qui étaient insuffisants dans Clarke, sont restés insuffisants dans le *Génie du Christianisme*. Je crois que des réflexions profondes doivent faire espérer l'immortalité de l'âme, et faire croire l'existence de la Divinité : mais je crois aussi que nul homme, avec ses facultés terrestres, ne prouvera l'existence d'une cause première, essentiellement distincte de l'être visible, ayant pu le produire et ayant pu subsister seule antérieurement. Leibnitz s'est trompé dans ses *Essais de Théodicée*[2] : il conclut du choix qui a été fait entre tous les mondes possibles, l'existence d'une cause première et intelligente ; mais, nous

1 [N. D. E.] Samuel Clarke, *Traités de l'existence et des attributs de Dieu, des devoirs de la religion naturelle et de la vérité de la religion chrétienne*, Amsterdam, J. F. Bernard, 1727-1728. Traduits de l'anglais par M. Ricotier. 2e édition revue... sur la VIe édition anglaise, 3 tomes en 2 vol.

2 [N. D. E.] Gottfried Wilhelm Leibnitz, *Essais de théodicée*, Amsterdam, François Changuion, 1734.

ignorons s'il y a autre chose de possible que ce qui est, et nous ignorons si cet univers, dont nous entrevoyons une partie probablement si faible, ne contient pas toutes les choses possibles.

On a dit de cette note du *Génie du Christianisme*, que jamais les preuves métaphysiques de l'existence de Dieu n'avaient été plus clairement et plus heureusement présentées. S'il en est ainsi, Pascal semble avoir eu raison de dire que l'homme ne peut arriver, par ses propres moyens, à une démonstration parfaite de l'existence de Dieu.

On trouve, dans cette note trop vantée, plusieurs erreurs, plusieurs suppositions gratuites, et d'assez fortes marques d'inadvertance.

1.° *La Matière.*

« Quelque chose a existé de toute éternité, et cet être existant est indépendant et immuable. » – Il paraît certain que quelque chose *a existé de toute éternité* : mais le singulier *être* n'est point motivé ; le mot *indépendant* n'est pas suffisamment expliqué ; le mot *immuable* n'est pas juste, car la matière n'étant pas éternelle, selon vous, l'idée de Dieu, agissant maintenant sur la matière qu'il a produite, et celle de Dieu n'ayant rien produit, sont deux idées différentes. Dieu est éternel, mais non immuable dans le sens absolu qui serait nécessaire ici. Le monde étant la pensée divine réalisée, si Dieu qui est cette pensée, était immuable, le monde serait immuable ; c'est-à-dire, que le monde, la nature n'existerait pas. Nous n'appelons pas immuable, pendant sa durée, un astre qui néanmoins reste visiblement le même comme astre, mais qui subit ou peut subir des modifications périodiques et autres[3]. L'énoncé de la seconde proposition eût dû être : *ce qui a existé de toute éternité, est indépendant d'une cause étrangère, et est permanent.* L'on n'a rien établi de plus.

Vous prouvez bien qu'il n'y a pas une série d'êtres distincts et successifs. Mais il peut y avoir une série de modifications dans l'être existant : ce mouvement qui pourrait être, en quelque sorte, sa vie, et qui résulterait essentiellement de sa nature, pourrait changer l'aspect de ses parties et

3 [N. D. A.] Puisqu'il ne résulte point du dogme de la Trinité que l'on reconnaisse plusieurs dieux, à plus forte raison ceci ne dit point que Dieu change. La comparaison de l'astre est défectueuse, je l'avoue ; mais je veux dire seulement que si l'*Être* est immuable, ce n'est pas dans un rigoureux qui supposerait l'immobilité, l'inaction. – Ni Clarke, ni Leibnitz n'ont pu résoudre ce grand problème de l'éternelle succession des choses ; et aucun homme ne peut le résoudre.

en diversifier la position respective. Ainsi, vous ne devez pas ajouter : « Et ne peut être la matière. »

Vous avez tort de dire : « On peut concevoir sans contradiction, qu'elle (la matière) pourrait ne pas exister, ou être toute autre chose que ce qu'elle est. Ce caillou… vous le concevez fort bien anéanti… Ainsi, d'objets en objets, l'existence de la matière n'est pas de nécessité. » – Nous ne pouvons pas plus supprimer dans notre pensée, l'existence de la matière, que l'existence de l'être. Si notre imagination suppose que tel caillou n'est plus, elle le remplace aussitôt par autre chose qui est aussi de la matière. L'existence de telle ou telle partie de la matière, n'est pas de nécessité à nos yeux, parce que ces formes qui divisent la matière en corps particuliers, ne sont pas constantes, et qu'ainsi, nous n'avons pas l'idée du moment où elles sont nécessaires ; mais c'est ici une grande erreur de confondre la matière, en général, avec tel ou tel corps isolé. Il nous est aussi impossible, je le répète, de nous faire quelque idée de la non-existence de la matière que de la non-existence de l'être.

Il serait facile de « paraître » prouver métaphysiquement, que rien ne doit exister, que rien n'a pu commencer et que rien ne peut être éternel. La seule réponse que vous connaissiez à de semblables raisonnements est celle qui forme votre première proposition : « Puisque quelque chose existe, quelque chose a existé de toute éternité. » Or, je puis dire de même de la matière : elle existe, donc elle a toujours existé. Quel serait le principe qui l'aurait produite accidentellement ? Serait-il analogue ? c'est encore la matière : serait-il différent ? mais on ne saurait imaginer que l'on produise ce qui n'est pas en soi, et que quelque chose naisse, dont l'existence n'avait point de raison déterminée.

La vanité humaine devrait bien se résoudre à reconnaître que l'origine et même l'existence des choses, sont absolument incompréhensibles, qu'à cet égard, il ne serait qu'une proposition qui pût résulter de nos raisonnements les plus forts, c'est que rien n'existe. Puisque nous existons, au contraire, croyons que le principe des choses nous est à jamais caché. Prétendre y arriver avec *démonstrations*, c'est prétendre, en nous exerçant à sauter à trois pieds de hauteur, puis à trois pieds et demi, nous élever enfin jusqu'aux planètes qui passent au-dessus de nos têtes. Tout l'avantage que peuvent avoir sur d'autres hommes, ceux qui pensent prouver l'existence d'un principe immuable et antérieur au monde visible, se réduit à quelque illusion qui naît sans doute de leurs désirs, et qui les empêche d'apercevoir une disproportion infinie entre nos facultés et des notions certaines de l'essence des choses.

Mêmes erreurs dans la seconde *preuve* de la troisième proposition. « La durée de la matière ne peut être que progressive… elle n'existe plus pour la minute écoulée, et, comme l'homme, elle avance dans l'avenir, en perdant le passé. » – On continue à confondre les corps avec la matière. Non seulement la matière, prise dans sa totalité, ne change point (et il serait difficile de la concevoir *anéantie*, sans que l'univers fût changé), non seulement la matière ne perd pas et n'acquiert pas une particule ; mais, de plus, il se peut qu'elle reçoive ou conserve dans tous les instants, qu'elle réunisse éternellement toutes les formes possibles ; il se pourrait que, toujours variée pour celui qui n'entreverrait qu'une très faible partie de l'univers, elle fût constamment semblable pour l'intelligence qui la concevrait tout entière. Dans une autre immutabilité, celle de toutes les parties, il n'y aurait plus d'univers organisé ; or, la vie actuelle de l'être ne nous est pas plus impossible à expliquer, que ne le serait à comprendre cette perpétuité de la mort sans le néant, et d'une puissance divine toujours stérile.

Vous observez que l'éternité de la matière, ne pouvant être que successive (ce qui est douteux, comme je viens de le dire), supposerait qu'elle aurait franchi des siècles infinis, ce qui ne se peut, puisque des siècles infinis ne seraient pas épuisés. Ainsi, tandis que vous conservez au mot *infini* toute sa force, vous changez l'acception du mot *éternel*, et vous ne parlez que d'une éternité antérieure à nous, comme s'il pouvait y avoir une éternité passée. Lorsqu'on admet la matière créée, la difficulté n'en est que plus certaine : l'éternité de Dieu n'étant pas *successive*, il est tout à fait impossible de concevoir ce qui a mis un terme, en quelque sorte, à l'éternité divine, antérieure à la création du monde ; et comment est survenue, dans l'uniforme éternité d'un être immuable, l'*époque* où il devait, où il voulait *changer* l'état des choses et produire ce qui n'était pas en lui, la matière. De plus, cette matière n'existe pas aujourd'hui, si elle n'existe pas nécessairement et éternellement : car si elle n'a pas toujours été en Dieu, comme dans sa source, elle est indépendante de lui, ce qui est contraire à vos assertions ; si elle était en Dieu, Dieu n'était pas unique, ainsi que vous l'affirmez, et il n'est pas un pur esprit ; ou si l'être indépendant a été unique et que maintenant il ne le soit plus (la matière n'étant pas Dieu), l'Être éternel n'est donc pas *immuable*, comme vous le déclarez. Les difficultés, qui forment la seconde *preuve* de votre quatrième proposition, ne sont donc que de simples difficultés, auxquelles je puis en opposer d'insurmontables ; en sorte que vous n'êtes nullement fondé à dire : « Ainsi s'évanouit cet épouvantail, *ex nihilo, nihil fit.* »

Vous prétendez que l'*être* est unique, parce que « si deux principes indépendants existent ensemble, on concevra que l'un peut également exister seul... d'où il résulte que ni l'un l'autre de ces principes n'existe nécessairement. » – L'idée d'une chose existant *nécessairement* n'est autre pour nous que l'idée d'une chose existant par le fait, et sans que nous puissions lui assigner une cause prise hors d'elle-même. Si donc il existait deux principes, si nous savions qu'ils existent, nous dirons qu'ils existent nécessairement. Voulez-vous entendre *nécessairement* d'une autre manière ? alors il faudra dire que l'univers n'existe pas, car vous-même vous ne pouvez justifier l'assertion que quelque chose existe nécessairement, si ce n'est par le seul fait que quelque chose existe.

Ainsi, la seconde proposition est pleine d'arbitraire, la troisième et la quatrième sont dénuées de preuves. Trente pages ne suffiraient point pour en réfuter une, quand on veut montrer que les termes sont pris dans une acceptation fausse ou prudemment variée, que les argumens sont incomplets, et que les conclusions ne sont pas de rigueur. Je n'ai donc pas tout dit sur ces trois articles, et cependant je pourrais m'arrêter ici : l'on voit déjà que le travail de cette fameuse *note* est moins solide qu'imposant. Je promets d'ailleurs d'entrer dans plus de détails, si jamais on l'exige. Après avoir pris cet engagement, je vais continuer à ne proposer qu'une partie des objections qui me resteraient à faire.

2.° *Le Mouvement.*

Le mouvement de la matière ne fournit point, comme vous le dites, une preuve sans réplique en faveur de l'existence de Dieu. Premièrement, parce qu'il n'est pas démontré, comme vous le prétendez, qu'il y ait des corps en repos : tout au contraire, nous n'avons aucune connaissance d'un corps en repos ; (dans une *note* de cette nature, il ne fallait pas s'arrêter ainsi aux plus grossières apparences, et dire bien vite que la chose est *démontrée*). Secondement, puisque *le mouvement, par sa nature connue, n'a aucune régularité*, pourquoi dire : *si le mouvement est essentiel à la matière, toutes ses parties doivent tendre sans cesse et également de tous côtes.* Ceci manquant, tantôt de justesse, tantôt d'évidence, et ce qui précède étant faux, la *preuve sans réplique* est imaginaire. J'observerai en passant, que si d'habiles mécaniciens cherchent en vain le mouvement perpétuel, ce n'est pas qu'on ne pût vraisemblablement obtenir le mouvement perpétuel dans une machine isolée ; mais c'est que ne pouvait l'isoler, la séparer du monde, on trouve dans le mouvement des autres corps une perpétuelle résistance.

« Nous aimons à citer Bayle, etc. » – Pourquoi aimer à citer Bayle, si comme vous le dites, il *passe aisément du blanc au noir*, s'il n'a *pour but* que de *faire voir la faiblesse de notre raison*, s'il s'*accommode de tout* ? Le passage de Bayle commence ainsi : Les lois du mouvement ne sont pas capables de produire, etc. Il fallait dire : Celles d'entre les lois du mouvement dont nous avons quelque connaissance, ne sont pas capables de produire dans nos mains…

« Ainsi… toutes les saletés de la nature sont des parties de Dieu ! » – Qu'entendez-vous par les saletés de la nature ? Quelle discussion sérieuse peut-on suivre dans cet étrange langage ? L'auteur d'Atala me dira en vain que l'imagination forme son seul domaine, et qu'il ne se pique point de parler d'après lui-même lorsqu'il s'agit de métaphysique. Sans doute il est très permis de copier, mais encore faut-il choisir. Ici M. de Chateaubriand s'en sera rapporté à quelque secrétaire à peine sorti de l'enfance, et incapable de sentir (ce que toutefois de certains enfants conçoivent très bien, j'en ai vu un exemple) que l'idée de la saleté est uniquement relative aux besoins de l'homme ou à des goûts. Et si d'ailleurs Dieu est partout, il est parmi *toutes les immondices de l'univers.* Plusieurs athées auront l'*ingénuité de croire* ce passage un peu ridicule. Quant à *tous les crimes*, la difficulté subsiste également pour les chrétiens : à quelque subtilité qu'ils aient recours, tous les crimes se commettent, Dieu les voyant, selon eux, et pouvant, selon eux, les empêcher. Il est bien des gens que les difficultés ne frappent que quand elles ne sont pas dans leur système.

« Mais cette… nécessité… si elle est incréée, etc., est-elle autre chose que Dieu ? » – Oui, elle serait autre chose, puisqu'on ne lui attribuerait ni ce que nous nommons justice, bonté, etc., ni même précisément ce que nous nommons intelligence, c'est-à-dire, examen libre, choix motivé, etc.

3.° *La Pensée.*

Dans ce troisième article, on pourrait presque à chaque pas arrêter M. de Chateaubriand. Sorti de son domaine dans toute cette *note*, il se trouve sur un sol trop aride, trop escarpé pour ses habitudes et pour ses forces.

« La pensée ne peut être ni matière, ni mouvement, ni repos. » – La beauté, par exemple, n'est ni matière, ni mouvement, ni repos ; s'ensuit-il que la beauté soit un esprit pur ?

La pensée n'atteint pas *au même instant le ciel est l'enfer ;* d'abord, parce qu'elle n'atteint jamais à l'enfer, et qui n'est pas fort exact qu'elle atteigne au ciel ; ensuite, parce que si elle est occupée du soleil, elle n'est pas pour cela au soleil, et qu'elle ne s'exerce point sur l'objet, mais sur l'image de l'objet.

« L'espérance ne peut être qu'un mouvement futur. » – L'auteur poursuit, et observant qu'un mouvement futur matériel ne peut exister au présent, il conclut que l'espérance est un mouvement *spirituel* futur au présent ; mais cela est trop spirituel, trop subtil.

« La pensée parcourt dans la plus petite fraction de temps, des espaces que le *mouvement* ne pourrait franchir que dans des milliers de siècles. » – Elle ne franchit point ces espaces, elle agit en quelque sorte sur l'image étroite de ces espaces qui restent vagues, à peu près comme elle voit dans l'œil un paysage entier.

« Quand l'univers écraserait l'homme, dit Pascal, l'homme serait encore plus grand que l'univers, car il sentirait que l'univers l'écrase, et l'univers ne le sentirait pas[4]. » – Tous les animaux sentiraient également qu'on les écrase ; en sorte qu'il y a dans l'univers mille millions d'êtres dont chacun est plus grand que le reste de l'univers, y compris ces mille millions d'êtres, moins un seul. Voilà bien la millionième partie plus grande que le tout. Il faut donc que l'homme ait seul la faculté de sentir, ce qu'on est loin d'accorder à Pascal.

« La science est éternelle, donc le siège de la science, l'âme doit être immortelle. » – Est-ce la science en général ? alors l'âme n'en est point le siège. Est-ce la science humaine ? celle-ci n'est point éternelle. Les propriétés du triangle sont éternelles ; mais l'œil qui voit un triangle est passager. Parlez-vous de la science réelle ? elle n'est qu'en Dieu. Entendez-vous quelque notion des phénomènes ? de cette manière nos chiens ont la science de la chasse.

Ne voudra-t-on jamais avouer que l'on ignore la nature des choses ? Il est naturel, pour ainsi dire, que la pensée soit incompréhensible : nous pouvons apercevoir des rapports entre les choses extérieures, ou

4 [N. D. E.] Pascal, *Pensées* (Lafuma 200, Sellier 231).

quelques rapports de ces choses à nous, mais on ne saurait se comprendre soi-même[5].

Désespérant d'expliquer la pensée comme une partie de l'univers visible, vous la jetez dans un autre monde, dont vous ne savez absolument rien, sinon que, selon vous, il contient tout ce qu'on ne sait pas. Voilà notre pensée bien plus facile à comprendre. Cette région des esprits purs, ce monde exactement immatériel paraît très commode. On s'en sert d'autant plus volontiers, comme dit M. de Chateaubriand dans cette même *note* en parlant de la nécessité ; on s'en sert d'autant plus volontiers qu'on ne sait ce que c'est, et qu'en lâchant ce grand mot, on se croit dispensé de l'expliquer.

Le monde intellectuel est une sorte d'abstraction qui n'échappe pas moins à nos définitions que la substance du monde visible. Il ne faut pas éloigner de notre pensée les mystères du monde : mais il ne faut pas vouloir déterminer ce qu'on imagine à peine ; il ne faut pas donner pour certain ce qui n'est que vraisemblable, et changer en *preuves* de simples allégations.

5 [N. D. A.] J'ai dit ailleurs : L'intelligence estime les différences, et calcule les rapports ; mais la substance lui est inaccessible : non seulement l'être ne nous est point connu, mais il ne peut être connu, etc. R... édition de 1809. – [N. D. E.] *Rêveries sur la nature primitive de l'homme*, 1re éd, 1799.

SECOND SUPPLÉMENT, OU NOTE RELATIVE À LA LOI DU DIVORCE[1]

On a beaucoup écrit sur le divorce ; ce qui conviendrait aujourd'hui, ce serait de ramener la question à sa simplicité naturelle. L'un des premiers soins doit être d'écarter la vaine peinture des perfections du mariage indissoluble. Il est facile de multiplier les déclamations sur un tel sujet : mais les esprits justes ne peuvent en rien conclure contre le divorce ; le lien perpétuel n'étant beau que pour ceux qui sont bien unis, qui se sentent heureux, et qui, par conséquent, n'useraient pas de la faculté de divorcer.

Il en est de même, à plus forte raison, des beautés surnaturelles qu'on veut apercevoir dans le mariage. Le théologien doit s'en occuper dans une dissertation sur les sacrements ; mais l'esprit de la loi civile n'est pas de s'attacher à une harmonie presque idéale, il ne lui appartient de régler que les intérêts présents et positifs. Si une certaine pureté devenait l'objet des lois humaines, elles devraient, à l'exemple de la loi religieuse, conseiller et autoriser la continence.

Plusieurs écrivains ont considéré le mariage sur la terre, comme l'essai d'un lien plus durable ; ils ont vu dans cette association de nos rapides années, de simples fiançailles pour une union sans terme[2]. Ces perspectives d'un autre monde, sont très propres à satisfaire l'imagination ; mais quand on rédige la loi, il faut moins de poésie, et plus d'exactitude. Que veulent les contractants ? que pensent-ils ? Voilà ce qu'on doit considérer. Certainement c'est du mariage dans la vie actuelle qu'ils s'occupent presque tous, et ils sont persuadés que les lois humaines s'arrêtent aux portes du tombeau. Trop souvent ces lois restent défectueuses en réglant les choses visibles ; que serait-ce si elles embrassaient l'inconnu ?

---

1 [N. D. A.] Voyez p. 45. – [N. D. E.] *Observations critiques*, 1816, p. 45. Voir *supra*, p. 92, n. 19.

2 [N. D. A.] Cette observation avait déjà été placée quelque part en 1814.

On ne manque pas de s'autoriser de tant de législateurs qui, en établissant ou en réformant le mariage, firent intervenir la religion. Mais c'est encore mettre des mots à la place des choses. Personne ne propose d'ôter à la religion la sanction religieuse du mariage, ou même de changer, à cet égard, la discipline de l'église : mais seulement de permettre le divorce à ceux qui jugeront que leur conscience ne le leur interdit pas. Remarquez en outre que ces hommes, dont la sagesse luttant seule contre le délire du siècle, ne renonce pas à mêler la religion à l'administration civile des états et la loi spirituelle avec la loi temporelle, ont ordinairement le malheur de ne pas entendre par religion un culte saint et nécessaire, un culte révélé. Ils parlent d'un joug religieux ; partout celui qui existe est bon, seulement il en faut un. Ils abusent, pour vous surprendre, de ce qu'il y a de grand et de sacré parmi vous dans l'idée du culte ; et tandis que vous songez à une religion divine, eux ils demandent pour tout pays une religion quelconque, c'est-à-dire, vingt fausses et une seule vraie, vingt fois contre une des erreurs grossières et de détestables superstitions. Voilà ce que vantent infatigablement l'auteur du *Génie du Christianisme*, et plusieurs autres : ils disent d'une manière cachée, mais enfin ils disent qu'il n'y eût eu jadis ni morale, ni politique sans les autels de Jupiter ou de Teutatés[3], et que par exemple, le mariage n'eût été qu'une honteuse fornication si Junon ne l'eût pas sanctifié.

On dira qu'il faut pourtant que les lois de l'État soient d'accord avec les préceptes de la religion de l'État ? Ce sera encore un vain raisonnement ; le divorce, en tant qu'il occasionne un second mariage, n'a jamais lieu malgré la conscience des fidèles, et il devient une simple séparation pour quiconque le veut ainsi. Ceux qui croiraient enfreindre par là des devoirs d'un autre ordre, n'useront donc pas d'une telle liberté ; mais il est d'autant plus naturel de la laisser en France, que les Français n'ont pas tous une croyance qui la prohibe. La loi fera-t-elle des distinctions qui l'entraîneraient jusqu'à peser les scrupules ? Elle n'exige même pas que l'on soit de l'église romaine, comment rendrait-elle civilement obligatoires les décisions de cette église ? Tout ce qui est respectable n'est pas pour cela du ressort des lois. Craignez même de trop exiger dans nos temps de faiblesse : évitez de n'accorder le divorce qu'à ceux qui déclareraient appartenir aux communions réformées. Lorsqu'autrefois

3 [N. D. E.] Teutatès ou Teutatis : dieu celte de la tribu, qu'il protégeait contre la guerre et dieu de la guerre elle-même.

l'église perdit un si grand nombre de ses enfants, combien succombèrent à des tentations de cette nature !

C'est avec aussi peu de justesse que l'on fait valoir comme décisives de certaines considérations morales. S'il y a quelque mérite dans la constance, quelque vertu dans la résignation, que de désordres, que de crimes même sont les fruits presque inévitables d'un assujettissement sans terme, d'un malheur sans espérance, d'une haine sans oubli ? La simple séparation peut, il est vrai, prévenir ces maux ; mais ne voit-on pas qu'elle offre les inconvénients réels du divorce, et d'autres encore ? Elle contient aussi un scandale ; elle peut aussi nuire aux enfants ; et, de plus, elle rend au célibat, et à l'irrégularité des mœurs dont il devient le prétexte, des individus encore dans la force de l'âge, qui, s'ils voulaient mener une conduite régulière, se trouveraient souvent punis tous deux des torts d'un seul.

L'amour de l'ordre est bien aveugle, quand il produit cette inflexible régularité. Ce que vous chérissez dans le mariage irrévocable, c'est l'uniformité d'un mode qui soumette tout ; et vous préférez au divorce la séparation, parce que vous sentez que, moins consolante, elle doit être plus rarement invoquée. Vous êtes si éloignés de penser mal du prochain, que les dehors vous suffisent toujours. Et d'ailleurs qu'importe une longue suite de perfidies, pourvu que vous évitiez le scandale d'une plainte ouverte. Vous comptez pour rien les chagrins les plus amers, s'ils ne peuvent éclater, et les plus détestables abus, s'ils restent déguisés sous quelque apparence honnête. C'est quand l'hypocrisie s'arrête, que la corruption commence à vos yeux. Mais non ; vous connaissez mieux les hommes : vous savez que partout les habitudes seront édifiantes, aussitôt que la règle sera sévère ; aussitôt que le mariage sera indissoluble, la fidélité sera inviolable, et cette rectitude dans le code civil suffira pour nous ramener aux heureuses mœurs qui honorèrent nos ancêtres avant le divorce, au temps de la régence.

Selon M. de Bonald[4] la femme est sacrifiée par le divorce. L'homme, dit-il, se retire du mariage avec toute son indépendance ; mais la femme ne reprend de ce qu'elle y a porté, jeunesse, fécondité, etc., que son argent.

---

4 [N. D. A.] Voyez dans le *Moniteur*, 29 décembre 1815, la proposition faite par M. de Bonald, le 26. – [N. D. E.] *Gazette nationale ou le Moniteur universel*, 29 décembre 1815, « Proposition faite à la chambre des députés, par M. de Bonald, député de l'Aveyron, dans la séance du 26 décembre », p. 1455-1456. Reproduit dans Louis de Bonald, *Œuvres*

Si on pense que ceci est une plaisanterie de M. de Bonald, on se trompe. C'est très sérieusement qu'il suppose qu'au moment du divorce, la femme a généralement perdu sa jeunesse, sa beauté, sa fécondité. Au contraire, cela doit arriver rarement, surtout dans le véritable divorce qui est, dit Montesquieu[5], l'effet du consentement mutuel : la demande est alors fondée sur l'impossibilité de vivre dans l'union, impossibilité qu'on ne prétendra guère découvrir après douze ou quinze ans d'intimité.

Ces considérations tirées du partage des femmes, manquent de toute justesse à l'égard du divorce ; mais, pourvu qu'on en ôtât l'exagération, elles conviendraient à une autre dissolution du mariage, à la répudiation : elles feraient bien sentir l'injustice, ou, comme l'ont dit deux hommes célèbres, la dureté de ce droit exercé par le mari seul. Le divorce réel en diffère essentiellement. Quant au divorce prononcé d'après des torts qui ne supposeraient point la vraisemblance d'un sincère raccommodement, si on le considère comme une sorte de répudiation, on verra que du moins celle-là est équitable, puisqu'elle n'est point le privilège d'un sexe, mais un jugement rendu en faveur de la partie lésée.

Il est singulier que M. Bonald objecte contre le divorce ce qu'on ne peut opposer qu'à un mode de répudiation d'un esprit très différent ; mais ce qui surprend davantage, c'est que précisément dans le même discours, il préfère ce dernier droit *accordé au mari seul*. Apparemment les femmes n'étaient pas sacrifiées par la répudiation qu'elles subissaient comme une peine ; et elles le sont par le divorce qu'elles réclament comme une justice, ou qu'elles implorent comme un asile. Ainsi, ce serait pour le bonheur des femmes qu'on ôterait l'espoir aux femmes malheureuses dans le mariage ; et c'est pour l'intérêt de celles qui se voient réduites à demander le divorce, qu'on veut rendre leur demande inadmissible. Souffrez qu'elles jugent elles-mêmes de ce qui leur est avantageux. C'est un principe qui n'a rien de révolutionnaire, de laisser à tout individu majeur et jouissant de sa raison, le soin de ce qui le concerne, quand les droits d'autrui ne s'y opposent point. Est-il donc si peu de réflexions raisonnables à faire contre le divorce ? ne voit-on rien de mieux que de paraître prendre part au danger du sexe que le mariage doit le plus favoriser ! Voici le raisonnement de M. de Bonald en faveur des femmes :

---

choisies, t. II : *Écrits sur le divorce*, éd. F. Bertran de Balanda et G. Gengembre, Paris, Classiques Garnier, 2022, p. 259-270.

5 [N. D. E.] Voir *L'Esprit des lois*, livre XVI, chap. 15-16.

Législateurs, hâtez-vous de *consacrer leur entière dépendance*, car elles sont *opprimées* par cette *faculté du divorce, véritable démocratie domestique qui permet à la partie faible de s'élever contre l'autorité maritale*[6]. M. de Bonald ajoute que la loi du divorce a ébranlé les fondements des sociétés, que cette loi désastreuse, fille aînée de la philosophie, a tout corrompu, et qu'enfin (par suite de cette corruption sans doute), personne ne veut en user. On pourrait conclure de cette dernière assertion, qu'une loi si étrange devient du moins innocente, et qu'il n'est pas nécessaire de l'abroger promptement avec une solennelle indignation.

C'est dans les intérêts des enfants que se trouvent les plus fortes objections contre le divorce, ou plutôt les seules réelles ; or, l'exemple de tant de peuples anciens et modernes, peut faire regarder ces difficultés seulement comme un motif de régler avec beaucoup d'attention ce qui concerne les enfants, et de réprimer d'ailleurs les caprices qui changeraient en licence la liberté de rompre le mariage. Sans doute il convient que la séparation des époux n'ait lieu que d'après une volonté durable et réfléchie : mais, par quelle raison tirée des choses de ce monde, ceux qui n'espèrent pas cesser de se mépriser ou de se haïr, seront-ils condamnés à vivre dans le supplice immoral d'une apparente intimité ? Sans approuver expressément le divorce, la loi peut le permettre comme un remède particulier à des maux qui s'aggraveraient chaque jour. Ne fait-on pas ainsi dans des circonstances plus funestes ? On blâme les jeux publics, et on les tolère. Conviendrait-il d'interdire tout ce qu'il est difficile de régulariser ? Des lois simples n'ont jamais été suffisantes pour les transactions des négociants ; cependant on ne proscrit pas le commerce, on ne le déclare pas subversif de l'ordre social et contraire aux maximes de nos aïeux.

Mais, en réduisant à une juste valeur ce qu'on a dit de ces obstacles mêmes, vous verrez que si tout n'est pas bien pour les enfants lorsque le mariage est rompu, il ne s'ensuit pas que tout soit bien pour eux dès que le mariage est indissoluble. Ils sont plus heureux ou mieux élevés quand le père et la mère sont bien unis ; mais le divorce sépare-t-il ceux qui sont vraiment unis ? Pourquoi supposer que l'union sera parfaite si le divorce est interdit, et que s'il est admis au contraire l'union sera

6 [N. D. E.] *Gazette nationale ou le Moniteur universel*, 29 décembre 1815, p. 1456. Voir L. de Bonald, *Œuvres choisies*, t. II : *Écrits sur le divorce*, éd. F. Bertran de Balanda et G. Gengembre, Paris, Classiques Garnier, 2022, p. 267.

dissoute par des fantaisies, ou par une passion qui, sans cette liberté, n'eût pas eu de suite ? C'est un point de vue très faux. Peut-être le divorce fait-il rompre quelques mariages que l'on aurait enfin supportés ; mais généralement la durée de ceux qu'il termine serait intolérable pour les époux, et d'une faible utilité pour les enfants. Jamais ils ne reçoivent une éducation morale plus mauvaise que quand on vit dans la discorde, ou même une froide inimitié.

M. de Malville[7] qui fait des réflexions très justes sur les inconvénients du divorce (toute loi a ses inconvénients), suppose ensuite que la femme qui le demande, obéit au conseil d'un séducteur qui bientôt la méprisera. Avec de telles suppositions, et en généralisant ainsi des cas particuliers, on arrive facilement aux conclusions qu'on a choisies.

Autre supposition de M. de Malville. Les violences, les crimes des époux mécontents étaient rares. C'est-à-dire que rarement peut-être le public en avait connaissance ; ce secret des attentats domestiques est précisément ce qui les rend affreux. Ordinairement la Justice n'en était pas instruite ; mais les grands pénitenciers en savaient plus sur ces *cas réservés*.

À la manière dont on peint les funestes effets du divorce, qui ne croirait que nulle part l'expérience n'en a montré les véritables suites, si ce n'est depuis quelques années, et en France seulement, M. de Malville observe que la *fureur* du divorce ne discontinua pas pendant dix ans. Mais c'était dix ans de révolution ; au milieu des troubles publics, il n'est point d'ordre particulier dont on puisse bien connaître les suites. M. de Malville dit encore que les divorces furent très nombreux à Paris ; il eût trouvé dans la plupart des provinces des résultats très différents. On s'occupe trop exclusivement de la capitale qui enfin n'est qu'une ville ; et tous les jours on paraît oublier les quarante-neuf autres cinquantièmes de la population. « Vit-on rien de semblable s'écrie-t-il, parmi les nations qui ont adopté le divorce… » – Cette réflexion même eût pu lui faire sentir que la *fureur* de divorcer eut alors quelque chose d'accidentel, et qu'ainsi le divorce réglé par le temps et par les précautions du code civil, ne peut avoir désormais les mêmes conséquences. On assure qu'il suffit d'une si abominable loi pour tout pervertir : mais depuis deux ou trois siècles, des millions d'Européens admettent le divorce ; et en comparant, au nord et au midi, quelques peuples voisins de nous, on

7 [N. D. A.] *Examen du divorce par M. le comte de Malville*, 1816.

aura peine à se persuader que la bonté des mœurs en général, ou même la régularité des mœurs conjugales, soit en raison directe de la sévérité des règlements du mariage.

Quand un auteur distingué[8] s'est occupé avec quelque suite d'une question importante, si dans ses conclusions il a recours à des subtilités, on doit croire qu'il n'eût pu trouver de meilleurs arguments en faveur de son opinion. Je reviens donc à M. de Bonald, à sa proposition de 26 décembre[9] (1815). Deux ou trois observations rapides suffiront pour faire douter que l'orateur ait été dans les dispositions que le bon Paria de Bernardin-de-Saint-Pierre[10] exigeait pour la recherche de la vérité.

« La société domestique commença par l'indissolubilité du lien conjugal. » – C'est ce que personne ne saura jamais, et ce que tout homme non prévenu trouvera peu vraisemblable.

« Le législateur suprême, en parlant de la dissolution du mariage, dit lui-même, qu'il n'en était pas ainsi au commencement. » – Aussi ne sommes-nous pas au commencement ; nous nous en éloignons même beaucoup plus que Moïse, à qui dès alors Dieu dicta des lois *nouvelles*.

« La loi en faveur du divorce, a été combattue par les meilleurs esprits. » – On trouverait des avis contraires ; on citerait Montesquieu, etc. : mais ce n'est point par des autorités qu'on doit éclaircir la question ; pour la décider, il faut un examen sincère des besoins de notre temps.

M. de Bonald dit que le divorce est un *monument de honte* ! mais le Dieu d'Israël en posa la première pierre ; et si ce monument *attestait la faiblesse des mœurs, le dérèglement des esprits*, c'est au-delà des Pyrénées et des Alpes qu'on devrait trouver presque toute la morale, presque tout l'esprit de l'Occident.

« Nos lois actuelles, séparant avec soin ce que les législateurs de tous les temps avaient mis tant d'intérêt à réunir… ne considèrent le mariage que comme un contrat civil. » – Ceci pourrait venir de ce qu'en effet nos lois sont seulement civiles, et de ce que les oracles gardant aujourd'hui le silence, les législateurs ne reçoivent plus d'eux leur mission. Le cours

---

8 [N. D. E.] Maleville. Voir plus haut.

9 [N. D. E.] Voir p. 205, n. 4.

10 [N. D. E.] Bernardin de Saint-Pierre, *La Chaumière indienne*, Paris, F. Didot, 1791. Au cours d'une discussion avec l'intouchable qui l'a accueilli dans sa cabane lors d'une tempête, le savant britannique qui voyage en quête de vérité découvre un homme sage et bon qui lui apportera des réponses à ses questions. Le paria explique entre autres que, rejeté de tous, il a découvert la vérité dans l'humilité, la simplicité et la générosité.

des siècles a changé ces usages, et nous venons de voir que du temps de Moïse les choses n'étaient déjà plus comme au *commencement*.

« La fin du mariage est à la fois la production de l'enfant et sa conservation. » – Le divorce ne s'y oppose point ; dès que l'enfant appartient à une famille, le but du mariage est rempli. « Les peuplades sauvages, où tous les individus se marient, sont faibles et misérables ; et chez les peuples civilisés où les besoins de la société *condamnent* au célibat une partie nombreuse de la nation, l'état est populeux et florissant. » – Cette population ne vient pas de l'indissolubilité du mariage, mais des facilités que donnent, pour la conservation des enfants, les arts utiles et une vie plus sédentaire. M. de Bonald oublie la population très florissante des pays européens où le divorce est admis depuis longtemps.

« C'est à l'enfant seul que tout se rapporte dans le mariage. » – Si c'était à l'enfant seul, il faudrait dissoudre tout mariage infécond, du moins quand la femme entre dans l'âge qui ne laisse plus d'espérance. Ceux qui se marient n'ont pas uniquement en vue l'enfant qui n'existe pas encore, et qui, peut-être, n'existera point. Pourquoi s'oublieraient-ils eux-mêmes ? Rien de moins naturel, rien de moins juste que ce système d'abnégation. Sacrifier sans cesse le présent à l'avenir, c'est ôter aux intérêts de la vie toute réalité. Si le végétal n'a jamais de prix que par la graine qui le reproduira, quel sera le but de la culture ? Les parents cherchent d'abord leur propre bonheur ; mais ensuite ils veulent celui de l'enfant qui survient ; ils disent avec joie, c'est l'un de nous.

« Le père et la mère qui font divorce, sont deux forts qui s'arrangent pour dépouiller un faible, et le pouvoir public qui y consent, est complice de leur brigandage. » – Le divorce n'est pas une injustice à l'égard des enfants ; ils ne sont pas abandonnés, on ne les *dépouille* point, et il n'y a point là de *brigandage*. Vainement on dirait que ce qui a été stipulé pour un tiers ne peut être détruit sans son consentement. Si le divorce est permis, les stipulations qui, dans l'acte de mariage, concernent ce tiers, ne sont pas absolues, elles supposent toujours la possibilité future du divorce ; et d'ailleurs, ce qui a été réglé à l'égard de l'enfant, l'ayant été sans lui, n'est vraiment obligatoire qu'autant que les contractants ne rompent pas le contrat. Si l'enfant souffrait de cette rupture, il serait encore faux de dire qu'il serait sacrifié. La loi qui, dans son enfance, pourrait lui être contraire, pourrait aussi lui être favorable à une autre époque. Et avant même que cette loi devienne pour lui un refuge, est-il donc inévitable que le divorce de ses parents le dépouille ? Au contraire, le Code civil, actuellement en vigueur (art. 305), assure à l'enfant des avantages assez considérables dans le cas du divorce par consentement mutuel.

« Cette troisième personne (l'enfant) ne peut, même présente, consentir à la dissolution de la société qui lui a donné l'être, puisqu'elle est mineure dans la famille, même lorsqu'elle est majeure dans l'état… ; et le pouvoir civil qui l'a représentée pour former le lien de la société, ne peut plus la représenter pour la dissoudre, parce que le tuteur est donné au pupille, moins pour accepter ce qui lui est utile, que pour l'empêcher de consentir à ce qui lui nuit. » – Il suffit d'un peu d'attention pour sentir que l'enfant, parvenu à l'âge de majorité, n'est pas plus mineur dans la famille, quant à ses intérêts personnels, qu'il ne l'est dans l'état, bien que le pouvoir ne soit pas entre ses mains. Je renonce à combattre le reste de ce passage : il faudrait d'abord en déterminer le sens, ce que je ne me flatterais pas de faire en peu de mots ; je suis loin même d'assurer qu'il y en ait un.

M. de Bonald observe encore que même des écrivains protestants ont blâmé le divorce. Cela montrerait seulement qu'il n'y a pas, à cet égard, chez les protestants, l'unanimité que je ne vois pas non plus chez les catholiques dans le sens contraire. M. de Bonald n'en peut tirer aucun avantage, à moins qu'il n'en conclue que les protestants condamnent généralement le divorce, généralement admis par les protestants. Il semble vouloir insinuer que du moins de nos jours, tout le monde est de son sentiment : mais ce n'est qu'une forme oratoire empruntée de ceux qui ne s'attachent pas à parler avec exactitude. Dans toute discussion morale, politique ou autre, quand les avis sont le plus partagés, on n'en répète pas avec moins d'assurance des deux parts : Tout le monde pense… Tout le monde veut. Dites-nous moins que tout le monde désire ce que vous approuvez ; mais montrez-nous, en raisonnant avec justesse et avec bonne foi, que vous le préférez, parce que la raison l'approuve.

BIBLIOGRAPHIE

ÉDITIONS DES *OBERVATIONS CRITIQUES*

SENANCOUR, Étienne Pivert de, *Observations critiques sur l'ouvrage* : Le Génie du christianisme, *suivies de quelques réflexions sur les écrits de M. de Bonald, etc. relatifs à la loi du Divorce*, Paris, Delaunay, 1816. [Édition qui a servi de base au présent volume]
Il existe un manuscrit des *Observations critiques* comportant de nombreuses corrections inédites, conservé à la Bibliothèque de Fontainebleau. B. Le Gall en a relevé environ un tiers dans *L'imaginaire chez Senancour* (Paris, José Corti, 1966, t. II, p. 552-595). La page de titre porte l'inscription : « Exemplaire consacré et qui doit être conservé malgré l'impression de la nouvelle édition, parce qu'il y a des notes, des renseignements à la marge. / Mais cet exemplaire ne servira pas si on réimprime les Observations sur le Génie du christianisme. On se servira d'un autre exemplaire devenu manuscrit qui est très retouché et qui est placé dans caisse rouge. Celui-ci est dans le carton rouge. » La seconde édition n'a pas pu voir le jour (elle aurait été interdite en 1825). Voir note 43 de B. Le Gall, t. II, p. 179.

ŒUVRES DE SENANCOUR

SENANCOUR, Étienne Pivert de, *De l'amour*, Paris, Capelle et Renand, 1808, 2e éd.

SENANCOUR, Étienne Pivert de, *Œuvres complètes*, dir. Fabienne Bercegol, Paris, Classiques Garnier, t. I : *Les Premiers Âges, Sur les générations actuelles, Énoncé simple et rapide…*, éd. D. Giovacchini, avec la collaboration d'Anthony Loubignac, 2019.

OUVRAGES SUR SENANCOUR

JACOT GRAPA, Caroline, *L'Homme dissonant au XVIIIe siècle*, Oxford, The Voltaire Foundation, *Studies on Voltaire and the Eighteenth Century*, n° 354, 1997.

LE GALL [DIDIER], Béatrice, *L'Imaginaire chez Senancour*, Paris, José Corti, 1966, 2 vol. Rééd. Genève, Slatkine Reprints, 2011, 2 vol.

LE SCANNF, Yvon, *Senancour. Penser nature*, Paris, Classiques Garnier, 2022. [Contient une bibliographie détaillée et récente des ouvrages et articles critiques sur Senancour].

LÉVY, Zvi, *Senancour, dernier disciple de Rousseau*, Paris, Nizet, 1979.

RAYMOND, Marcel, *Senancour. Sensations et révélations*, Paris, José Corti, 1965.

LECTURES DE SENANCOUR[1]

BERNARDIN DE SAINT-PIERRE, Henri, *La Chaumière indienne*, Paris, F. Didot, 1791.

BERNARDIN DE SAINT-PIERRE, Henri, *Études de la nature*, Paris, P.-F. Didot le jeune, 1784, 3 vol.

BONALD, Louis de, *Du Divorce considéré au XIXe siècle relativement à l'état domestique et à l'état public de société*, Paris, Le Clère, 1801. 2e éd. Revue, corrigée et augmentée en 1805.

BONALD, Louis de, *Résumé sur la question du divorce par l'auteur du* Du Divorce considéré au XIXe siècle, Paris, Le Clère, 1801 ; rééd. 1802.

CHATEAUBRIAND, François René de, *Essai historique, politique et moral sur les révolutions anciennes et modernes, considérées dans leurs rapports avec la Révolution française*, Londres, J. Deboffe, 1797.

CHATEAUBRIAND, François René de, *Atala ou les Amours de deux sauvages dans le désert*, Paris, Migneret et Dupont, an IX – 1801.

CHATEAUBRIAND, François René de, *Génie du Christianisme, ou Beautés de la religion chrétienne, par François Auguste Chateaubriand*, Paris, Migneret, an X – 1802, 5 vol. [Contient l'éd. originale de *René* au t. I et l'éd. corr. d'*Atala* au t. III].

CHATEAUBRIAND, François René de, *Défense du Génie du Christianisme*, Paris, Migneret, 1803.

1 Nous n'indiquons que les éditions contemporaines de Senancour.

CHATEAUBRIAND, François René de, *De Buonaparte et des Bourbons, et de la nécessité de se rallier à nos princes légitimes, pour le bonheur de la France et celui de l'Europe*, par F. A. [*sic*] de Chateaubriand, Paris, Mame Frères, 1814.

CHÊNEDOLLÉ, Charles-Julien Lioult de, *Le Génie de l'homme, poème*, Paris, H. Nicolle, 1807.

CHÊNEDOLLÉ, Charles-Julien Lioult de, *Études poétiques*, Paris, H. Nicolle, 1820.

CLARKE, Samuel, *Traités de l'existence et des attributs de Dieu, des devoirs de la religion naturelle et de la vérité de la religion chrétienne*, Amsterdam, J. F. Bernard, 1727-1728. Traduits de l'anglais par M. Ricotier. 2e édition revue… sur la VIe édition anglaise, 3 t. en 2 vol. [1re éd. 1706-1707 ; 1re trad. 1721]

CONDORCET, Jean Antoine Nicolas de Caritat, *Esquisse d'un tableau historique des progrès de l'esprit humain*, Paris, Agasse, an III (1794-1795).

FERRAND (comte), Antoine François Claude, *L'Esprit de l'Histoire, ou Lettres d'un père à son fils sur la manière d'étudier l'Histoire*, Paris, 1802, 4 vol.

FONTANES, Louis de, *La Grèce sauvée*, poème épique resté inédit mais lu à l'Académie française dans la séance publique du 28 juin 1821.

FRÉDÉRIC II de Prusse, *Dialogue des morts entre le prince Eugène, mylord Marlborough et le prince de Lichtenstein*, dans *Œuvres posthumes*, Amsterdam, 1789, t. VI.

FREEMAN, Nicolas, *Le Glaneur ou Essais de Nicolas Freeman*, par Antoine Jay, Paris, Cérioux-Dargent-Le Normant, 1812.

GESSNER, Salomon, *Idylles et poèmes champêtres de M. Gessner, traduits de l'allemand par M. Huber*, Paris ; et se vend à Berlin : chez F. Nicolai, 1762 [éd. en allemand, *Idyllen*, Zurich, 1756].

LAS CASAS, Bartolome de [Barthélemy de], *Histoire admirable des horribles insolences, cruautés et tyrannies exercées par les Espagnols ès Indes Occidentales*, s. l., 1582 [éd. originale 1552-1553].

LEIBNIZ, Wilhelm Gottfried, *Essais de théodicée sur la bonté de Dieu, la liberté et l'origine du mal*, Amsterdam, François Changuion, nouv. éd. augm. 1734 [1re éd. Amsterdam, Isaac Toyel, 1710].

Lettres édifiantes et curieuses, écrites des missions étrangères, par quelques missionnaires de la Compagnie de Jésus, Paris, J. G. Mérigot le jeune, 2e éd. corr. et augm. 1780-1783, 26 vol. in-12 [1re éd. Paris, Mérigot, 1703-1776, 34 vol. in-12].

MALEVILLE, Jacques de, *Examen du divorce, par M. le Comte de Maleville*, Paris, Cérioux jeune, 1816.

MARCHANGY, Louis Antoine François de, *Le Bonheur, poème en quatre chants* (an XII-1804), Paris, Ragonneau, an XII-1804.

MARCHANGY, Louis Antoine François de, *La Gaule poétique, ou L'histoire de France considérée dans ses rapports avec la poésie, l'éloquence et les beaux-arts*, Paris, C.-F. Patris, 1815-1817, 8 vol. in-8°.

MASSILLON, Jean-Baptiste, *Sermons pour le carême : Sur la Passion de Notre-Seigneur Jésus-Christ*, Paris, A.-A. Renouard, 1810.

MILTON, John, *Paradise lost*, Londres, S. Simmons, 1667 ; éd. revue et augm. 1674. Trad. par Chateaubriand sous le titre *Le Paradis perdu*, Paris, Furne et Gosselin, 1836.

MONTESQUIEU, *De l'Esprit des lois*, Genève, Barrillot, 1748, 2 vol. ; rééd. corr. Londres [Paris], 1757. Livre XVI, chap. 15-16 (sur le divorce).

NIEUWENTYT, Bernard, *L'existence de Dieu démontrée par les merveilles de la nature, en trois parties ; où l'on traite de la structure du corps de l'homme, des éléments, des astres et de leurs divers effets*, Paris, imprim. J. Vincent, 1725 [1re éd. en néeerlandais, Amsterdam, 1715].

PASCAL, Blaise, *Œuvres*, La Haye, Detune, Paris, Nyon, 1779, 5 vol.

PYTHAGORE, *Les vers dorés de Pythagore, expliqués et traduits pour la première fois en vers eumolpiques français, précédés d'un Discours sur l'essence et la forme de la poésie, chez les principaux peuples de la terre*, par Antoine Fabre d'Olivet, Paris, Treuttel et Würtz, 1813.

RA(Y)MOND, Georges-Marie, *Lettre à M. de Chateaubriand sur deux chapitres du Génie du Christianisme*, Genève, J. J. Paschoud, 1806.

ROBERTSON, William, *L'Histoire du règne de l'Empereur Charles Quint...* Ouvrage traduit de l'anglais par J.-B. Suard, Amsterdam et Paris, 1771, 2 vol. [éd. anglaise, 1769].

ROUSSEAU, Jean-Jacques, *Émile ou de l'Éducation*, La Haye, Jean Néaulme, 1762.

ROUSSEAU, Jean-Jacques, *Julie ou La Nouvelle Héloïse*, Amsterdam, Marc-Michel Rey, 1761.

SABRAN, Elzéar-Louis-Zozime de, *Notes critiques, remarques et réflexions sur le* Génie du christianisme*, ou Beautés de la religion chrétienne*, Paris, L. Pelletier, an XI-1803.

STAËL, Germaine de, *Corinne ou l'Italie*, Paris, H. Nicolle, 1807, 2 vol. in-8°.

VOLTAIRE, *La Henriade*, 1re éd. complète, Londres, 1728.

VOLTAIRE, *Questions sur l'*Encyclopédie, Genève, Cramer, 1770-1772.

WELD, Isaac, *Voyage au Canada dans les années 1795, 1796, et 1797*. Ouvrage traduit de l'anglais, et enrichi d'une carte générale du pays et de onze planches offrant les points de vue les plus remarquables, et notamment le fameux saut de Niagara, Paris, imprimerie de Munier, chez Lepetit jeune, an VIII, 3 vol. in-8°.

INDEX DES NOMS DE PERSONNES[1]

1 Nous n'indiquons pas dans la liste le nom de l'auteur, Senancour, ni celui de Chateaubriand, qu'il commente.

TABLE DES MATIÈRES

OBSERVATIONS CRITIQUES SUR L'OUVRAGE INTITULÉ *GÉNIE DU CHRISTIANISME*

COLLECTION
« BIBLIOTHÈQUE DU XIXe SIÈCLE »

Cette collection publie des œuvres du XIXe siècle dans tous les genres : roman, essai, poésie, théâtre, critique, histoire. Elle se propose d'offrir, dans l'esprit qui a toujours caractérisé les Classiques Garnier, des éditions philologiques et savantes pour que tout lecteur d'aujourd'hui, qu'il soit chercheur, étudiant ou honnête homme, puisse accéder à la littérature et à la pensée du XIXe siècle. Il y trouvera des œuvres devenues des classiques et d'autres moins connues qui méritent d'être découvertes.

Retrouvez tous les titres de la collection en scannant ce code QR :

Et pour recevoir nos dernières actualités, abonnez-vous ici :

Achevé d'imprimer par Corlet,
Condé-en-Normandie (Calvados),
en Décembre 2024
N° d'impression : 186552 - dépôt légal : Décembre 2024
Imprimé en France